北京市教育委员会科技创新平台
建设项目阶段性成果

2014
台海观察

朱松岭 主编

九州出版社 JIUZHOUPRESS | 全国百佳图书出版单位

图书在版编目（CIP）数据

2014台海观察 / 朱松岭主编. -- 北京 : 九州出版社, 2015.5

ISBN 978-7-5108-3719-7

Ⅰ. ①2… Ⅱ. ①朱… Ⅲ. ①台湾问题－研究 Ⅳ. ①D618

中国版本图书馆CIP数据核字(2015)第126829号

2014台海观察

作　　者	朱松岭　主编
出版发行	九州出版社
出 版 人	黄宪华
地　　址	北京市西城区阜外大街甲 35 号 (100037)
发行电话	(010)68992190/3/5/6
网　　址	www.jiuzhoupress.com
电子信箱	jiuzhou@jiuzhoupress.com
印　　刷	北京京华虎彩印刷有限公司
开　　本	787 毫米 ×1092 毫米　16 开
印　　张	12.5
字　　数	190 千字
版　　次	2015 年 6 月第 1 版
印　　次	2015 年 6 月第 1 次印刷
书　　号	ISBN 978-7-5108-3719-7
定　　价	36.00 元

目　录

2014：从“太阳花”到“九合一”的观察[*①]

朱松岭[①]

从“太阳花”社会政治运动到“九合一”选举的结果，台湾民心和政治版图有了明显变化。结果，是选举的最终归宿，是选前一系列问题在选举中的浓缩和选后政治组合的开始。“九合一”的结果与“太阳花”的发酵密切相关，他们作为台湾共同体建构的延续，必将对台湾政局乃至两岸关系产生不可忽视的影响。

一、民主：致密共同体建构的原动力

1992年，李登辉首次提出“台湾生命共同体”的概念。[②] 这一含混不清的概念的使用范围涉及从“社区发展”的一般用语到“独立建国”的国民意识的各个层次。恰如勒庞所讲，词语的威力与他们所唤醒的形象有关，同时又独立于他们的真实含义。最不明确的词语，有时反而影响最大。他们的含义极为模糊，即使一大堆专著也不足以确定他们的所指。然而这区区几个词语的确有着神奇的威力，他们似乎是解决一切问题的灵丹妙药。各种极不相同的潜意识中的抱负及其实现的希望，全被他们集于一身。[③] “共同体”在台湾形塑主体性的过程中就起到这样的作用。

联合国2758号决议使台湾当局跃马中原、光复大陆的理论体系失去号召力。李登辉上台后的本土化与民主化相结合的政策使得“一个中国”的理论共同体渐趋

---

* 本文发表于《台海研究》2015年第1期。

① 朱松龄，北京联合大学台湾研究院教授，两岸关系研究所所长。

② 林劲：《评李登辉的“台湾生命共同体》，《台湾研究集刊》，1995年第3/4期，第103页。

③ [法]古斯塔夫·勒庞著，冯克利译：《乌合之众》，广西师范大学出版社，2007年版，第112页。

瓦解。正是因为共同体瓦解了，身份认同 (identity) 才被创造出来。[①] 身份认同催生新理论，而这个新理论的基础就是将民主与本土相结合。“李登辉的‘台湾生命共同体’一语源于彭明敏的‘台湾命运共同体’概念，乃是‘台湾国民意识论’的基础，是为台湾独立建国的‘民族意识’，是在实现彭明敏于 1983 年所提出的‘台湾人国民主义’，即在透过公民直选使中华民国名存实亡。”“彭明敏曾首先提出‘命运共同体’的理论，强调在台湾二千万人为同一命运，与大陆上的中国人为不同命运。这种台独思想浓厚的说法后来被民进党所采用，作为台湾独立理论基础。”李登辉“身为国民党主席，竟有意把这个名词列入国民党党章，真是荒谬不经”。[②] 彭明敏在理论层面、李登辉在实践层面将民主与本土联系起来，1991 年第一次“修宪”建构“一国两区”，并在“自由地区”实行直接选举，就已经使得台湾作为一个新的共同体的建构走向不归路。

台湾塑造的共同体有致密共同体的特征。致密共同体（Dense body）作为有着自生长性和具有强烈排异性的共同体。台湾这个致密共同体以为“中国是中国、台湾是台湾”，两岸有着质的差异，各自生长、互不渗透，他们作为两个独立、互不相让的致密共同体博弈前行。大陆任何注入台湾的因素都会被内化为致密共同体进一步生长的养分并促其进一步发展、壮大。台湾作为一个排异性的致密共同体，具有信仰的特性。源于现实、高于现实的梦想共同体与实际存在的“独也独不了、统也统不得”的实际共同体之间存在着实际的分歧。台湾这样一个妄称的共同体，因其将共同体的内化和进一步凝聚融入民主之中、建立在选举之上，它试图在具体化的选举中进一步鼓动、妄称梦想的实现，并以这一共同体假定要提供的正义的名义，要求无条件的忠诚，把缺乏这种忠诚的所有事物看做不可饶恕的背叛和体现。[③]

作为“中华民国自由地区”的台澎金马一旦进行票选领导人和民意代表，它就从一个中国的共同体建构自我矮化为中国的“地方民主割据政府”。由于从彭明敏到李登辉等理论和实务界人士均知晓“想象的共同体”不是虚构的共同体，不是政客操纵人民的幻影，而是一种与历史文化变迁相关，根植于人类深层意识的心理

---

① [英] 齐格蒙特·鲍曼著，欧阳景根译：《共同体》，江苏人民出版社，2003 年版，第 13 页。

② 林劲：《评李登辉的“台湾生命共同体”》，《台湾研究集刊》，1995 年第 3/4 期，第 103 页。

③ 《序曲，或是欢迎捉摸不透的共同体》，[英] 齐格蒙特·鲍曼著，欧阳景根译：《共同体》，江苏人民出版社，2003 年版，第 6 页。

的建构，[1] 因此他们特别注意建构台湾的共同历史记忆，以之作为民主选举的动员基础和台湾共同体的意识基础，民进党于 1993 年的“台湾主权宣达书”中也同样表达了这样的建构。[2] 投票直选，确实在逐步让“中华民国名存实亡”，台湾作为一个共同体从想象走向现实。共同体建构一旦被民众接受并成为常识，其自我繁衍、自我发展、自我维系就如生命的本能与动力般自动运行。生命在意识自我、发展自我，它将“台独”的共同体寓于选票中，每一次选举都是共同体建构的动员和深化。这种如生命本能般的动能源源不断地提供给养，使得民主化与本土建构融合进行。

1949 年后因“中央政权”的移入及全国精英的迁徙，从而使得台湾从光复不久的殖民地迅速转变为全国精英荟萃并承载“统一”法统的“复兴基地”。冠盖云集，甚至被披上国家正统政权所在地的面纱，在很长时间内占据联合国席位并成为中国在联合国的唯一代表使得“统一”成为责任、“光复”成为梦想，每个台湾人均承担着中华民族统一、复兴的梦想。李登辉“宪改”后，“中华民国政权”经过台湾地区选举而成为地方民主割据政权。哲人已萎，硝烟散尽，台湾岛又恢复了它曾经的真实面目：一个移民组成的地方社会。这个社会因各时期的移民凝聚在一起，他们长期以来一直以“中华民国”为政权符号并与世界进行联结。

通过选举，台湾作为一个致密共同体的价值理念上升为体验，积累为经验，升华为先验，逐步推进、深化致密共同体的建构。

尽管通过民主的方式，尤其是公民投票的方式，可以建构成独立的共同体，也可以把自己建构成更大共同体的一部分。但是很明显，台湾在逐渐成为前者，而无意成为后者。这也就导致了作为致密共同体的台湾在价值观塑造和制度形塑方面离大陆越来越远。

二、“太阳花”：共同体自我保护与排异

共同体的建构和维系中确立成员的身份并在内化中将共同体身份均质化。它既有内部的生长，并将已经内化的因素吸收为自己的养分，固化、遗传、繁衍、传播。同时，共同体又在应对生存环境过程中实现应急、突变和变异。在“中华民

① ［美］本尼迪克特·安德森著，吴叡人译：《想象的共同体：民族主义的起源与散布》，上海人民出版社，2003 年版，第 18—19 页。

②引自朱松岭：《国家统一宪法学问题研究》，香港社会科学出版社有限公司，2011 年版，第 98 页。

国”台湾化的过程中，本土作为既有基因，对具有“一个中国”身份、格局的政党、政治人物具有自我保护本能的排斥，直至这些政党和政治人物蜕化为本土势力或者向本土效忠。因而，台湾政治势力正当性和导向的塑造依然寓于其中。本土势力遍尝权力的滋味走向体制内堕落时，同样成为共同体的排异对象。当体制内无法解决自我保护及排异的功能时，自然外溢为社会运动或社会政治运动。

共同体的自我保护首先来自环境的改变和自身判断的隐忧和现实危险。作为民主割据的致密共同体，台湾一直存在着想象与现实的矛盾、法理与政治的差距、两岸势力消长的冲突。坚持统一的大陆的日益强大、“妾身不明”的台湾相对弱化导致了台湾强烈的敏感性和自我保护意识和排异性。

排异，因稳定的打破而激发，因相对剥夺感的加剧而出现，因大陆成为打破台湾生活方式的假想敌而生怨。台湾这个小型致密共同体，从冷战到后冷战，一直处于适度的稳定状态，但两岸的交流互动打破了这种稳定，极速的和平发展猛烈冲击了稳定并带来了不安全感。1979 年元旦大陆《告台湾同胞书》发表，1987 年，蒋经国被迫开放老兵探亲，两岸破冰互动；2002 年元旦，台湾以“台澎金马特别关税区”的名义加入 WTO，进入全球化整合之中；2004 年，国共两党领导人时隔一甲子之后再次聚焦镁光灯下并发表《两岸关系和平发展共同愿景》使两岸形成“反独”联盟；2008 年，国民党重新上台执政，两岸关系进入和平发展阶段，两岸积累六十余年的动能通过协议方式爆炸性释放出来，大陆因素前所未有的楔入台湾内部固有的经济结构、社会生活，2012 年两岸因素尤其是“九二共识”甚至成为“大选”的关键因素。这种现象在“本土势力”、绿色媒体的操弄、扭曲、抹黑下，使得“三中”、一青为代表的部分弱势群体将大陆作为冲击、改变他们生活方式的罪魁。捍卫既有生活方式的冲动引发了共同体内部强烈的排异反应。“太阳花”运动就是在此种情势下爆发的。

排异，通过议题表达。议题同合法性紧密相连。排异，就是唤起民众、重构历史事件、固化相关事件的态度倾向、不停刻写、塑造、传播并形成社会认同的话语，形成社会日渐接受的历史记忆、文化记忆、社会记忆、政治记忆。比如，“反中”、“台独”、悲情、反贪腐、反核能、绿色环保、守卫家园、转型正义等都可以成为社会运动的议题，并将之与各种层次的认同相结合，形成新的认同群体。共同体的排异，使它形成了垄断合法的强制性，造就了夺取阵地、同化异端、巩固阵营的客观结果。

“太阳花”运动，蕴含世代更替，贯穿共同体的自我保护。作为社会政治运动，它徒具学生运动的形式和无政府的表征，实则由脆弱、敏感甚至在政治上别有他图的政客等体制内的领导内核作为发动机，引发排异与自我保护。

台湾，作为建构的致密共同体，其自我更新通过选举和任命完成。但由威权转型的政治体因争权夺利而矛盾重重：“一中框架”下的地区治权，“五权分立”“宪法”规定与“三权分立”现实运作矛盾的病态化、常态化。运行中的立法权与行政权斗争导致行政权受到立法权的绑架，制度性矛盾的存在使得体制内自我更新步履维艰。台湾已经形成了“总统府”政治中心、“立法院”政治中心、政党政治中心以及其他独立性政治中心。而且，台湾当局对共同体内新行动者有不言而喻的开放性。现有的台湾岛内政治结盟关系的不稳定性特点极为鲜明，国民党内有王马之争，地方派系的复杂斗争与整合；民进党在各种选举中表现出来的派系斗争一如既往，甚至日渐固化；政党内部，甚至政党之间的利益集团相互寻求奥援以击败党内对手、党外对手以维护其集团利益的方式日渐增多，政学商利益集团走马灯似地寻求着维持利益的同盟者。马英九当局欠缺治理技巧、两岸经贸的日益紧密导致共同体排异情绪爆发。“白色力量”走上街头，通过冲撞合法体制的方式实现排异。贫富分化的全球化及两岸红利的二次分配不到位导致的相对被剥夺感[①]酝酿了岛内新一轮社会运动的社会基础，当相对被剥夺感达到社会运动的临界点，并通过自媒体发散出去时，就形成了快闪（flash）式的聚集，并用凝聚各种反对力量和随行力量的方式形成社会运动事件。白色力量走上政治舞台，引导了舆论。对政党的不信任，逼迫政党内部自我更替、政治机器自我更新。起源上的本土势力使得民进党每一次自我更新都是朝向共同体的本能进化，而起源于大陆的国民党则在每一次被动更新中日渐蜕化并逐步走向本土化。

“太阳花”运动打着对政党不信任的旗帜，以社会运动方式进一步凝聚本土势力，进行共同体的排异。通过对自媒体时代台湾社会运动参加者的分析不难看到，这些参加者包括幕后指使者、领导者、坚定支持者、一般支持者、搭便车者等几类。台湾大学生群体的普遍问题是对未来担忧，而且对未来的担忧感已经超过了面对未来的渴望。社会阶层的相对固化、房价的高涨等等已经超过了青年学生对未来预期的极限，面对这样的社会，他们放弃竞争、放弃打拼，置身于网络和游戏中消

---

① 相对剥夺（relative deprivation）是特德罗伯特戈（Ted Robert Gurt）在其《为什么人们造反》（why Men Rebel）中提出来的概念，是一个心理学概念，强调在人们希望那个他们的政府可以提供的东西——即他们期待有的东西——与他们实际可能获得的东西之间存在的落差。这种欲望和实际预期之间的鸿沟被戈称为“相对剥夺”，也简写成 RD。戈相信，相对剥夺的程度有助于解释为什么人们参与到抗议活动中去。

磨时光。但是，这不意味着这批年轻人就失去了抗争意识和对美好事物的追求。越是年轻的大学生群体，越容易被塑造：被政治鼓动、被议题感动、被媒体煽动。

整个人类自进入人民主权时代以来，法源论述、权力论述和权力来源由从上到下变更为从下到上，世代权力中心下移、知识下移、财富下移，老一代和政府的威权已经不是传承的唯一来源，甚至，年轻世代已经对传统及权威失去了敬畏感。他们完全可以依靠网络汲取知识、获得财富，通过无穷无尽的创造力，通过年轻人的自由无极限，获取短期刺激、多元理念。他们反对墨守成规、注重“宅”并通过网络尤其是自媒体建立与社会的联系，他们强调与传统不同的身份差异，并通过议题、抗争等逐渐深化、强化身份认同。这种身份认同强化的螺旋式上升导致年轻时代很容易被塑造成“自我中心、自我演示”的群体，并在这种群体中找到自己的价值。身份的塑造，导致一群人的共鸣。这群人将网络上的身份塑造内化于心，并自发投身其中，将网络互动转化为现实运动，迅速聚焦，迅速分散，形成现实中的社会运动。

“太阳花”运动成功激发了以“小确幸”为核心价值观的台湾青年的政治热情，这批从出生就认为自己所在的国家为“‘中华民国’即台湾”的人，自然而然就形成了以“小确幸”为基本内容的“生活台独”价值观。这对瓦解“中华民国法统”及改变政党国家认同的影响实在不容小觑。

“太阳花”社会政治运动爆发时，主要参加者已经成为李扁“台独”教育下成长起来的年轻一代。他们从小到大生活在承平日久的“中华民国”中，没有感觉到硝烟的味道，厌倦了现实中的统“独”矛盾、族群对立和政党恶斗。在他们眼里，台湾一直就是一个“主权独立的国家”，统“独”、蓝绿都是伪命题和政党捞取权力的工具。经过“太阳花”运动的发动、引导和重新整合，台湾已经实现了从族群民族主义（ethic nationalism）到公民民族主义 (civic nationalism) 的转变。通过“太阳花”运动，我们似乎可以判断，这个共同体将其绝大部分成员内化为台湾人的目标宣告完成。

族群转化为公民，“台独”理念转化为生活方式，建设公民社会自然成为本土政治势力的选择。从此，共同体的排异从生产方式转向生活方式，转向保卫小确幸与“生活台独”。“太阳花”运动通过排异获得了正当性，提供了价值的标杆，并通过“九合一”选举对台湾政治精英进行遴选和淘汰。

三、"九合一"：共同体自我更新与确立

致密共同体以自生长性和强烈排异性为特色，这既表现在价值观的塑造上，也表现在新制度的形成中。共同体作为具有自生长性的生命体，以制度承载价值、以价值形塑制度。在存在的共同体尚未达到想象的共同体状态时，自生长性与排异性发挥的作用特别显著。任何忽略了生命体本身自我表达、自我维持、自我发展本能的因素都可能被作为排异的对象加以排除。而任何排异结果，又可能促使政治力量屈从共同体的价值引导和制度规范，从而进一步加强共同体的独立性。

建构的社会共同体作为具有生命力的自主体，与自然生命体不同之处在于它的基因可以建构与重组。选举，作为建构基因、自我发动、自我认同、自我精英甄补与淘汰的机制，在台湾这个致密共同体的延续中起到不容忽视的作用。多元竞选民主情势下的诱导与强制迫使候选人臣服共同体的排异性。

威权文化的特质与生命体的本能特制不合，威权时代的思想不好解决民主时代的事情。2008 年，马英九作为超人气的政治明星，高票当选台湾地区领导人并在 2012 年获得连任。作为一个长期接受精英教育、留学美国顶尖院校并在蒋经国身边锻炼的"没有缺陷的年轻人"，马英九具有威权时代的烙印和精英主义的特征。执政之初，马英九借高票之威兼任国民党主席，展开政治蓝图，他雄心勃勃，妄图做所谓"全民总统"，为台湾创立万世之基业。他针对岛内政治体制和国民党的弊端展开改革：22K、油电双涨、股市增税、军公教年金改革、推迟退休年龄并减少退休人员福利待遇、十二年"国教"改革，诸多改革措施眼花缭乱、触及民众利益、民怨上升；他试图将国民党从刚性政党改造成柔性选举工具、他试图彻底解决国民党派系问题，他试图彻底改造国民党的文化。他对党政的多重改革，几乎得罪了所有支持自己的选民，酝酿了反对的力量。他试图消除岛内已经存在的阶级掠夺、时代掠夺、地域掠夺，但是却创造了新的掠夺，创造了新的社会矛盾。他试图打清廉牌，然而他培养的后备人才却弊案连连；他试图解决行政权与立法权的关系，却导致王马之争的无解僵局自取其辱威信扫地；他试图消灭党内派系，却使得派系冷眼旁观或带枪投靠敌营，消解了党内力量，引起党内强烈反弹；他决策的小圈圈引发了党内和岛内的公愤，使得反对力量汇集成河，终至溃堤。

无感的经济增长忽略了致密共同体成员的感受，必然成为排异的对象。马英九也算励精图治，在他任内尤其是第二任期，台湾经济均实现了正增长。2014 年台湾经济走出低谷，岛内投资、消费与出口同时出现平稳增长，主要经济指标逐

步好转，呈现温和增长态势。第三季度台湾 GDP 增长 3.63%。[①] 尽管 2014 年由于整体经济形势好转，薪资及就业均有一定改善，但由于增幅并不明显，台湾劳工阶层薪资长期停滞的总体情况尚没有根本性改变，加之低收入群体和青年就业形势依旧严峻，总体工资水平仍远低于亚洲其他“三小龙”，民众对民生改善的感受并不明显。[②] 经济的增长没有使民众有感，民众的判断就是：权贵和大资本家拿走了这些增长和利益，经济增长只是加重了剥削，与他们无关！无感的经济增长导致民众不认同马英九自认为的执政成绩。而马英九对民意的漠视却导致他无法与民众顺畅沟通。不能顺畅沟通，便会积累民怨。民怨积累到质变，就会转变成选票，无论是教训还是报复，选票才是真正的民调，它检验着马英九的执政成绩单，并用选票说明无感的经济增长率并不能获得民众的认同。

初选忽略共同体判断和自我发展本能就容易成为排异对象。作为一个派系林立、矛盾重重的百年老店，国民党从来都是党内政治派别利益分配的工具，它从出生时就与各种派系同呼吸、共命运。2008 年国民党重新执政后，竞选时的各种承诺并未由马英九转化为现实。之后，由于马英九强势兼任党主席并试图控制党内初选提名权，导致马英九与国民党其他各势力的矛盾冲突加剧。此次“九合一”选举的初选提名就是党内各种力量妥协的结果。从最终的选举结果看，此次提名的人选存在种种问题，有些县市如台北市、台中市就完全是因为候选人问题导致了国民党的溃败。国民党在南台湾只收获、不耕耘，最终导致南台湾彻底丧失，此皆有初选提名之罪。

共同体的安全意识最容易引发排异行为。台湾民众最引以为豪的食品安全出了问题，黑心油事件层出不穷，严重伤害了马英九当局的威信，降低了民众对行政团队的信任度。ETC 收费之类问题则加剧了民众对马英九当局无能的印象。而这些，无疑都成为本次台湾地方政治版图变迁的重要排异原因。

这场台湾地方自治史上种类最多、规模最大、纵深最广、结构最复杂的选举，以囊括整个台湾地区选民，贯穿从“直辖市”到村里的高烈度纵深，席卷了台湾社会。初试莺啼的“九合一”选举还将“直辖市”的山地台湾少数民族首长及民意代表的选举纳入体系，客观上继续在选举中形塑多元的台湾共同体，继续将民主与台湾主体性扭结前行，使得“生活台独”进一步制度化、价值化，台湾主体性进一步

① 曹晓衡：《2014 年台湾经济发展的八大特点》，http://www.chinanews.com/tw/2015/01-04/6933711.shtml。

② 同上。

生活化、青年化。制度规范价值，价值引领制度。制度的合法性、价值的正当性矛盾在地方选举中潜流而行，蕴含着对台湾政局的新影响。地方政治版图的变化以及政党对地方执政的治理则直接影响两岸地方互动乃至两岸层级的诸多变数。

“九合一”选举作为“太阳花”运动的遗续，把两大事件联系在一起，将共同体自我保护、自我更新确立与排异发挥得淋漓尽致。国民两党争相祭出“修宪”牌，未来的“国是会议”及蔡英文的两岸政策导向也都将跟共同体特性息息相关，台湾作为致密共同体的特性慢慢浮出水面。

结语

2014 年，从“太阳花”运动到“九合一”选举，台湾社会经历了巨变。这个从春到冬的跨越有价值观的形塑、新民意的表达与认可，也有制度变迁带来的政治版图变化和政治势力角逐与重组。一言以蔽之，这是台湾共同体建构的延续，是既有法统正当性的进一步削弱与瓦解，也标志着台湾共同体的建构从族群民族主义走向了公民民族主义。共同体建构延续的过程中，族群转化为公民，“台独”理念转化为生活方式，制度和价值层面的共同体建构依然在内生中前行。共同体的建构作为政治过程，有延续性和发展性，它对台湾政治和两岸关系的影响值得长期、深入观察。

2014年台湾政党政治观察

陈　星[①]

2014年台湾政党生态进入激烈变动期，一方面是两个主要政党的内部结构均在发生一些根本性的变化，另一方面是台湾政党力量对比的版图发生了剧烈变化，国民党在年底的“九合一”选举中输到近乎崩盘，在22席县市首长中只拿下了6席，而且多是偏远地区，而民进党的政治版图则出现大幅度增长。这种结果的出现事实上从此前一年的变化中已经显示出了蛛丝马迹，政治版图的变化其实是政治现实量变积累的结果。

一、国民党的变化

2014年的“九合一”选举对国民党来说是一个重大考验，党内长期累积起来的矛盾与结构性问题在选举的催化下加速爆发出来。整体上看国民党在党内权力结构的调整、政治诉求的调整、世代交替、动员模式等方面均出现了程度不一的问题，这些问题集中形成了共时性爆发，最终导致了选举的大败。概括而言2014年国民党发展的变化主要有以下数端。

马英九与王金平之间的矛盾日益激化，使国民党士气受到极大打击。在王金平党籍诉讼案中马英九没有占到便宜，王金平低空掠过，随后王金平利用“总长泄密案”狠狠还击了马英九。而在“太阳花学运”爆发之后，王金平则又暗中与马英九展开角力，不出席“院际协调会”，反而以一纸声明直指马英九应“倾听民意”，[②]马王的斗争公开化并摆上了台面。3月底王金平率蓝绿“立委”到“立法院”探视

---

① 陈星，北京联合大学台湾研究院副教授。

② （台湾）《中国时报》，2014年3月22日。

学生，作出了“监督条例立法前，不协商服贸”的承诺，这是在没有得到国民党同意的情况下自行宣布的决定，但王却让国民党的“立委”跟随为其背书，心机之深，可见一斑。难怪后来国民党“立院”党团痛责“整个党被王金平出卖”。[①]随后马及国民党中央决定就王金平党籍案持续上诉，双方的政治恩怨进一步加深，根本不存在和解的可能。7 月底“立法院院会”行使 27 名“监察委员”被提名人同意权投票，16 人获“立法院”同意，11 人未获同意，国民党中央只能表示“尊重但极为遗憾”。[②]作为反击，9 月底台湾高等法院判定王金平党籍案二审胜诉，马英九则坚决要求再次上诉，15 名中常委联名上书要求撤销对王的上诉，但马却下达封口令，坚决上诉到底。[③]这场马王之争已经演变成国民党内部旷日持久的斗争，“挺马”、“反马”的斗争也在这个背景下展开。

在国民党的权力结构中，王金平以其长袖善舞的姿态仍旧保持有强大的影响力。“太阳花学运”之后，国民党内的诸多实力派人物对马王之争多作壁上观，台北市长郝龙斌和新北市长朱立伦对此都保持缄默，不予评论，台中市长胡志强则说，“相信王金平有智慧，立院也该有能力解决争议”。[④]在 8 月份的党内权力改组中，在经历了“马王政争”的动荡后，“挺王派”在中常委选举却大有斩获。除了黄昭顺拿下榜首外，“挺王派”陈宗兴得票则名列第 3，而多次提案、发言要求恢复“立法院长”王金平党籍的冠军瓷砖董事长林荣德，拿下 758 票高票，排名也冲到第 5 名，都较上任排名大跃升。[⑤]这意味着国民党内部的权力结构事实上并没有根本性的改变，而依托这种改变展开的党内竞逐态势也在短期内不会改变其结构形态。这也意味着马英九在未来的斗争中并无胜算。

马英九已经完全无法控制局势，2014 年地方选举布局中已无法完全依照马英九的意志选择合适人选。马英九在艰困的南部选区，依靠劝进政务官下乡参选，但是其余有胜算的选区则由反马的蓝军主导，呼声最高的参选人往往都是反对马英九的指标人物。杨秋兴、简太郎均是由马英九通过政务系统进行征召的结果，这意味着马英九只剩下对政务官的相对控制能力，只能透过政务上的压力安排党务。在一些传统上认为是泛蓝的优势选区，如南投、新竹县等地区，泛蓝内斗的情形非常严重。与此形成对照的是在这次选举中国民党的怯战情绪严重，“面对艰困选区，蓝

① （台湾）《联合报》，2014 年 4 月 7 日。
② （台湾）“中央社”2014 年 7 月 29 日电。
③ （台湾）《联合报》，2014 年 10 月 23 日。
④ （台湾）《中国时报》，2014 年 3 月 22 日。
⑤ （台湾）《中国时报》，2014 年 8 月 31 日。

营候选人不是难产，就是尚未表态，遭致外界批评‘怯战’及人才匮乏，还没开战就先输一半，支持者也丧气。对政务官而言，投入参选确实是很大挑战。”① 在本次选举中，相对于民进党提名的快速推进，国民党的提名过程一波三折，选举还没有开始已经显示出败相。其实国民党在选举中怯战的情形并不少见，在这次选举中表现得尤其明显。

国民党内部政治人物与马英九进行区隔的力度也在不断加大。连胜文攻击马英九的执政是“大明王朝”，朱立伦在“核四公投”、元宵节应该放假等议题上屡次炮打国民党中央。不过朱立伦聪明的地方在于，他虽然不支持国民党中央的决策，却始终仍维持“尊马”路线，并未刻意与马英九切割，尽量将与马的矛盾控制在一定范围之内。② 台北市长郝龙斌在谈及年底选举时也说，如果这次选举失利，马英九主席应该下台负责。引起马团队强烈反弹，马英九反击说“从政县市首长应该要谨言慎行，无助团结的话应该适可而止”，并认为这次七合一选举，“人人都是当事人，不是旁观者”。③ 国民党内的裂痕已经到了近乎公开的地步。

国民党依靠地方派系进行政治动员的模式已经基本失效，基层溃散已成定局。从历史经验可以看到在选举中国民党推出的人选不管是谁，都会面临派系整合的难题。未合并前的高雄市或高雄县，国民党候选人很多时候得不到其他派系支持，甚至还有一些地方派系私下倒戈暗助他党的前例。这种派系斗争使国民党削弱了国民党的动员能力，使其在高雄县长期处于劣势。更雪上加霜的是县市合并后基层派系已经遭到了相当程度的破坏，原有的派系生态已经面目全非了。县市合并以来绿营投注许多心力经营基层，致使蓝营原高雄县白派、红派式微，原高雄市各同乡会，绿营早就用心介入，④ 绿营通过这种方式不断削减蓝营对基层派系的影响。高雄的情况大致是国民党基层问题的一个缩影，事实上国民党在南部的整体经营已经出现崩盘式溃散，传统的基层经营模式已经无法持续下去，即使能够勉强维持也是日薄西山。

马英九近年力图重新界定与地方派系的合作模式，传统地方派系政治资源分配模式已经被打破，地方派系本身也具有相当强的危机感，抓住一切机会抢资源就成为其首要的选择。国民党籍嘉义市农会总干事萧淑丽在国民党嘉义市长党内初选民

---

① （台湾）《联合报》，2014 年 1 月 3 日。

② （台湾）《中国时报》，2014 年 2 月 16 日。

③ （台湾）《联合报》，2014 年 2 月 12 日。

④ （台湾）《联合报》，2014 年 1 月 23 日。

调第一天宣布退党，宣布以无党籍身分参选市长。萧淑丽是萧家班的要角，掌握农会系统人脉，萧家班的势力在嘉义地方选举常扮演关键角色，她选在国民党市长初选民调第一天大动作退党，和国民党较劲意味浓厚，双方导火线起因于“府”“会”长期不睦。[①] 所谓“府会长期不睦”其实就是地方派系间的利益分配问题，即在地方政治垄断中形成的坐庄机制受到了威胁，从而使当地的政治生态遭到了破坏，地方派系在看不到希望的情况下，彼此之间争夺资源的斗争会更加激烈。

国民党显然感受到了这种危机。这次选举中国民党开始打危机牌，胡志强在 2 月份出席一次眷村活动时强调，如果年底让民进党选上台中市长，将危及 2016 年“总统大选”，“未来退辅会没了、中华民国也没了。”林佳龙认为胡志强的发言是“选情危急，恐吓选民”，距离投票还有九个月，就试图用激化意识形态、诉诸蓝绿对决的方式催票。[②] 事实上这次“九合一”选举中这种情况并不鲜见，连胜文在选举的最后关头也采取了诉诸蓝绿对决的方式激发蓝营的支持。一般而言以前只有绿营在选举中会利用这种动员方式，但这次国民党也在大范围用这种方式进行动员，说明国民党的支持基础已经出现了相当大的危机。

国民党缺乏人才培养的弊病也在这次选举中淋漓尽致地表现出来。这次选举在仓促之间推出几个政治世家的年轻人，被民进党攻击为“权贵政治”。连胜文宣布参选台北市长时，民进党发言人林俊宪立即攻击说，台北市从马英九、郝龙斌主政，到连胜文表态参选，都是国民党“权贵政治”的延续，并表示“民进党会持续结合最大的社会力量，终结国民党权贵政治”。[③] 不过缺乏人才的帐似乎不应该算到马英九头上，其实在提名问题上马英九也相当无奈，马英九并不想提名连胜文为台北市候选人，甚至在党内投票时马将自己的一票投给了丁守中。[④] 但是显然马英九无法撼动连家在国民党内的强大影响力，台湾媒体认为出现这种情况主要在于连战在国民党内长期经营的结果，同时也与蔡正元的“弃蔡保连”诉求有关。[⑤] 这说明马在党内的影响力非常有限，在许多方面无法和连战相比，所以最后仍以连胜文出线告终。事后证明，连胜文选择参选确实是一个错误，相比丁守中来说连胜文可被攻击点比较多，而柯文哲也早锁定“权贵与平民”做为选战主轴，这是连胜文抹

① （台湾）《联合报》，2014 年 3 月 4 日。
② （台湾）《自由时报》，2014 年 2 月 24 日。
③ （台湾）《自由时报》，2014 年 2 月 25 日。
④ （台湾）《联合报》，2014 年 4 月 20 日。
⑤ （台湾）《联合报》，2014 年 4 月 20 日。

之不去的原罪。[①]同时面对各种质疑，连阵营的解释却常有气无力，处置失当，使选举一路被动，直至崩盘输掉选举。

国民党显然没有及时跟上社会的脉动，最明显的表现就是对台湾社会的舆论生态及传播媒体结构缺乏清晰的理解。自“太阳花学运”以来，一直到“九合一”选举，行政当局在应对社会舆论方面显得相当被动，其中最主要的原因就在于在传播工具多样化与媒体生态改变情况下，马当局的媒体与公共沟通工作却未能与时俱进，致使逐渐失去话语权，反政府意见成为社会主流。而学生运用新传播管道展现的动员能量，更造成行政当局决策合理性流失的结果。[②]不过需要指出的是，显然不能简单地将马当局的被动局面全部归于对新传播手段的忽略，这里其实还是一个议题建构的问题，新媒体在许久以前就已经大量使用，但只有在最近这段时间议题集中被塑造出来以后才出现了井喷式的效应爆发。

马英九对国民党的改革事实上已经夭折。“太阳花学运”后，针对决策机制问题国民党召开的党务改革会议中，有人提议将县市首长纳入中常会，或增加党政平台开会密度，以扩大决策圈。党内有人指出马英九与郝龙斌、胡志强、朱立伦之间互信基础不足，纵使有沟通管道，但时常有状况发生。面对年底选战及外界要求扩大决策机制的强大压力，马英九势必做出改变。[③]4 月底国民党提出改革案，提出青年团、组发会青年部并入“国家发展研究院”以及“国发院”下设青年发展委员会的议案，要求在文化传播委员会下增设国际事务部，在政策会大陆事务部中成立两岸青年交流推动小组，扩大新媒体部的功能与编制等措施。[④]此后马英九又提名新北市长朱立伦、台中市长胡志强、台北市长郝龙斌为副主席，并决议党政平台直通县市基层。[⑤]在这些改革措施中，最为关键者是人事安排的变化，因为人事安排的变化决定了改革的成效，也决定了改革的组织和权力意涵。国民党人事结构的上述调整意味着马英九已经在形势的压迫下作出了妥协。因为就马英九改革的本质来说，一是要改造国民党的体质，二是要改造国民党的文化，类似马英九的用人风格其实是这种改革的必然结果，而这种用人风格的改变，意味着马英九的改革已经在现实政治压力面前不得不停顿。

---

① （台湾）《苹果日报》，2014 年 4 月 20 日。

② （台湾）《中国时报》，2014 年 3 月 27 日。

③ （台湾）《联合报》，2014 年 4 月 27 日。

④ （台湾）“中央社”台北 4 月 29 日电。

⑤ （台湾）“中央社”台北 4 月 30 日电。

二、民进党的变化

2014 年民进党权力结构实现了大幅度调整，在党主席选举中蔡英文以超过九成三的得票率取得胜利，强势回归民进党，同时民进党内的年轻世代逐渐聚集在蔡英文旗下，世代交替基本完成。在年底的“九合一”选举中，民进党取得大胜，政治版图空前扩张，再次形成了“地方包围中央”的态势。民进党的这些变化既是此前一段时间内部结构发展累积性效果的显现，对未来发展也会产生较大影响。

蔡英文的地位不断巩固。2014 年蔡英文击败了几个主要竞争对手，成功巩固了在党内的地位。年初以来民进党内的政治争夺异常激烈，竞争主要在苏贞昌、谢长廷、蔡英文之间展开，三人各自根据自己的优势制定卡位战略。苏贞昌挟党主席之利不断加强街头动员力度，同时又不断在两岸政策议题上强硬表态，目的在于保持自己的媒体曝光度，在争取“台独基本教义派”支持的基础上为党主席选举累积能量。谢长廷将诉求的主轴放在两岸政策方面，提出“宪法各表”的诉求并实现了赴大陆的参访，其着眼点在于占据两岸政策调整的制高点。蔡英文则远离两岸政策争议，将主要精力放在经济及民生议题方面，并强化自己对青年世代人群的渗透。“太阳花学运”改变了民进党内的权力斗争格局。“太阳花学运”无疑是蔡英文在幕后策划的一次利用暴力冲突手法强行阻遏两岸关系快速发展的学生运动。虽然蔡英文一直声称与这陈为廷等学生运动骨干没有关系，但从媒体披露出的资料来看这几个学生与蔡英文有着密切的联系，而且蔡英文也是这次“学运”的最大受益者。“太阳花学运”之后苏贞昌与谢长廷几乎同时宣布退出党主席选举，事实上承认了蔡英文在党内的影响力，也意味着“美丽岛律师世代”已经退出民进党权力争夺的中心舞台，蔡英文以其较深的谋略和强悍凶狠的政治风格完成了回归，在党内的地位已经无人能够撼动。

蔡英文再度出任民进党主席后，世代交替基本完成，在其人事布局部分，民进党原政策委员会执行长吴钊燮升任秘书长，原“中国事务部”主任洪财隆转任政策会副执行长，“中国事务部”主任，蔡英文延揽曾多次登陆访问的谢系民进党籍立法委员赵天麟。“行政院大陆委员会”前副主任委员邱太三将接任民进党副秘书长。年轻世代全面上位，民进党的世代交替工作在蔡的强力推动下基本完成。世代交替完成的过程也是蔡英文作为党内共主地位稳固的过程。此后的民进党权力结构改组，中常委改选后谢、游、新系各拿下两席，前主席苏贞昌代表的苏系仅蔡宪浩当选，亲苏的绿色友谊联机则由中评会前主委陈胜宏胜出，被认为亲近党主席蔡英文的“英系人马”也有两席当选，首度进军中常会权力核心。[①]这意味着以蔡英文为中心的权力结构正在形成并逐渐巩固。

蔡英文随着地位的巩固，随即在这次“九合一”选举中展现了强势的作风。在台北市候选人整合问题上，民进党内反对与柯文哲整合的声音颇大。1月份讨论与柯文哲整合时民进党的发言人林俊宪说，中执会通过的提名办法，“就是没有两阶段民调”，当时已表态参选的吕秀莲则讽刺说，“为什么要让一个没有认同民进党、甚至轻蔑的人开大门、破例？”[②]时任民进党主席苏贞昌也表态，“不会有两阶段民调”。[③]此后，尽管还有绿营大佬辜宽敏出来反对，但蔡英文当选党主席后强势推动，6月初终于和柯文哲整合成功。柯文哲主动承诺，未来会参与民进党2014年县市长选举共同政见的讨论，并纳为竞选台北市长的政见；柯文哲承诺当选后在一些重大议题上与民进党县市长一起讨论、形成共识后，一起实现。同时柯文哲承诺积极辅选民进党提名的27席议员，柯文哲的团队承诺参与北市里长提名、辅选机制。民进党则承诺会全力辅选柯文哲。[④]蔡英文的目标非常清楚，就是整合一切可以利用的力量，将国民党打垮。蔡英文声称，民进党与公民社会的关系必须做出抉择，“当我们把街头让给了公民团体，我们就必须开始思考民进党转型的问题”。这种转型的主要内容就是“展现更大包容力，结合社会其他力量，共同打破国民党一党垄断的政经结构”。[⑤]从事后来看，柯文哲确实创造了台湾选举史上没有的模式，从而一举击败国民党，取得了台北市的执政权。

长期经营基层是民进党能够取得对国民党优势的一个重要的原因，在2014年当选的几个民进党候选人中，大都是长期经营基层者，桃园郑文灿和台中林佳龙就是典型的例子，郑文灿已经在桃园经营了数年，林佳龙更是在台中经营了十年。在不断突破国民党地方派系的重围之外，不断进行情感渗透是一个重要的方法。“台中市民参加庙会和殡葬活动，随手都可以拿到印有林佳龙图像的小杯水，有时是包子，这就是他一点一滴渗透台中的方法，其效果似乎比胡志强承诺却未能完工的九大建设要更显著。”[⑥]

台湾社会结构和社会运动的变化对两个政党均产生巨大影响，不过民进党针对

① （台湾）《联合报》，2014年7月21日。
② （台湾）《中国时报》，2014年1月1日。
③ （台湾）《苹果日报》，2014年1月6日。
④ （台湾）“中央社”台北2014年6月16日电。
⑤ （台湾）“中央社”台北2014年7月1日电。
⑥ （台湾）《联合报》，2014年1月28日。

这些变化调整的能力则比国民党强得多。有媒体认为社会运动至少会产生下述影响：(1) 每一次运动的副作用都是“本土认同”的加强，在反抗声中不知不觉把更多感情注入议题之中，对“本土认同”产生强化作用。(2) 互不认识的社运成员在运动过程中产生同仇敌忾的同侪意识，若属于同一世代，则易凝聚出世代的社会共识。(3) 独立于政党外的社会运动，对政党政治产生强大的冲击，有边缘化政党的威胁，迫使政党必须正视社会出现的新现象，并思考如何对待。(4) 社会运动频繁将自动深化民主。社会运动使转型正义不彻底的角落受到考验，迫使政府修正法规和行动纲领。(5) 长期遭漠视的弱势群体借着社运获得社会的注意，除了处境得以改善外，更加强了社会的同理心与同情心，使社会产生休戚与共的一体感。① 上述变化意味着社会支持的流动性增加，所谓的“民意”也更加变动不居，如何保持与社会脉动的同步，对两个政党都是重大的考验。

不过这种社会运动并不是所谓“理性意识”的觉醒，而是社会焦躁心理的展现。“太阳花学运”中，无论是台大经济系教授郑秀玲推出的“反服贸”及“反黑箱服贸”懒人包刻意扭曲事实，还是由“台湾社”等亲绿背景的社团出刊的“现代版木马屠城，服贸协议危机大解密”，均以各种极为耸动的不实言论挑起群众“恐中”的敏感神经，“直捣市井小民害怕变化的深层恐惧，深怕开放对岸服务业后‘大陆人淹脚目’，抢走台湾人工作、砸掉台湾人饭碗，原本言论自由的台湾，也会因大陆出版业入侵沦为一言堂，就像木马屠城”。这些恐吓性的行销，抓住人性弱点及年轻人对未来的恐慌、焦虑和好奇，立时见效，让支持“服贸”的行为往往被打成“亲中”、“卖台”的烙印，使原本应理性讨论的“服贸”议题彻底失焦。② 这种心理的动员和理性丝毫扯不上关系，而是意味着台湾社会具备了民粹主义发展的心理基础和群众基础。

在社会已经发生变化的情况下，民进党加强与社会联结的企图非常明显，主要表现为新理念的提出和实践两个方面。就前者而言，蔡英文提出民进党要引进“公民审议”的理念模式，“让民进党进一步对社会开放，进一步和社会充分对话，藉强化民进党的体质，让民进党和台湾社会一起脉动”。这种理念的核心在于邀请民众踊跃参与，加强民众对民进党的认同和归属感。就实践部分，民进党拟定计划于6都举行“青年议会”，邀相关公民团体、学运社团等，以中小型规模论坛形式，

① （台湾）《苹果日报》，2014年3月12日。

② （台湾）《旺报》，2014年3月26日。

讨论“自由经济与青年未来”等议题。[①] 这种讨论强调互动，是加强情感联系和增加参与感的重要方式，也是民进党培训青年精英的重要方式。民进党也更加注重对青年世代的意识形态灌输。在“新课纲”问题上民进党不断强化抗争，其目的非常明确，即加强对台湾人民洗脑，而最好下手的地方就是课本，“被洗脑后的年轻人会长大，以后会变成选民，如此主张台独者，以后就容易得到多数选民的支持。等到多数超过一定席次，就可以修宪、改国号、改领土，于是‘一边台湾国一边中国’，也就是台湾国法理独立或台独，水到渠成”。[②] 民进党对社会的思想渗透正在逐步加强。

社会运动结合议题建构是民进党获取对国民党优势的重要手段。2014 年 3 月以来，民进党将议题战的威力发挥到了极致。先是“太阳花学运”的冲击使马英九当局灰头土脸，然后又有“核四”议题，伴随着林义雄的绝食，国民党在议题上完全丧失了主动权。“社会抗争一波接一波，民进党与社运、学运的团体亦分进合击，迫使政府疲于奔命地应付。”[③] 蔡英文再度当选党主席后发表“我对宪政改革的主张”一文，释出宪政改革的主张，声称要增加“国会”席次、提升“国会”代表度，同时呼吁降低“公投”门槛，落实直接民主。[④] 这一阶段民进党的议题环环相扣，绵绵不绝，成功地建构起了该党对国民党的优势。民进党在这一阶段的议题战显然有多方面的意图，一是通过议题战抢占议题主导权，在话语权方面对国民党形成全面压制，二是以议题战消解国民党存在的正当性，同时增加自己的社会支持基础，三是通过议题战争取青年群体的支持，同时又可以强化内部的凝聚力。

民进党的两岸政策诉求也出现了若干变化。强力阻遏两岸关系的快速发展是其重要企图，突出表现就是对“服贸协议”的杯葛。“太阳花学运”中党中央通过发表声明、到现场支持等方式表达对参与“反服贸学生”的支持，民进党南部县市长陆续北上声援“反服贸”，高雄市长陈菊 21 日乘高铁北上，台南市长赖清德 21 日也取消白天行程北上声援。[⑤] 在这次“反服贸”活动中的骨干分子均由“小英基金会”培养。这也意味着蔡英文长期对青年学生进行理念渗透已经收到了效果，“小英训练营还是不断在培训青年军，这个延续以前‘若樱会’的‘若英会’，比中指

① （台湾）“中央社”台北 2014 年 6 月 11 日电。
② （台湾）《中国时报》，2014 年 2 月 10 日。
③ （台湾）《联合晚报》，2014 年 4 月 27 日。
④ （台湾）《自由时报》，2014 年 5 月 26 日。
⑤ （台湾）“中央社”台北 2014 年 3 月 21 日电。

是基本手势，不需要懂什么学识。‘服贸’以及一大堆这反那反的，都不需要懂”。[①]而利用“反服贸”进行的政治传播则更是民进党在这次学生运动中最大的收获，一是成功激起了民众、特别是学生的参与心理，同时也彻底瓦解了国民党在两岸议题上的主导地位，使其在话语系统中处于相当被动的位置。就民进党权力斗争的情况来看，在“反服贸学运”问题上获利最大者当属蔡英文，在“太阳花学运”结束不久，苏贞昌和谢长廷分别声明退出党主席选举，这种举动事实上是对蔡英文党内主导权的承认，在 5 月底举行的党主席选举中，蔡英文以超过九成三的得票率当选，成为党内无人能敌的人气天王。

民进党对“服贸协议”的基本态度就是一直拖下去。民进党一路支持学运，坐视“立法院”被占领，并支持学生提出国民党当局无法接受的条件使双方协商破局。“民进党不管学运将让台湾社会付出巨大的成本，也不管反服贸将影响台湾经济发展，就只想等着坐收渔翁之利。”[②]显然对于民进党来说，这样拖下去对自己是非常有利的，一是可以消耗国民党在两岸关系方面的议题主导权，二是可以加剧国民党的内部斗争，三是可以遏制两岸关系快速发展的势头。及至“学运”结束以后，民进党仍是通过在“立法院”的“焦土战术”阻止服贸进行审查程序，现在来看最基本的诉求就是要将“服贸”一直拖下去，一直拖到民进党上台执政以后再来处理这个问题。

蔡英文再度出任党主席之前，在民进党的内部权力斗争中两岸政策是一个重要的媒介，“中国政策是工具、策略，是左右选情变化的平衡杠杆，更是直接牵动着民进党内权力消长变化的重要因素。”在两岸政策方面，苏的政策显然是相当失败的，苏贞昌在党主席任内的大陆政策充满消极且不友善的对抗思维，民进党的两岸敌对情结并没有得到有效的化解，苏贞昌不及格的两岸成绩单早就被外界定调为无法带领民进党重返执政的领导人。[③]但是苏为了维持“台独基本教义派”的支持，还是坚持这一政策不作更改。民进党在年初一段时期对两岸政策诉求争论激烈。经过多次“华山会议”讨论后通过的“2014 对中政策检讨纪要”并未讨论“冻独”、“台湾共识”、“宪政共识”等问题，而且党内要求进行“中国政策大辩论”的声音也被压下去，这次会议得出“凝聚台湾内部共识，作为两岸对话基础”的结论，可以看出民进党内部对这个问题并无共识，而且不愿调整的声音依然是主流。

---

① （台湾）《中国时报》，2014 年 3 月 27 日。

② （台湾）《旺报》，2014 年 3 月 28 日。

③ （台湾）《旺报》，2014 年 2 月 18 日。

及至蔡英文在党内的地位逐渐稳固，民进党在两岸政策上的态度也逐渐明朗，林浊水认为，“民进党两岸政策在中国事务委员会已形成内部共识，苏贞昌与蔡英文的基本立场与价值没有太大差异，两岸议题趋于单纯，不会有大方向调整，两岸政策只存在具体政策的弹性调整”。[①] 易言之，随着蔡英文地位的巩固，其在两岸政策诉求方面还是以模糊和求稳为主，不会贸然触动两岸议题，因为两岸议题对其巩固地位并没有太高的价值，反而可能带来麻烦。蔡英文的两岸政策诉求向“柔性化”方向发展，主要目的在于降低两岸的紧张程度。在两岸定位方面蔡英文仍然沿用了“台湾是中华民国，中华民国是台湾”的论调，并希望以此为基础，“凝聚台湾内部最大的共识，就可以和国民党做出明确区隔，不致被曲解成伤害台湾或中华民国的主权”。[②] 蔡英文对两岸关系也进行试探性动作，1 月份派出小英教育基金会执行长林全赴大陆参访，蔡英文在记者会中也全程用“对岸”称呼中国大陆，[③] 也被认为是蔡氏两岸诉求开始走向软化的一个表现。

蔡英文在两岸政策上尽量会避免展现强硬的姿态。蔡英文正在寻求一种比较稳妥的两岸政策模式。蔡英文再度当选民进党主席不久拟定计划邀民进党县市首长、“立委”及党务主管，前往台中市举行“共识营”，将对“两岸服贸协议”、“自由经济示范区条例”、“两岸协议监督条例”草案等议题进行攻防模拟。党内人士说“由于蔡英文不乐见民进党在两岸议题都采取抗争态度，未来在两岸政策上会有所改变。”[④] 蔡英文的两岸政策基本框架大致是：在不改变“台独”立场的情况下，以稳定为优先，而且会在两岸政策上持消极态度，一般不会主动触碰两岸关系问题。9 月份蔡英文在出席民进党“外交使节”酒会时表示，民进党走向世界并倡议台湾应有效参与与国际和区域组织；民进党与世界交流的努力也包含与大陆进行积极的交流，“与中国的交往，不只对国际社会及中国来说，更重要的是对台湾人民而言，将会是具一致性、负责任、可预测性”。[⑤] 按照蔡英文的逻辑，民进党不会反对两岸交流，但是两岸交流有两个前提，一是不改变“台独”立场，二是在岛内政治竞争中要保持对国民党的优势。就后者而言也就是说基本不需要以炒作两岸关系的方式来对抗国民党。

在两岸关系方面蔡英文的基本依托是所谓的“民意”支持，即挟台湾民意与大

① （香港）中评社台北 2014 年 5 月 6 日电。
② （台湾）《自由时报》，2014 年 1 月 10 日。
③ （台湾）《联合晚报》，2014 年 1 月 20 日。
④ （台湾）《中国时报》，2014 年 6 月 6 日。
⑤ （台湾）《联合晚报》，2014 年 9 月 23 日。

陆进行对抗，蔡英文认为 2014 年底的选举“如果打好，连中国都会朝民进党方向来调整。如果他们觉得，2016 年最有可能赢的是民进党的话，他们自动会去创造那个条件”。“中国一调整，美国人就没有什么好讲的。”[①] 显而易见蔡英文未来会将台湾民众支持以及选举胜利作为与大陆抗衡的主要筹码。在 2014 年党代会召开前夕针对“冻独”问题蔡英文表“坚持独立已是年轻世代的天然成分”，“无法冻结或废除”。[②] 如果结合起来看会发现民进党的策略非常清楚，即通过不断的意识形态渗透，塑造“民意”，然后再以这种“民意”作为两岸政策的支撑，从而系统推展以“主体性”为中心的对抗性两岸政策。

三、台湾政党间关系及影响

政党政治中的一个重要内容就是政党之间的互动。一个社会的政党互动模式往往决定了政党政治的基本样态。新的政党势力的兴起一般会挤压其他政党的生存空间，从而引起连锁反应，使其他政党调整自己的政策以挽回颓势，并力图达到新的平衡。两岸关系中政党是两岸互动的主要组织者和实施者，也是两岸政策的主要制定者，政党互动是两岸互动中的重要内容，也是影响两岸关系发展走向的重要因素。下面对岛内两个主要政党国民党与民进党的互动关系进行描述，并对两岸关系中的政党互动对岛内政党互动模式的影响进行简单分析。

（一）台湾岛内政党间关系

政党之间的竞争往往以相互区隔为基础，并以此划定政治动员的边界。不同的政党通过与其他政党的区隔取得特定选民群体的支持，以维持自己的生存与发展。台湾社会两个主要政党之间的竞争大致也是按照这种方式展开，国民党与民进党之间的区隔成为政党竞争的重要形式。

从世界范围内看，以不同阶级和阶层代言人形象出现成为政党区隔的重要形式，这种情形在贫富差距悬殊并且社会矛盾激化的国家和地区往往较为明显。不过在台湾长期经济发展过程中收入差距一直被控制在相对较小的水平上，所以台湾社会阶级分化及阶级矛盾并不突出。2010 年台湾的基尼系数为 0.342，在全球范围内仍处于相对较低的水平，也就是说贫富差距相对来说并不悬殊。一直以来台湾社会

① （台湾）“中央社”台北 2014 年 7 月 9 日电。
② （台湾）《联合报》，2014 年 7 月 21 日。

的阶级议题基本处于默默无闻的边缘地带，很少进入政治动员的视野。2010年前后阶级议题开始成为台湾社会政治动员的新议题，这些议题主要由民进党提出，并和两岸议题相联结，主要目的在于将“贫富分化加剧”归因于两岸关系交流“图利财团”。在这个意义上说所谓“阶级议题”其实带有炒作的成分，也可以认为在一定意义上说是一个假议题。事实上，在台湾因为长期以来贫富悬殊问题并不突出，阶级议题的动员效果并不明显。

台湾社会政党区隔表现比较典型者是以族群身份进行区隔。族群身份区隔在国民党威权统治时期长期存在，主要表现为“本省人”和“外省人”的区隔。出现这种区隔的根源在于国民党威权统治时期外省人长期垄断资源支配权，本省人长期处于受压制的状态，因而产生疏离感和排斥感。省籍族群区隔在台湾政党政治中长期存在，到民进党执政时期发展到顶峰，由此衍生出的“爱台湾VS不爱台湾”的二元论述在台湾大行其道，族群区隔演变成为政治动员的主要工具，撕裂了台湾社会，也遭到了诸多诟病。民进党下台后，虽然仍有将族群区隔作为主要政治动员工具加以利用者，但是由于该议题带来的负面影响太大，族群区隔已很难堂而皇之地公开摆上台面。不过这并不意味着族群区隔在台湾政党政治中已经不存在，在经历了族群区隔的政治社会化过程以后，族群区隔已经成为政党政治中根深蒂固的心理存在，现在民进党的政治动员虽然舍弃了族群区隔之名，但是族群区隔的思维仍然随处可见。

统“独”认同的差异成为台湾政党区隔的另外一个重要符号。统“独”区隔是两岸关系问题在台湾内部的反映，在政党政治中虽然也有体现，但主要还是存在于普遍性的社会认知中。台湾社会的两个主要政党在统“独”立场上区隔并不是简单据于“非统即独”二元光谱的两端。相比较而言民进党的“台独”诉求较为明确，但是国民党在这个问题上的态度则比较模糊和暧昧，马英九提出的“不统、不独、不武”就是一个典型个案。从历史发展的角度来看，国民党传统的两岸诉求应该是“国家统一”，当年的“反攻大陆”诉求就是最为典型的表现。不过，在近年来国民党“本土化”改革以及民进党“主体性意识”诉求的压力下，国民党已经没有了当年跃马中原的豪气，但在两岸诉求上又必须与民进党相区隔，两岸政策就变得日益模糊和易变。所以现在台湾岛内政党政治格局中就出现了民进党“台独”诉求清晰但国民党却不敢清楚表达统一诉求的局面，国民党的这种模糊性也是导致其在政党竞争中不断挨打的重要原因。

需要提及的是，台湾岛内政党在竞争中形成的区隔界限并不是孤立的，诸多区隔界限往往具有很强的关联性。民进党的“台独”立场与“本土化”以及省籍族群符号有时是可以通用的，甚至可以彼此互相替代。在两岸关系诉求中，所谓“台湾前途由 2300 万人决定”的诉求与“本土意识”及“主体性意识”诉求基本上就是硬币的两面；所谓的“阶级议题”不过是省籍区隔的延伸和扩展，而且阶级议题与两岸议题也密切相关，在民进党的阶级诉求中，大陆一直是和国民党联结在一起的。在该党的话语体系中，正是两岸交流的快速发展以及两岸合作的扩大，才使岛内的阶级分化不断扩大。类似的逻辑在族群区隔中随处可见，这里不再赘述。

比较而言在设置政党区隔界限方面民进党较具主动性，台湾政党政治中一系列的区隔界限都是由民进党提出并加以系统化，而国民党在这方面则比较被动。易言之，在政治区隔的建构方面明显民进党处于攻势的位置而国民党处于守势，而且是消极防守。这种局面的出现与台湾社会发展变迁的轨迹有关，国民党在台湾政治变迁过程中逐渐由一个革命党变成了选举型政党，但是在政党诉求方面却迟迟无法进行系统更新，统一的诉求在民进党“台独”话语霸权的压制下已经不敢再提，但又提不出新的愿景和可以长期指导国民党实践活动的政治论述，因此在政党诉求方面显得消极和被动。

政党区隔的界限在一定程度上决定了政治动员的界限，对于一个政党来说，政党区隔的设定主要考量的是其有效性，而不会考虑到其道德性，除非道德性影响到了有效性。也就是说，一个社会的政党区隔设置的道德性问题在很大程度上是由这个社会的政治文化以及对道德标准的认知所决定的。台湾社会经常出现的“只问蓝绿、不问是非”对民进党不顾道德形象采取强力冲撞的政策其实是一种变相的鼓励，同样的道理，基本支持群众的无条件支持也是当年民进党进行族群区隔和撕裂性动员的主要动力来源。

（二）“中间选民”与政党政治

在台湾政党政治的讨论中，经常涉及的一个问题就是中间选民的问题，对于政党互动问题来说中间选民也非常重要，因为涉及政党通过何种策略去扩大支持基础的问题，同时涉及政党互动中会不会出现两个主要政党政策趋同的问题。但是何为中间选民却一直是学界力图解决却没有解决的问题。一般研究中所指的中间选民是指理性选民，这里的“理性选民”主要是以“理性人”为前提形成的一个概念，这种“理性人”预设并不涉及意识形态区隔或者强烈政党区隔存在的情况下选民背离经济理性进行投票选择的情况。台湾社会的所谓“中间选民”在很多时候指的是投票取向不固定或者是政党支持度不固定的选民，也有人称为“摇摆选民”。但是显然不能把这批选民同“理性选民”等同，这些选民中大部分的选民均是受教育程度较低的人群，2008 年的统计数据显示初中及以下教育程度的选民在整个中间选民中的比例为 57.3%。① 知识水平低当然与是否有能力进行理性选择不能等同，但二者具有较高的相关性应该是没有疑问的，所以从选举的现实来看这批选民投票的摇摆性可能与理性选择无关，而只与投票时所受到的即时性影响有关。

石之瑜教授曾经以统“独”问题上的倾向描述台湾“中间选民”的性格，他发现“台湾的社会调查一再显示，只要条件配合就愿意接受台独的选民，与只要条件配合就愿意接受统一的选民，两者之间往往有大量重复”。倘若条件设得合情合理，两者重复的比例甚至可以高达所有选民的四分之一。石之瑜认为“这当然是因为台湾作为后殖民社会、后内战社会与后冷战社会，对于大陆同时存在强烈正负面的两种情感所致。选民徘徊在抵抗大陆与亲近大陆两种情感之间，不能视之为典型中间选民，而是有双趋倾向的选民”。② 双趋型的选民主要特征在于投票时以情感取向为标准进行投票选择，相比较理性选民主要以政策特别是社会公共政策作为投票决策参考的情况有相当大的不同。如果结合台湾社会深受传统文化影响的政治文化生态来考虑，这种双趋型的选民并不仅仅表现在统“独”议题方面，在其他方面也或多或少地存在。

如果仔细考究起来，所谓中间选民的“中间”概念其实是相当模糊的，到底这个“中间”指的是经济诉求、政治诉求还是意识形态诉求？在许多关于中间选民的说明中并没有清晰的界定。这种模糊性所导致的结果就是“中间选民”概念的分析功能十分低下。在台湾选举过程中，以经济民生议题为中心的公共政策诉求显然占有相当重要的地位，两个主要政党在这些方面也着力甚深。有研究已经指出，国民党与民进党在岛内公共议题方面趋同的程度非常高，他们在公共议题上的主张也有很大的相似性，类似的研究已经很多，这里没有必要再作赘述。以此言之，两个主要政党确实有“向中间靠拢”的可能，而且在经济民生议题方面已经实现了“向中间靠拢”，在这个场域内以“理性人”为前提之政党政策的走向分析模式展现了较强的解释力。

一般所谓“中间选民”概念往往不太注重意识形态及其他认同差异基础上形成的区隔对政党政策诉求产生的影响，也就是认为意识形态的争论并不是政党政治互

① 张华：《台湾地区中间选民投票行为分析》，《台湾研究集刊》，2010 年 6 期（总第 112 期）。

② 石之瑜：《台湾是M型选民结构吗？》，（台湾）《中国时报》，2007 年 1 月 11 日。

动模式中的主要内容，而是认为政党相互区隔的主要诉求集中于经济和社会领域，也就是对抗不激烈的领域。但是现实情况往往不是这样，特定议题的意识形态化发展使得社会出现分歧与对峙的可能性极大。而一旦出现比较深的社会分歧，则会出现双峰或多峰对峙的民意结构，从而使政党向中间靠拢的冲动减弱。非常不幸的是，台湾的社会分歧一直非常明显，而且似乎在短期内并没有可以消弭的迹象。族群分歧、统“独”分歧、“威权－民主”分歧在不同的历史时期分别成为影响社会意识的主要内容，而且这些分歧经过政党动员的极化，对社会产生的影响既深且巨，短期内根本不可能消除。

可以看出，一旦分析的视角突破了经济或者政治的单一议题，“中间”所涉及的场域就会骤然增大，无论是经济议题还是意识形态议题，均有“中间”的问题，显然各个政党同时在这两个方向上向中间靠拢的可能性不是太大。这里可能出现的几种情况，一是经济议题上趋同，但是意识形态议题却对立与对抗，或者是意识形态趋同，但是在经济议题上却出现了分裂与对抗，此外还有经济议题和意识形态议题均出现分裂或者是均出现趋同的情况。显然，“中间”所涉及的场域增加，可能出现的选项就会呈指数式增长。台湾政党在经济诉求上的趋同以及在两岸议题上的差异，已经显示台湾政党政治中经济议题与统“独”议题背离的情况，这种情况的出现关键在于政党利用不同的政治诉求进行政治动员时取得的实际效果，能够取得最好效果的议题组合显然就是政党的最佳选项，因为对于有影响力的较大政党来说，他们从来不会为议题而议题，而是为了执政而主动进行议题设置。

（三）台湾政党之间的学习与趋同

政党的学习及调适是政党互动中的一个重要内容，对政党政治发展产生的影响也是多方面的。所谓的政党学习能力系指某一政党对同一系统中其他政党行之有效的动员方式和行为模式进行深入反思，并以此为依据改变自己的行为和论述以增强对选民吸引力的活动。在竞争性选举中政党之间相互学习和影响的情况非常普遍，台湾社会的两个主要政党就是如此。国民党提名方式的调整从过程到结果上看都是参考了民进党的经验，而民进党对基层经营的加强也在一定程度上取自国民党的经验。如果仔细比较起来会发现台湾的两个政党在政党运作模式和公共政策等方面均有从对方学习经验以改造自己的政党体质以增加政党生存能力的情形。政党的学习能力以及在此基础上进行自身行为模式调适的能力是政党能否维持并不断扩大生存空间的关键，学习与行为调整是政党互动中政党在遭受外部压力时的自然反应，反映出政党对环境适应的基本能力。

在政党互动的过程中，对政治动员最为有效的行为模式最容易受到模仿，而政治论述和意识形态则较有相对的独立性，只有在持续的冲击之下才会有所调整。台湾两个主要政党中很多行为都有趋同的情形，例如竞争团队的年轻化在国民党和民进党内都是一个普遍的现象，大量的青年人进入竞选团队，利用各种新出现的传播形式展开政治动员。一般来说某个政党的行为只要在选举动员中表现出较高的效率，其他政党很快就会进行吸收改造并加以运用。2008 年以后国民党在选举中逐渐注意到议题营造的重要性，即重视“空军”的力量，应该也是在反思之后对选举风格进行改革的结果。

相对而言，政治论述则具有相对的独立性，因而也具有相对的稳定性，其发展变化往往要经过较长时间以及在较为明显的外部压力下才能实现。一般来说政治论述的调整大都是在社会发展的背景下，政党意识形态的传统被打破，在各种意识形态之间相互影响甚至互相接近、互相渗透的情况下，强调意识形态的特殊性，往往很难吸引民众。这就使政党不得不寻找新的途径来动员民众，赢得支持。执政党要想保证自己的执政地位，就必须对自己的意识形态做出调整。[①] 这意味着政党政治论述的调整往往会经历一个比较长的过程，但是一旦调整展开，则是属于较为根本性的调整，对政党未来发展会产生长期的影响。

政党之间的竞争是政治系统内各个政党对自身进行适应性调整的直接动力。民进党动员方式的改革以及效率提高必然会引起国民党国民党的生存危机，从而压迫国民党加强学习并调整自己的行为模式进行应对。2000 国民党下台后进行的党组织改革，压缩了庞大的党工系统，同时在动员模式、提名方式以及基层经营方面均进行了调整。马英九出任党主席后，开始系统改造国民党的组织以及文化结构，目标在于使国民党适应高度竞争性的政治情境，也就是说要将国民党改造成一个“选举机器”。这种调整无疑是民进党政治版图扩张压力下的结果。2008 年选举中国民党体现了空间的团结，成功替代民进党成为执政党，事实上是上述压力下危机感与紧迫感的集中爆发。2008 年民进党下台以后不断加强基层服务的力度，同时与大陆的经济交流也在逐渐展开，这些都是在国民党的压力下进行的适应性调整。从这个意义上说，台湾两个主要政党事实上构成了互为镜像的关系，彼此均从对方观照自己并以对方来定义自己的存在。

---

① 付杰：《试析美国两大政党处理与政治生态关系的经验》，《当代世界与社会主义》，2006 年 1 期。

不过在政党互动的过程中各个政党表现出来的调整能力是不同的。在大多数情况下，政党内部的改革都是困难重重。概括起来说政党能否实现自身的改革以适应形势的发展，主要取决于两个方面的因素。一是内部利益分配结构及其强固性。政党政治核心内容是利益和资源的分配。一般来说制度化程度越高、生存时间越久的政党，内部越容易形成利益分配格局固化的情形。一旦政党的结构调整触及到这些固化的利益分配结构时，就会遭到很大的阻力。国民党在 2000 年以后撤裁党工时遇到的阻力非常大，就是如此原因使然，这些党工长期服务于国民党，其生活的主要内容均与党务活动密切相关，一旦脱离党务系统，从情感和利益上均难以接受。二是政党生存所遭遇到的危机程度。一般来说，在遭遇到较为严重的危机时，利益结构中的行为者可能为了长期的利益被迫放弃若干短期利益，但是一旦危机过去，传统的行为模式又会回潮，消解此前改革的效果。所以我们在政党政治中经常看到的情形是，一个政党在某些方面虽然想进行适应性调整，但是改革却无法向前推展。马英九在对国民党进行改革所遭遇的阻力已经有目共睹，蔡英文在 2008 年以后对民进党进行改革时也有同样的遭遇，在如何与陈水扁切割以及如何实现世代交替的问题上屡屡碰壁。在外界压力下进行调整能力的强弱在一定程度上决定了政党适应性调整能否实现，也在一定程度上决定了政党未来的基本生存状态。学习能力弱的政党显然没有办法适应形势的发展，最后自然免不了消亡的下场。

四、延伸视角：两岸政党互动

自 2005 年以来，两岸政党互动格局发生了较大变化，对岛内政党政治生态产生了深远影响。从政治系统的角度来看，两岸政党互动构成了岛内政党互动的外部环境，从多个方面影响到了岛内政党互动的基本样态。目前国民党与共产党已经实现了党对党的交流并成功构建起了交流平台，民进党则因为坚守“台独党纲”及“台独路线”的原因一直到现在还无法与大陆建立起党际交流，但是从个人层次来说，民进党政治人物与共产党之间的交流并不鲜见。整体来看，岛内政党与大陆交流的情况处于一种不对称的状态，国共之间的交流无论是从深度和广度上均超过民进党。

从两岸关系发展的历史轨迹来看，两岸政党互动的模式主要有四种，一是对抗型模式，二是对抗与合作兼有但偏向对抗型模式，三是对抗与合作兼有但偏向合作型模式，四是合作型模式。对抗型模式是两岸政党处理互动问题时以对抗为基本取向，两岸自 1949 年以来到 1978 年一直采取这种模式。在这种模式下激烈对抗以及完全意义上的敌对状态是两岸政党互动的全部内容。1979 年两岸关系结构发生较大变化，两岸民间交流开始破冰，但是政党之间仍缺乏沟通与交流，政党互动并没有突破对抗性模式。2005 年以来共产党与国民党实现了党对党的交流，并建立了交流与合作平台，两党交流的制度化程度也不断提高。从目前来看，两党已经进入对抗与合作兼有但偏向合作的政党互动模式。同时，民进党与共产党之间个人层面的交流与沟通虽然存在，但是两党互动的程度却处于相对较低的水平上，大致属于对抗与合作兼有但偏向于对抗的政党互动类型。

两岸政党互动的模式是偏向于对抗型还是合作型对两岸关系的发展影响很大。民进党的两岸政策偏向于对抗型的原因很简单，就是该党一直以来都是以对抗的方式取得政治利益，并实现了政治版图的扩大，这是自国民党威权统治时期沿袭下来的传统。所以对于民进党来说，一个没有敌人的政治环境是非常可怕的，也是很难适应的，这种情况下民进党的政治动员往往找不到着力点。蔡英文出任民进党主席虽然一直强调要以“理性”的态度去改造民进党的选举以及行为文化，但是在能够利用暴力的场合她却决不犹豫，陈云林会长到台湾参访时蔡英文发动的暴力抗议就是一个例子。在对抗型的政党互动模式下，两岸交流也会发展，但是两岸关系却难以稳定。事实上民进党执政时期两岸交流与合作并没有完全停滞下来，有些方面甚至取得较大发展，但两岸关系的动荡却也是有目共睹。相反，在合作型的政党互动模式下，虽然两岸也会有分歧，但是合作与交流却可以持续进行，分歧在这个过程中并不一定会成为阻止两岸关系稳定和两岸交流与合作的决定性因素。

民进党目前处理两岸问题的基本策略就是政治与经济分离，即经济上鼓吹与大陆展开交流，民进党执政的县市首长到大陆参访也早不是什么新鲜事，但是在政治立场上却不愿松动。在民进党与大陆的互动中，“台独”意识形态的坚持与对两岸经济交流的支持并行不悖，但是显然两者是有先后顺序的，“台独”意识形态处于更加优先的地位。从一般的意义上来说，现代政党政治中意识形态动员与经济议题的动员并行不悖并不鲜见，但是这两种动员的生存能力显然并不是相等的，往往在相当长的时期内意识形态动员会占据上风，而在意识形态动员到了极化的程度并造成严重的社会问题时，经济议题才会有生存的空间。民进党是比较典型的意识形态动员型政党，当年对抗国民党时期主打的议题是“民主化”和省籍族群认同，现在与共产党的互动中则利用“主体性”议题进行动员。民进党的这种基本动员模式曾经造成了台湾社会的撕裂，经济议题在 2008 年才会成为相对重要的议题占据选举动员的中心舞台。易言之，在民进党的动员谱系中，经济议题并在最主要的位置上，特别是在“台独”意识形态动员有效的情况下，经济议题被边缘化的可能性更大。

海峡两岸三个主要政党通过互动事实上形成了复杂的竞合关系，议题主导权成为这种竞合关系的核心。显然国民党和民进党在展开与共产党互动时均着眼于其内部需求。国民党采取的是一种“去政治化”的两岸交流与合作政策，最起码不想让两岸政治分歧干扰两岸经济事务，在两岸交流与合作不断加强的基础上，国民党力图建构出稳定两岸和促进台湾经济繁荣的民意支持基础。民进党则采取与国民党不同的路径展开两岸政党互动，从其基本的政治诉求来看，将两岸维持在低度紧张的状态对其政治动员是最为有利的，两岸关系的“去政治化”是民进党尤其不愿意看到的局面。毫无疑问，国共两党展开的交流与合作使民进党在两岸关系问题上已经丧失了议题主导权，两岸互动中日益边缘化的趋势也益发明显。此种情形已经对民进党形成了强大的压力，并使国民党在岛内政党互动中占据更多的主动权。所以在 2014 年民进党不惜以“太阳花学运”这样激烈的街头运动来阻遏两岸关系快速发展的势头，就是要抢回两岸关系中的一部分议题主导权。

岛内蓝绿恶斗是台湾政党政治的一个重要特征，也是政党互动的重要内容，这一情形未来是否有缓解的希望？看来答案并不令人乐观。对于政党来说争取执政和资源的分配权才是永远不变的基本诉求。所以只要条件许可，政党均会用最为廉价的办法达到扩张自己的目的。因此政党本身具有推动社会整合和分裂的双重面向。社会整合面向主要是通过政党对社会利益诉求进行综合，再借助由政党之间竞争与合作所组成的责任政府将综合起来的社会利益诉求以政策输出的形式来满足社会期待；而社会分裂面向则主要是以政党区隔的建构和极化呈现出来。由此可以看出，政党政治的社会整合和分裂面向与政党政治自身的能力和状态有密切联系。[①] 至于哪一种面向最终会取得压倒性的优势，主要取决于政党的能力以及对利益最大化的判断。如果分裂社会的手法能够扩张政治版图，那么利益整合的面向则会被压缩到角落。长期以来台湾政党互动中已经形成了区隔重于融合的传统，而且社会分歧的分布状态也支持双峰对峙的政党政治格局。所以台湾社会的政党区隔作为一种动员边界会长期存在，所谓的“社会融合”也往往是为强化这种区隔服务的，例如民进党所鼓吹的“台湾命运共同体”，事实上是要求台湾民众统一思想对抗大陆，当然

① 叶麒麟：《社会整合、政党政治与民主巩固——基于制度可实施性的分析》，《浙江社会科学》，2012 年第 12 期。

这其中也隐含着要求国民党在政治诉求方面全面向民进党靠拢的预设。故而可以说，在目前的政治情势及两岸关系情势下，除非两岸关系或者台湾政党政治有重大的结构性改变，否则这种重区隔、轻融合的政党政治生态短期内不可能消除，政党恶斗也会持续下去。

五、台湾政党政治研究的一般性视角

政治生态体现的是政治系统的结构性特征，政治生态的基本样态与政治系统的整体性、稳定性密切相关，这也是政党能够存在并形成政党政治的基本前提。同时政党政治又是政治生态的一个重要组成部分，其存在样态及发展又与政治生态的变迁互相影响，政党政治的运作规则也是在这个过程逐步型塑并沉淀下来。这里所说的“运作规则”既指成文规则同时也涵盖不成文规则，例如政党文化及基本行为模式等。这些规则共同构成了政党政治能够持续运作的基本框架，使政党的行为、政党互动模式及政党政治的发展方向具有一定程度的可预期性。大致来说，政治生态视角下的政党政治可以从三个面向上展开分析：政党内部的基本结构、政党之间的互动及其模式、政党与社会之间的联结方式等。

（一）政党政治的基础：内部结构

一般关于政党政治的讨论中，政党一般是作为基本分析单位出现，政党政治理论所分析者主要是政党在政治系统中的功能实现。从逻辑上说，这种政党的功能研究在很大程度上关注于政党与政治机构的关系，关注于政党作为政治体系一个重要组成部分所承担的独特功能。这在理论上也就预设了政党是为政治体系维持自身运转不可缺少之功能性部件这一基本命题。进一步讲，这也预设了政党是一个独立实在、内部均质的行为主体，且只能作为一个整体与政治机构发生关系。[①] 不过，从具体语境出发讨论政党政治时，政党却表现出纷繁复杂的样貌，不同时期、不同地域的政党展现出千差万别的存在形态。作为政党政治的基本分析单位，政党的存在形态决定了政党政治的基本样态。政党不可能是一个独立实在的实体，内部均质性也有很大差异，作为一个整体行动的能力也不可一概而论。所以我们在讨论政党政治问题时，首先应该讨论政党的内部结构及其影响下的政党功能实现问题。政党内

---

① 张小劲：《关于比较政党研究基本路径的历史考察及其思考》，《当代世界与社会主义（双月刊）》，2002 年第 1 期。

部的结构决定了政党存在的实然形态，也决定了政党在政党政治生态乃至在政治系统中的基本坐标。

在竞争性的政党体制下，政党内部结构最为显著的特征就是派系的存在，萨托里将其称为“宗派”。[①] 派系的存在符合政党作为利益整合和利益表达工作的一般逻辑。这里的“利益整合”既指政党－社会层面意义上的利益聚合，同时也指党内不同派系群体之间的利益整合，后者更多地表现为利益的获取和分配。在无法形成绝对权威的情况下，派系的形成是政党内部利益分化与利益整合的自然逻辑结果，也是政党生存与发展过程中的普遍现象，派系之间的妥协与斗争构成了政党生态的主要内容，同时也影响到政党在政治系统中的功能实现。虽然在很多情况下政党的生存离不开派系的发展，但显然政党与派系之间的差异是明显的，派系与政党之间的关系是一个值得持续深入探讨的话题。萨托里认为，政党超越派系而成为政党，严格地讲是它们不同于派系。“现在我也可以这样说，政党竞争性的可见性归因于使其区别于宗派的那些强制因素。但是政党是由次单元组成的单元，而其次单元在很大程度上是不可见的。”[②] 一般来说政党是在比较确定的法律框架内活动，其活动范围较为明晰，行为也有比较明显的可预期性。相比较政党而言，派系的活动往往比较隐蔽，即使有派系存在，也往往不愿公开。故而在大多数情况下，派系虽然能在短期内保持一定的稳定性，但比较而言易变性却是一个更加鲜明的特色。从类型学来说，派系可以分为组织型派系和个人为中心的个人型派系两种，后者更加具有易变性。在一定时期内的派系生态决定了政党的基本生态，进而具有不同政治生态的政党组织在利益博弈与共生中形成了政党政治的基本样态。

派系的存在使政党分析的复杂性增加。显然派系和政党均有自己的利益，但这两种利益却并非一直都是重合的。吴重礼认为，若干研究都会地区政治机器的文献指出，个人与派系的目标可能凌驾于组织的目标，而政治机器内部冗长的精英斗争和派系冲突更是屡见不鲜。在这些案例中可以发现，经济观点所强调的组织整体利益，往往是难以达成的。再者，纵使原先敌对的精英与派系得以勉强整合成为结盟团体，也不能够确保领导精英会为了组织的共同目标而捐弃个人利益。[③] 派系之间的博弈模式是影响政党凝聚力和影响力的重要因素，有时甚至会影响到政党

---

① 以政党结构分析的视角来说，萨托里所谓的“宗派”与我们一般意义上所说的派系在内涵上基本上是重叠的，因此本文在谈及这个问题时，除非引用萨托里的论述外，其它部分统一使用“派系”的概念。

② ［意］G· 萨托利著王明进译：《政党与政党体制》，商务印书馆，2006 年版，第 160—161 页。

③ 吴重礼：《政党与选举：理论与实践》，（台湾）三民书局股份有限公司，2008 年版，第 73 页。

的生存与发展。但派系斗争是否会引起政党的分裂却并不总是派系自己所能决定的。一般来说，派系追求自身利益的最大化是普遍的趋势，对于派系领袖来说同样也是如此。从这个角度上说，派系斗争是否会引起政党的分裂主要取决于其内部的资源分配模式以及外部条件的约束，这些约束包括政党的动员系统是以什么样的方式与社会进行联结、支持者的政党认同是否高于对派系领袖的个人认同等。如果支持者对派系领袖个人的认同高于政党认同，显然派系领袖具有更强的与党讨价还价的能力，也具备了脱离政党的条件，这种情况下政党出现分裂的可能性就会显著增强。相反，如果支持者政党认同度比较高，派系领袖会被迫留在政党内部而不是脱离政党，在这种情况下派系一般不会造成党的分裂，从而维持一种“斗而不破”的状态。

从政党的内部分层来看，派系领袖构成了政党的领袖集团，事实上构成了政党的上层结构，而党员中占据最大比例的则是下层党员。政党形成以后，随着政党组织化程度的加强，政党内部必然形成领导者与被领导者两个人群。领导集团对政党决策及发展的影响显然要超过基层党员，在这个意义上说双方已经出现了不平等，这就是米歇尔斯所谓的“寡头统治铁律”，他认为组织是寡头统治的温床。“在任何组织中，无论它是一个政党、工会组织，还是其他任何类型的协会，其贵族化倾向是显而易见的。组织的结构在赋予自身稳定性的同时，却使组织化的大众发生了深刻变化，完全改变了领导者与被领导者之间的关系地位。组织使得政党或专业工会成分化为少数领导者和占人口大多数的被领导者。”[①] 虽然米歇尔斯仅是基于德国当时的有限个案做出的判断，但现实生活中似乎很难找到证明此一论断不成立的反例，在政党组织中更是难以觅得这种反例的存在。在“领袖集团－普通党员”的二分结构下，政党领导阶层之间的博弈主要表现为派系的斗争与合作，而领导阶层与广大普通党员之间却表现为寻求支持和政治忠诚回报的关系。在东亚社会，政党领袖与普通党员和支持者之间的互动主要以“恩庇－侍从”结构的形式存在，政治精英通过政治利益的分配来换取支持者的忠诚回报。在现代社会，政党领袖要维持他们在党内的权力，就必须在一定程度上对党员的要求做出回应，对党的积极分子和中层领导甚至要做出比以前更多的回应。所以在现代政党政治中，政党精英们的重要任务之一就是找到一个平衡点：一方面保持党的性质（这是普通党员提出的要求），另一方面则使政党适应更大范围内的政治博弈。换句话说，政党精英在不

① ［德］罗伯特·米歇尔斯著，任军锋等译：《寡头统治铁律——现代民主制度中的政党社会学》，天津人民出版社，2003年版，第28页。

危及自己党内地位的前提下，将追求最大化地实现自己的目标。[①] 同时，由于传播媒体的发达以及沟通渠道的拓展，领导层与被领导者的互动模式向扁平化方向发展的趋势非常明显。这种情形已经影响了政党内部政治生态的存在样态，政治领袖和基层追随者及支持的沟通渠道被打通，从而使个人魅力对政治生态的影响加大，同时领袖集团与普通支持者之间利益交换的中介逐步减少，利益交换的效率则逐步提高。

政党内部结构一旦形成在一定时期会具有相对稳定性，虽然派系博弈过程中不同派系你方唱罢我登场，但基本的派系结构在较长的时期内会保持相对稳定，相应的派系文化及行为方式则具有更强的稳定性。这种稳定性结构在一定时期内是政党得以正常运作的重要基础，但在形势发生变化时也往往成为适应性调整的障碍，并因此引发政党危机。段志超归纳出了政党危机的主要原因大致有以下诸端：政党理念缺乏感召力和吸引力，政党组织方式和运作方式与民主政治精神相违，难以得到大众支持，政党的结构、功能不能适应现实的需要，政党缺乏必要的组织生存条件和运作资源，政党腐败而导致政治生命力耗竭。[②] 在这些原因中，政党组织结构基本样态的影响显然是较为显著的，一旦政党的组织结构无法适应已经变化的环境，政党的功能实现本身就会出问题，继而会引发一系列的连锁反应，政党的政治诉求促进会变得模糊并且短视，同时也无法对党内的腐败行为进行有效的自清。更重要的问题是，由于结构本身的稳定性，政党的改革和适应性调整也会遭到很大的阻力。在比较极端的情况下，结构性的阻力会使政党没有能力进行结构更新以适应形势的变化并完成自身的净化，这意味着政党与外部环境的能量交换机制受阻，假以时日链条崩解是必然的结果，到这个时候政党会出现“塌方式的崩溃”，具体表现为动员能力迅速下降，内部协调困难，政党影响力快速下降，在激烈的政治竞争中迅速被其他政党势力所取代。以此看来，政党结构的相对稳定性固然是政党政治能够进行正常运作的重要基础，但如果政党不能根据形势的发展与变化适当调整结构与政策，这种稳定性则会变成“政党老化”的代名词，会使政党在竞争中快速被淘汰。

---

① [法] 让·布隆代尔、意毛里齐奥·科塔主编，曾森、林德山译：《政党政府的性质——一种比较的欧洲视角》，北京大学出版社，2006 年版，第 55 页。

② 段志超：《政党政治危机与当代政党政治的发展形态》，《求实》，2009 年 1 期。

（二）政党政治的基本内容：政党博弈

政党政治中的一个重要内容就是政党之间的互动，一个社会的政党互动模式往往决定了政党政治的基本样态。某一政党势力的兴起一般会挤压其他政党的生存空间，从而引起连锁反应，使其他政党不得不进行政策或组织结构调整以加强竞争力。从这个意义上说一个政治系统内的政党之间其实是互为外部环境的关系，某一政党的变化极有可能引发其他政党的结构变迁。也正是因为如此，政党竞争成为政党政治生态的一个重要组成部分。在竞争性的政治环境下，政党之间的互动通常以选举竞争的方式表现出来，当然这里预设的前提就是以竞争性选举为中心的代议制存在。对于政党来说争取执政权和资源的分配权是永远不变的基本诉求，取得足够的执政资源是政党能够生存的前提和基础，所以只要条件许可，政党一般都会用最为廉价和最有效的办法达到扩张自己的目的。这意味着政党政治和政党竞争兼具推动社会整合和加速分裂的双重面向。社会整合面向系指，政党对社会利益诉求进行综合，再借助由政党之间竞争与合作所组成的责任政府根据这些利益诉求制定政策，然后通过政策输出来满足社会大众利益诉求。可以看出，政策制定及实现的过程同时也是社会内聚力培植的过程。政党政治的分裂面向系指政党在政治动员过程中的政策及身份区隔以及建立在此基础上的政治动员对社会可能造成裂解的后果，在社会分歧明显的社会可能尤其如此。可以看出，政党政治到底是推动社会走向整合还是走向分裂与政党政治的结构与特征密切相关。[①] 至于哪一种面向最终会取得压倒性的优势，主要取决于社会分歧的结构、政党的能力、政党的政治动员手法以及政党对自身定位的基本判断等方面因素的影响。如果分裂社会的政治动员能够扩大政治优势，政党就有推动分裂的冲动，社会整合的面向则会被压缩到角落，否则社会整合的努力会受到欢迎，社会分裂的政治动员会遭到唾弃，社会整合的政治动员则会成为主流。整体来看政党的互动模式涵盖了政党定位、政党区隔、政党攻防、政党学习等诸多方面的内容，而互动模式本身则具有历史性、地域性特征，也就是说很难找到带有普遍意义的政党互动模式理论范型。

传统的政党互动模式研究中往往强调意识形态区隔对于政党互动的关键性意义。萨孟武认为“政党的区别在于目标（主义），而不在于它们对于现实问题所决定的政策。目标所说者为将来方能完成的事物，政策所说者为目前可以获得的事

① 叶麒麟：《社会整合、政党政治与民主巩固——基于制度可实施性的分析》，《浙江社会科学》，2012 年第 12 期。

物。”[①] 在萨孟武的时代政党政治确实表现出这种特征，但是随着全球化和信息社会的发展，政党政治的意识形态色彩开始淡化，而各种不同意识形态相互之间的渗透也不断加强，更使意识形态区隔变得模糊起来。这种趋势使政党开始破除意识形态的樊篱，在各种意识形态之间相互影响甚至互相接近、互相渗透的情况下，一味强调意识形态的特殊性，往往很难吸引民众。因此执政党要想保证自己的执政地位，就必须对自己的意识形态作出调整。[②] 这就使政党不得不寻找新的途径来动员民众，以扩大支持基础。此外应该提及的是，随着全球化的推进，许多传统的意识形态概念本身也发生了变化，例如随着现代社会的发展以及社会福利的提升“阶级”概念在社会分析中的使用逐步减少，相应地更为细化的阶层概念的使用则逐步增多。当然这并不意味着意识形态区隔已经消失，相反在世界范围内意识形态区隔的建构仍然大量存在，这些建构多以族群、种族等身份认同为基础建构起来，有时经济议题也可以成为意识形态建构的主要质料，但这种情形相对较少。影响所及，现代政党政治中在意识形态区隔问题上更多表现出特定议题意识形态化的趋势，即在政党区隔中并没有先入为主的意识形态，政党在政治动员中往往针对特定议题进行不间断的观念建构，进而形成比较完备的符号系统，经过这种长期建构以后，这些议题基本会具备意识形态的特征。在台湾民进党对“台独”和“主体性”诉求的建构就是典型例子。

这里涉及的一个问题就是政党竞争中存不存在“中间路线”的问题，即政党的政策有没有可能向“中间”靠拢的问题。安东尼·唐斯在谈及意识形态对政党政策取向的影响时说，两党体制并非一定能够导致政党路线趋同的结果，如果投票人的偏好使其集中于意识形态光谱的两端，那么政党在意识形态上将保持截然相反的态度。[③] 在唐斯看来，政党的路线向何方调整显然是由选民的基本认知决定的。在排除意识形态影响、以理性人的预设、同时社会中存在较为一致共识的前提下，政党的政策诉求确实会有向“中间”靠拢的可能。但现实中的政党政治情况往往不是这样，特定议题的意识形态化操作往往使社会出现分歧与对峙的可能性极大。一旦出现比较深的社会分歧，则会出现双峰或多峰对峙的民意结构，从而使政党向“中间

---

① 萨孟武：《宪法新论》，中国方正出版社，2006 年版，第 11 页。这里需要说明的是，更广泛的意义上说意识形态的建构主要是为了动员起支持群众的热情。

② 付杰：《试析美国两大政党处理与政治生态关系的经验》，《当代世界与社会主义》，2006 年 1 期。

③ ［美］安东尼·唐斯著，姚洋、邢予青、赖平耀译：《民主的经济理论》，世纪出版集团上海人民出版社，2005 年版，第 109 页。

靠拢”的冲动减弱。当然，如果扩张到整个政治系统来讨论的话，这里所谓的“向中间靠拢”的说法还有一个问题没有解决，即何谓“中间”，如果分析范式突破了唐斯的经济学观点，那么“中间”的范围就会空前增大，无论是经济议题还是社会议题以及意识形态议题，均有“中间”的问题，显然政党政治同时在这几个方向上向“中间”靠拢的可能性不是太大。这里可能出现的几种情况，一是经济议题上趋同，但是意识形态议题却对立与对抗，或者是意识形态趋同，但是在经济议题上却出现了分裂与对抗，一种是经济议题和意识形态议题均出现分裂或者是均出现趋同的情况。显然，随着“中间”概念所涵盖的内涵逐渐增加，可能出现的组合会呈指数式增长。此外，在讨论政党路线向中间靠拢时往往会涉及“理性”概念，但经济学意涵上的“理性”与政治学意涵上的“理性”显然大相径庭。以上这些分歧表明，所谓“向中间靠拢”概念其实分析功能相当弱，在很多情况下甚至有沦为假议题的危险，在对台湾政党政治的分析中这一概念基本没有什么价值。

作为政党互动的结果，政党之间会相互模仿，行之有效的行为和举措会被迅速推广，笔者称这种现象为政党之间的相互“学习”。一般来说学习能力强的政党适应性也相对较强，生存能力也会很快提高。不过对比发现特定政治系统内每个政党表现出来的调整能力是不同的，影响政党学习能力的关键因素是党内改革能否顺利完成。在大多数情况下，政党内部的改革都是困难重重。概括起来说，政党能否实现自身的改革以适应形势的发展，主要取决于两个方面的因素。一是内部利益分配结构及其强固性。政党政治的核心问题和政治的核心问题并没有什么不同，都是利益和资源的获取和分配问题。对政党而言，制度化程度越高、生存时间越久的政党，内部越容易形成利益分配格局固化的情形，这与米歇尔斯所谓“寡头统治铁律”的判断其实是一致的，寡头统治的固化其实就是利益分配格局的固化。当政党的结构调整触及到这些利益分配结构时，就会遭到很大的阻力。二是政党生存所遭遇到的危机程度。一般来说，在遭遇到较为严重的危机时，利益结构中的行为者可能从长期利益着眼，被迫放弃若干短期利益，同意进行某种程度的改革以度过危机。所以我们在政党政治中经常看到的是，一个政党在某些方面虽然刻意想学习其他政党的经验，但是内部改革却根本无法向前推展。政党学习能力的强弱在一定程度上决定了政党适应能力和生存能力，也在一定程度上决定了政党未来的基本生存状态。学习能力弱的政党显然没有办法适应形势的发展，最后自然免不了萎缩和消亡的结局。

各个政党在互动中达到了某种平衡状态，则一定的政党体制于焉形成。关于世界范围内政党体制相互区别的原因，社会学家和制度主义者分别提供了不同的解释。早期的制度主义者主要把选举制度的差别看做是各国政党体制相互区别的原因，而社会学家却强调社会内部分层尤其是阶级分层的作用。许多年来虽然双方也都开始接受对方的许多观点，但是，这一学术性的争论仍然没有止息。[①] 事实上上述两个方面均是政党体制形成的原因，很难说哪个更加重要。从政党政治生态本身进行分析，政党体制不过是反映了一段时期内各个政党之间通过博弈达到了相对均衡的状态。比较而言社会结构的变化更具有原生性动力的性质，具体来说就是社会结构变化引发政党内部结构的改变以进行适应性调整，这种调整往往会引发制度的变化，而制度的变化则又反过来影响到政党政治的基本生态，政党体制也因此改变，从而达到新的平衡。政党的互动模式也正是在这种不断调整与协调中寻求动态平衡。当然，这里预设的逻辑前提就是政党政治的互动模式不会冲垮政治体制的基本框架，如果政治框架被打破，则政党政治本身就失去了据以调整的外在环境，而只能以新的形式重新建构平衡，这种平衡与以前政治系统内的平衡已经完全不是一回事了。

（三）社会视角下的政党政治

政党政治是社会发展到一定程度的产物，其主要作用在于通过政党的有组织活动，把散落的、繁杂的个人意志聚合起来形成“公意”，并以此为基础建构国家上层建筑对国家与社会进行治理。政党通过组织公民选举和综合公民利益表达形成政纲，选举竞争中获胜的政党负责组织政府，在政纲的指导下推行公共政策，从而把公民的政治参与与政府的公共产品生产联系起来，把选举制度与代议制度连接在一起，从而确立起代议制民主。[②] 从治理的角度来看，政党的产生及政党政治的稳定运作是实现社会良好治理的一种方式，代议制的确立本身就有解决社会治理与政治合法性之间矛盾的意图。政党政治既然根源于社会需求，自然会受到社会环境制约。社会环境是政党政治赖以实现有效运作的外部约束，社会环境的基本样态在一定程度上决定了政党政治的发展方向，也决定了政党政治生态的基本特征和样貌。从政治生态理论的视角来看，政党通过自身的活动从外部获取资源，并通过与社会进行能量交换维持自身的活力。大体来说政党所获取外部资源的数量和质量反映了

① 王军：《西方学者政党研究方法论管窥》，《社会科学论坛》，2002 年 5 期。

② 张紧跟：《政治参与功能分析：政党研究的一种新范式》，《中山大学学报（社会科学版）》，2000 年第 4 期。需要指出的是，这里所指的是西方式的政党政治。

环境给政党提供支持的程度，二者基本上呈正相关关系，外部环境给政党提供的资源数量越多，质量越高，表明环境提供的支持程度越高。来自环境的支持标识出了环境与政党互动关系的性质及状态。如果是正向度支持，通常表明二者不存在根本性的矛盾，二者之间的互动基本是良性的；如果是零度支持，通常表明二者的关系正处于一个临界点，各种因素的力量博弈处于均衡状态；而如果是负向支持，则表明政党与生态环境处于交恶状态，其结果是政党灭亡或者生态环境得到根本改变。[①]显而易见，一个政党从外部环境获取资源的能力其实决定了其生存能力，政党与社会联结能力的强弱则又对这种资源获取能力有决定性影响。

在现代政党政治中，议题建构是政党与社会联结的最主要渠道。一般来说，政党如果要取得民众支持，合理的议题选择及包装殊为重要，即政党用什么样的议题去动员民众，或者说以什么样的议题强化自己行为的合法性和合理性，对政治动员的效果至关重要。上文已经提到，传统的政党政治一般以意识形态进行政治和社会动员，但是这种动员模式在世界上许多国家和地区已经逐渐失去了作用。有学者认为，从这些年的情况看一个政党经过选举夺取并维持住政权，主要不在于其理论、纲领和宣言如何，而在于其政绩如何。谁能在促进国家经济发展、改善人民生活方面有所作为，谁就可以得到人民的支持和信赖，就能维持住统治。[②]需要指出的是，此外提及的意识形态弱化现象主要存在于发达国家，因此也可以认为这是民主政治发展到一定阶段后必然出现的现象，由于社会矛盾不断缓和，传统的社会分层也日益变得模糊，所以对抗性色彩强烈的意识形态区隔已经在许多国家和地区日益失去其动员力。不过在广大的后发展国家和地区，意识形态化的活动还在如火如荼地进行，所以在讨论这个问题时显然不能一概而论。在不同的国家和地区，议题的选择与建构与当时的社会情境密切相关，并随着情境变化而有相应调整。以台湾为例，吴亲恩、林奕孜等人的研究表明，在台湾的选举当中，特别是全岛性的最高领导人选举中，政党认同、统“独”立场与国家认同一直被视为影响选民投票抉择的最重要议题，经济议题一直被认为是较为次要或不显著的变项，一方面是因为认同议题是政党竞争的主轴，另一方面是一直以来台湾的经济稳定成长，失业率低，所得分配也相对平等。不过公元 2000 年以后，经济发展速度开始减缓，有时甚至出现负增长的情形，另一方面，随着全球化、自由贸易与区域经济融合的加深，企业将生

① 靳呈伟：《政党研究的生态分析视角》，《当代世界与社会主义（双月刊）》，2010 年第 6 期。

② 高继文：《冷战后东欧国家政党政治的演变》，《山东师范大学学报（人文社会科学版）》，2002 年第 47 卷 第1期（总第 180 期）。

产线外移到劳动力比较便宜的地区，使得非技术性劳工薪资无法提高，与此同时，企业在经济整合的趋势下，市场更为扩大，富裕群体的财富较以往增加更快，两个趋势加起来，造成了所得分配的逐年恶化，失业率也一直维持 5% 左右的高档。在经济成长趋缓、失业率增加与所得分配恶化的情形下，经济议题在政党选举竞争与论述中的重要性逐渐被突显。[①] 这意味着随着社会的发展与变化，议题建构的表现形式也有很大不同。议题建构只有符合当时的社会实际情况，政党的议题建构才会吸引到足够多的民众。

控制互动过程，强化议题传播效果是政党与社会联结加强的重要内容。在现代社会议题传播主要依靠传播媒介，传媒可以其独特的方式影响到人们的社会心理取向和价值判断，这也就是传媒的“预置议题”作用发挥效力的结果，在信息化时代传媒在社会政治生活中显然占据着越来越显著的地位。在政党政治的运作过程中，政党尤其是执政党通过控制传媒对社会新闻、重大决策等各种信息予以有利于自身的选择、解释与评论，从而把社会的注意力集中在有利于自身竞争力提高的事情或事件上来。[②] 所以在媒体相对开放的社会，以及在传媒竞争比较激烈的社会，议题主导权的争夺就会变得异常激烈。各个政党根据自己的需要及社会现实设定议题，力图引导社会舆论的基本走向，通过各种传播媒介扩大自己的影响。近年来随着科技的发展，互联网成为大众生活中的重要内容，而新交流工具的出现已经颠覆了传统的人际交流模式，脸书等新社交工具使人际交流空间得到了极大扩展。影响所及，政党的政治动员模式已经发生了巨大变化，报纸、电视等传统媒体在议题传播中的作用遭到弱化，议题传播呈现出扁平化和零散化倾向。政党为了适应这种变化，不断调整自己的传播策略。不过需要指出的是，这种技术的更新在一定程度上强化了传播的效果，但是对传播的内容却未必能产生影响。

政党与社会互动关系的另外一个重要面向是大众通过何种方式对政党的政治动员进行反馈。一般来说这种反馈主要是通过政治参与实现的。按照一般的定义，政治参与是指普通民众通过各种途径介入政治生活，试图影响政治体系运行方式和运行规则，尤其是政治决策过程的活动。[③] 这里显然是将政治参与的意图视为主动的，而忽略了被动性政治参与的情况。这是另外一个问题，本文无力也不打算对这

---

① 吴亲恩、林奕孜：《经济投票与总统选举：效度与内生问题的分析》，《台湾政治学刊》，第 16 卷 2 期，2012 年 11 月。

② 权宗田：《当代西方传媒与政党政治：互动、融合及其限度》，《华中农业大学学报 (社会科学版)》，2008 年 4 期（总第 76 期）。

③ 吴志华主编：《政治学导论》，上海世纪出版集团上海教育出版社，2003 年版，第 263 页。

个问题进行讨论。对于许多民众来说，这种主动的政治参与会产生归属感，经常支持某一政党的民众往往不容易改变其政治支持，这些归属感强的支持群众就形成了所谓的“铁票”，他们的支持取向一般与政党的政治诉求没有太大的关系，这种情况在世界许多国家和地区都可以看到，台湾地区尤其典型，国民党和民进党的“铁票”支持者对政党的支持往往与两个政党的政策诉求无关，而只和候选人及政党符号有关。

在讨论政党政治与社会的互动问题时有一个逻辑预设，即政党是上层政治建筑与社会之间较为主要的中介，这也是代议制产生的主要原因所在。这个逻辑预设事实上忽略了其他中介可能产生的作用与影响。出现这种情况的原因与这些中介结构在传统社会无法发挥上层建筑与社会之间的沟通功能有关。不过随着社会的发展与变迁，新的中介不断涌现出来，并不断侵蚀政党的功能，使政党政治出现了功能性危机。有学者在谈到美国的政党政治危机时述及这个问题，认为选举中出现的民用服务系统剥夺了政党作为激发工人政治参与诉求单一渠道的地位；通讯技术的变革，使候选人可以直接接近投票人，减少了政党作为政治信息来源的作用；原来劳动密集型的竞选让位给了昂贵的大众通讯和有目标的邮件运作，候选人直接转向职业的竞选顾问或者营销顾问。① 也就是说随着社会的发展，对民众来说政党的功能并不是那么不可替代，政党社会治理的功能一旦被其他的社会组织分解以后，政党的重要性自然会相应下降。欧洲同样也出现了这些问题，在大众传媒和非政府组织的直接竞争压力下，“政党曾经作为政府与公众间重要中介，长期沟通和协调着社会抗议与公共权力之间的关系”，“然而今天它在这方面已显得力不从心了”。相比之下，一些作为挑战者甚或替代者的新中介则一跃而起，其中最抢眼的是大众传媒和非政府组织。② 政治上层建筑与社会之间沟通媒介的多元化无疑使政党面临多线作战的局面，这对于政党的政治动员模式调整无疑形成了严峻挑战。

（四）政治系统与政党政治

政党政治的三个基本层次构成了一个完整的系统，系统内各个层次之间相互作用的机制及稳定程度决定了政治生态的基本存在状态。有学者认为结构性的政治生态与政治发展的整体性、稳定性和制度性密切相关，可以分为主体生态、客体生态

---

① ［美］史蒂芬·E·弗兰泽奇著，李秀梅译：《技术年代的政党》，商务印书馆，2010 年版，第 28 页。

② 罗云力：《西欧政党政治的危机与解析》，《欧洲研究》，2004 年第 5 期。

和载体生态三种。在选举政治中，主体性政治生态主要涵盖政党的制度建设、人才组织建设等，客体性生态一般包括政党的成长环境、党际关系等，而以选民为代表的公民社会则可以被视为载体性生态。[①] 大致说来政治生态视角下的政党政治研究主要涵盖了三个层面的内涵，而且这三个层面之间通过不间断的能量交换维持着政治生态系统不断更新。

政党政治的发展是一个动态过程，一方面政党不断从社会取得资源以维持自己的生存与发展，另一方面政党又通过政治动员和利益聚合功能的实现，对环境施加影响。这个双向过程不间断地进行，形成了政党政治运作的基本过程。政党能否成功的关键在于它能在多大程度上代表尽可能多的民众，或者说能在多大程度上将选民的诉求集中起来并表达出来；以及能在多大程度上满足选民日益增长的各种不同需求。也就是说，对于一个政党来说，不管制度化程度多高以及生存时间多长，能否继续生存下去的关键在于它们能否适应急剧变革的社会，不断地自我革新和完善。[②] 社会的变迁推动政党政治的发展，而政党政治生态的调整又回过头来强化和巩固社会变迁的成果，使社会变迁结果以更加明晰的脉络和更加明确的形式表现出来。

需要说明的是这里有一个基本前提就是政治系统的稳定性。即便政党无法适应社会的发展与变迁而产生了消亡的个案，也会在系统内部出现新的替代力量。事实上，在现实政治生活中政党出现危机甚至崩溃的例子并不少见。在极端的情况下甚至政党政治本身都可能会遭到怀疑。一般来说政党政治的危机是指在以政党政治为核心的民主政治制度运转中，由于公众对参与政党选举的政治活动热情或忠诚度降低而造成政党民意基础削弱、整个政治体系社会基础下降的情况。换言之，政党政治因为不足以提供政治体系运行必需的民意基础和制度安排，不足以为现存政体提供深厚的合法性保障，因而导致政党政治受质疑、生存受挑战的危机状况。[③] 但一般情况而言，政党政治的危机还不足以威胁到政治系统本身的生存，这也是本文将政治系统的稳定作为理论预设的重要原因。

---

① 范磊：《新加坡政治新生态与选举政治——基于 2013 年榜鹅东选区补选》，《当代世界社会主义问题》，2013 年 2 期。

② 宋玉波：《当代西方政党政治的新趋势》，《浙江工商大学学报》，2005 年第 6 期（总第 75 期）。

③ 段志超：《政党政治危机与当代政党政治的发展形态》，《求实》，2009 年 1 期。

2014美台关系观察

余金城①

一、美台政治关系

2014年，美台政治关系得到了提升，但进一步发展还存在一定的障碍。政治关系的提升主要体现在以下几个方面：双方均举办了《与台湾关系法》通过35周年的纪念活动，高度评价当前美台关系的现状，美国众参两院还通过相关友台法案；美国环保署署长访问台湾；美台经济、军事安全等领域合作的政治意涵。存在的问题主要表现在两个方面：一个方面是美国对于两岸关系快速发展的担忧；另一个方面是美国对于台湾"九合一"选举后可能会赢得2016"大选"的民进党两岸政策的关切。

（一）双方积极评价美台关系现状

2014年4月10日是美国通过《与台湾关系法》35周年的纪念日。美台双方均举办纪念活动，并高度评价美台关系的现状。特别地，美国参众两院还积极推动通过了"友台法案"。

美国参众两院举办《与台湾关系法》35周年纪念听证会，美国行政官员和议员在听证会上积极评价美台关系。2014年，3月14日，美国众议院对外关系委员会举行主题为"与台湾关系法的承诺"听证会。会上，副助理国务卿梅健华（Kin Moy）在众议院对外关系委员会的听证会上说，"美台关系建基于历史、共同价值和我们对民主、人权的共同承诺；保持并加深我们与台湾的强有力关系是美国亚太

① 余金城，北京工商大学讲师。

再平衡政策的一个重要的组成部分。”① 美国视台湾关系法框架下的持久的美台关系为一项独特的资产以及美国扩展其地区影响的倍增器。② 为此，美国在安全领域希望保持海峡两岸的和平，鼓励台湾采取创新性方法来保持一个可信的自我防卫能力；在经济领域鼓励台湾进一步推进贸易和投资自由化；支持台湾成为不以国家作为成员资格条件的国际组织成员。③

4 月 3 日，美国参议院对外关系委员会举行主题为“纪念与台湾关系法 35 周年之际评估美国对台政策”听证会。负责东亚太平洋事务的美国助理国务卿丹尼尔·拉塞尔在听证会上再次确认了梅健华的上述分析。他说，“强化与台湾的关系和与台湾人民的长期友谊是美国亚太战略再平衡的关键要素。美台关系建基于历史、对民主和人权的尊重、对国际规则和规范的尊重、成长的经济伙伴关系、持久的安全合作”。④

对于国务院官员在发言中强调的保持美台关系的上述战略意义和价值，参众两院对外关系委员会的主要代表对此持肯定态度。其中，众议院对外关系委员会主席罗伊斯 (Edward R. Royce)，在 3 月 14 日听证会的辩论中，多次强调了类似的观点。

此外，美国参众两院还先后推动通过了“友台法案”，显示美台关系的强健。2014 年 4 月 7 日，美国联邦众议院通过所谓 H.R.3470 法案，即《2014 年确认〈与台湾关系法〉与军舰移转法案》，重申美国对《与台湾关系法》的承诺，要求美国政府出售 F16C ／ D 战机与柴电潜舰给台湾，并正式授权美国政府向台湾出售 4 艘装备导弹的派里级巡防舰。⑤12 月 4 日，美国参议院又通过 1683 号法案，即《军舰转移法案》，授权美国总统向台湾出售 4 艘派里级巡防舰。⑥

在国会“友台”行动的督促下，美国国务院也力挺美台关系。2014 年 10 月，

① The Promise of the Taiwan Relations Act：Hearing before the Committee on Foreign Affairs House of Representatives(113th Congress, Second Session), March 14, 2014, p.5.

② The Promise of the Taiwan Relations Act：Hearing before the Committee on Foreign Affairs House of Representatives(113th Congress, Second Session), March 14, 2014, p.8.

③ The Promise of the Taiwan Relations Act：Hearing before the Committee on Foreign Affairs House of Representatives(113th Congress, Second Session), March 14, 2014, pp.5-6.

④ Daniel Russel, “Evaluating U.S. Policy on Taiwan on the 35th Anniversary of the Taiwan Relations Act：Testimony before Senate Committee on Foreign Relations Subcommittee on East Asian and Pacific Affairs, P.1, http：//www.foreign.senate.gov/imo/media/doc/Russel_Testimony1.pdf.

⑤ “H. R. 3470：Taiwan Relations Act Affirmation and Naval Vessel Transfer Act of 2014, in the Senate of the United States, April 8, 2014, https：//www.congress.gov/113/bills/hr3470/BILLS-113hr3470rfs.pdf.

⑥ S. 1683：An Act to provide for the transfer of naval vessels to certain foreign recipients, and for other purposes, https：//www.congress.gov/113/bills/s1683/BILLS-113s1683es.pdf.

美国国务院派出负责政治军事事务的副助理国务卿查普曼（Todd Chapman）出席在威廉斯堡举行的年度美台防务工业会议上，显示对美台关系的重视。查普曼的讲话，令与会者对美台关系，特别是美国对台军售的前景感到乐观。他强调，美国的亚洲再平衡政策是长期承诺，美国与亚洲的关系可从安全、经济、价值与尊严等四个面向来看，美国继续强化与中国大陆的军事关系，但不会牺牲美国与台湾的关系。[①] 查普曼的发言在此确认了国会参众两院听证会上国务院其他官员对美台关系的阐释。

从台湾方面来看，马英九在会见美国官员、议员和专家学者时也积极评价美台关系的现状。为了纪念《与台湾关系法》35 周年，2014 年 4 月 9 日，马英九参加了美国智库“战略暨国际研究中心”视讯会议。在演讲中，他评论到，“当今的美台关系是 35 年里甚至更长时间以来最为强健的”。[②] 他认为，美台关系已经恢复了高层互信，并可进而发展更为广泛的关系。

（二）美国内阁高官访台

标志 2014 年美台政治关系得以提升的另一件事，就是 2014 年 4 月中旬美国环保署署长麦卡锡（Gina Mc Carthy）访问台湾。

麦卡锡在台湾大学作演讲时概括了此行的意义。她说，此行不仅仅意味着祝贺美台（环保合作）伙伴关系 20 年，表扬台湾在处理环境议题上的成功经验，还表明美国对台湾新成立的“国际环境伙伴计划”的支持。[③] 她重申美国在《与台湾关系法》下的对台义务，并指出：《与台湾关系法》已经施行 35 年，美国与台湾人民的关系经过这些岁月更显深刻。[④]

麦卡锡的台湾行原定于 2013 年 12 月，但由于行程被提前公开，引起了美方的不满而被临时取消。对于那次尽管没能成行的麦卡锡访台行动的恶劣影响，中评社曾在评论中担忧：“如果美国一方面控制两岸进行政治对话与接触，一方面提升自

---

① 《台美国防交流 美提更多合作》，《美丽岛电子报》，2014 年 10 月 7 日，http：//www.my-formosa.com/ article.aspx?cid=5&id=68050.

② Ma Ying-jeou, “Soar on the Wings of Partnership Republic of China：Republic of China President Ma Ying-jeou's Remarks at CSIS Video conference, April 9, 2014, p. 6.

③ Joseph Yeh, “US EPA Chief Praises ROC's Environment Protection Successes, *The China Post* (Taiwan), April 15, 2014, http：//www.chinapost.com.tw/taiwan/foreign-affairs/2014/04/15/405373/US-EPA.htm.

④ Administrator Gina McCarthy, Remarks at National Taiwan University, As Prepared, April 4, 2014, http：//yosemite.epa.gov/opa/admpress.nsf/8d49f7ad4bbcf4ef852573590040b7f6/082d99e9522a66e185257cba00519bbb!OpenDocument.

己与台湾的官方关系，必然使得中国大陆感到平衡被打破，核心利益受到威胁，中美与台湾的平衡关系一定会摇摆起来。”①

马英九在接见这次麦卡锡访问团的致词中，积极评价麦卡锡此行的意义。他说，麦卡锡此行是2000年克林顿政府时期以来，在相隔14年后，首度有美国阁员级官员访台，意义十分重大；他6年前上任以来，致力恢复台美高层互信，此行见证他多年的努力已获成效。②马英九还表示，“国际环境伙伴计划”“不仅为台美关系缔造一重要里程碑，具体展现台美伙伴关系，亦显示……此行除与我在环保议题上展开新页，也为‘两国’全面合作往前迈进建立坚实基础，进一步扩大双方在国际社会的影响力。”③台湾媒体也纷纷称麦卡锡此行，标志台美关系大突破。

中国外交部发言人华春莹对于麦卡锡访台一事表示，“中方对此坚决反对和强烈不满，并已就此向美方提出严正交涉”，并敦促美方“恪守中美三个联合公报原则和美方向中方所作承诺，停止与台进行任何形式的官方往来，慎重妥善处理涉台问题，以免给中美关系造成进一步损害”。④

美中经济与安全委员会在给国会的2014年报告中，评估此次麦卡锡访台行动的政治影响时称，“美国阁员级对台访问有助于加强美台高层联系，强化双边伙伴关系，从而表达美国对台湾的支持”。⑤

（三）美台政治关系中存在的问题

2014年，美台政治关系中或隐或现地存在着两个问题，这就是（1）美国对于两岸关系快速发展的担忧；（2）对于未来台湾政治走向的关切。之所以会出现这两个问题，这与美国看待美陆台三边关系的态度有关。一方面，美国期望两岸关系和平发展，这有利于中美关系的平稳；另一方面，又担心两岸关系过快发以致降低美国对台湾的影响力。因为期望两岸关系和平发展，所以对于岛内未来政治发展状况比较关切，不希望未来岛内政治发展会对这种两岸关系和平发展的状态有威胁。因

---

① 《快评：美国如打破与两岸平衡关系　后果堪虞》，中评网，2013年12月13日，http：//bj.crntt.com/doc/1029/2/1/0/102921020.html?coluid=0&kindid=0&docid=102921020.

② 《“总统”接见美国环保署署长麦卡馨（Gina McCarthy）“访华”团》，“中华民国总统府”网，2014年4月14日，http：//www.president.gov.tw/Default.aspx?tabid=131&itemid=32063&rmid=514.

③ 《“总统”接见美国环保署署长麦卡馨（Gina McCarthy）“访华”团》，“中华民国总统府”网，2014年4月14日，http：//www.president.gov.tw/Default.aspx?tabid=131&itemid=32063&rmid=514.

④ 《2014年4月15日外交部发言人华春莹主持例行记者会》，中国外交部网站，2014年4月15日，http：//www.fmprc.gov.cn/mfa_chn/fyrbt_602243/jzhsl_602247/t1147367.shtml.

⑤ U.S.-China Economic and Security Review Commission, *2014 Report to the Congress*, November 2014, p. 497.

为担心两岸关系发展过快，所以对于两岸关系的发展又抱有警惕心理。

对于两岸关系的快速发展，美国国务院官员明确表达过担忧之心。在 2014 年 3 月众议院对外关系委员会的听证会中，当艾伦·洛文塔尔（Alan S. Lowenthal）问道，美国何以应对两岸的对话，怎样才能有助于促进两岸的接触时，梅健华答道："通过我们的政策、我们的直接帮助，我们给台湾以信心，使他们能与大陆更多接触。我们认为，这些更多的接触如果以与台湾人民和两岸人民的期望相符的速度进行，我们会更加支持，因为这样会创造出更加稳定与和平的环境。然而，这种对话的速度必须让台湾人民感觉舒适。"① 同样，在 2014 年 4 月 3 日的听证会中，丹尼尔·拉塞尔在听证词中也表示："美国在两岸和平与稳定中有着持久的利益。为此，美国支持并鼓励两岸关系的改善，尽管这种关系的改善要以两岸人民可接受的速度进行"；② "美国继续支持以两岸人民可接受的速度开展这些（指张王会）或其他跨峡对话，并且仍将承诺支持台湾有能力参与这种对话并免于胁迫。" ③

对于未来台湾的政治走向，美国官员表态谨慎。一方面，他们表示欣赏台湾民主的发展，因而不打算因为台湾的对外政策或两岸政策问题而卷进台湾岛内政治之中；④ 另一方面，根据美国台湾问题专家的说法，美国有着强烈的动机，在他们认为关键的时候，美国不会吝啬表现自己的利益的关切。⑤ "九合一" 选举结束后，美国关注台湾选情的重心转移到对蔡英文领导的民进党真实的两岸政策态度的关切上了。

以上两个问题的存在，使得美台政治关系的提升还存在一定的障碍。

---

① The Promise of the Taiwan Relations Act：Hearing before the Committee on Foreign Affairs House of Representatives(113th Congress, Second Session), March 14, 2014, p.22.

② Daniel Russel, "Evaluating U.S. Policy on Taiwan on the 35th Anniversary of the Taiwan Relations Act：Testimony before Senate Committee on Foreign Relations Subcommittee on East Asian and Pacific Affairs, P.1, http：//www.foreign.senate.gov/imo/media/doc/Russel_Testimony1.pdf.

③ Daniel Russel, "Evaluating U.S. Policy on Taiwan on the 35th Anniversary of the Taiwan Relations Act：Testimony before Senate Committee on Foreign Relations Subcommittee on East Asian and Pacific Affairs, P.5, http：//www.foreign.senate.gov/imo/media/doc/Russel_Testimony1.pdf.

④ The Promise of the Taiwan Relations Act：Hearing before the Committee on Foreign Affairs House of Representatives(113th Congress, Second Session), March 14, 2014, p.22.

⑤ 《卜睿哲：美台关系看台美政策契合度》，中评社华盛顿 10 月 3 日电；《卜睿哲：推断美在台选举中选边没有根据》，《〈中央日报〉网路报》，2014 年 9 月 16 日，http：//www.cdnews.com.tw/cdnews_site/docDetail.jsp?coluid=107&docid=102915096.

二、美台经济关系

2014 年以来，在经济关系领域，美台之间主要发生两件大事：一件大事是美台开展了贸易与投资协议谈判 (Trade and Investment Framework Agreement, TIFA)，虽然双方取得了一些小的进展，但由于受困于美猪议题，进展有限。另一件大事是美台双方围绕台湾参加跨太平洋战略伙伴关系（Trans-Pacific Partnership, TPP）展开了互动：台湾方面表现出了积极参加 TPP 谈判的兴趣，并希望能被列入第二批参与谈判的名单；美国官方则给予了积极的回应。特别是围绕着第二件大事，台湾方面已经在内外加紧准备工作，希望尽快加入谈判。此外，2014 年美台经济关系中还有一个不容忽视的方面，这就是，在美台 TIFA 谈判进展缓慢的情况下，美国不断警告台湾经济对大陆过度“依赖”，建议台湾对内加速自由化改革，对外尽快向美国主导的 TPP 靠拢。这些警告之声，契合美国对于台湾在美国“亚太再平衡”政策经济面上应担负的角色和功能的期望，在台湾岛内产生巨大的影响，令台湾“朝野”无法漠视而不得不对之做出积极回应。

（一）美台开展贸易与投资协定谈判

签订于 1994 年 9 月的“美台贸易暨投资框架协议”，是一个双方为解决贸易争端、促进贸易和开展投资合作而设立的高水准的年度经贸论坛，①其进程也是强化美台商业联系的一个重要机制。②该论坛曾因为台湾不愿意开放进口美国牛肉的市场，于 2007 年被暂停，后来因为 2012 年 9 月台湾在此问题上的让步，于 2013 年得以恢复。2014 年 4 月初，双方在华盛顿开展了第 8 次 TIFA 谈判。

2013 年 3 月台美恢复 TIFA 会谈后，成立投资及技术性贸易障碍 (TBT) 两个工作小组。其中，投资工作小组，于 2013 年 9 月份举行会议，就可能的美台双边投资协定（BIA）初步交换了意见。③11 月，台湾派出庞大代表团参加奥巴马政府举

① U.S.-China Economic and Security Review Commission, *2014 Report to Congress*, November 2014, p. 479.

② Office of the United States Trade Representative, “United States and Taiwan Enhance Trade Ties, April 2014, http：//www.ustr.gov/about-us/press-office/press-releases/2014/April/United-States-and-Taiwan-Enhance-Trade-Ties.

③ （台湾）“经济部”经贸谈判代表办公室，《台美 TIFA 架构下“投资工作小组”会议顺利举行》，2013 年 9 月 13 日，投资台湾入口网，http：//investtaiwan.org/news/news_chs_display.jsp?newsid=2932.

办的“选择美国”全球投资论坛，再次表达了台湾希望谈 BIA 的立场。①

在 2014 年的第 8 次谈判中，美方肯定了双方过去 1 年里由 TIFA 投资工作小组获得的互动成果。美方认为，这些工作既促进美方对台湾投资体制的了解，也提升台湾对私募基金投资案审核标准的透明度、放宽外银子行需在台湾建立资讯中心的规定等。美方表达了拟在未来“美国贸易政策议程”报告中反映台湾改善投资环境的努力与成果。双方还表示未来将就可能的 BIA 相关议题继续进行对话。台湾“经济部”经贸谈判代表办副总谈判代表介文汲曾表示，长远而言台湾希望与美国最后能达成自由贸易协定（FTA），但在目前情况下，用“堆积木”的方式，先搭起 BIA 这块积木，不失为一个好的选项。②

第 8 次谈判除了在投资领域获得了上述进展外，双方在多边及区域合作、智慧财产权、医药、农业等方面也获得了一些进展。③ 就具体事务而言，台湾方面同意允许金融机构将资料保存在台湾境外的服务器上，并澄清私人股本行业的投资规定；作为交换，美国同意允许进口来自台湾的番石榴和兰花。④ 但是，在进口含莱克多巴胺（瘦肉精）美国猪肉的问题上，台湾方面坚持既定立场，“牛猪分离”，严格猪肉的进口标准，美方强调相关措施之采行应以科学为基础。进口美国猪肉的问题，已被美国看成是未来推动美台经济关系朝向达成贸易协定方向前进的重要障碍。但是，有的美国学者将美国在猪肉问题上的做法斥之为“只见树木不见森林”的短视之举。⑤

---

① 《台湾欲与美国谈判双边投资协定》，中评社华盛顿 10 月 31 日电，http：//bj.crntt.com/doc/1028/3/7/3/102837301.html?coluid=0&kindid=0&docid=102837301.

② 《台湾欲与美国谈判双边投资协定》，中评社华盛顿 10 月 31 日电，http：//bj.crntt.com/doc/1028/3/7/3/102837301.html?coluid=0&kindid=0&docid=102837301.

③ （台湾）“经济部”经贸谈判代表办公室，《台美双方在华府举行第 8 届台美“贸易暨投资架构协定”会议》，2014 年 4 月 5 日，投资台湾入口网，http：//investtaiwan.org/news/news_chs_display.jsp?newsid=3263&Q_ANSWER=&MID=0.

④ U.S.-China Economic and Security Review Commission, *2014 Report to Congress*, November 2014, p. 479.

⑤ Paul Wolfowitz, U.S. Taiwan Policy Threatens a Face-Off with China：The Re-emergence of Cross-Strait Tensions Would Threaten Stability in East Asia in a Fundamental Way, October 9, 2014, http：//www.us-taiwan.org/reports/2014_october09_us_taiwan_policy_threatens_a_face-off_with_china_wsj.pdf.

（二）美台就台湾参加 TPP 展开互动

与以往不同，2014 年台湾对加入区域整合有一种急迫的心情，[①]希望能参与 TPP 第二批谈判的名单，为此积极准备条件，并对美国展开了游说活动。美国政府与台湾也就 TPP 话题进行过多次接触，并明确表示欢迎台湾对 TPP 感兴趣，督促台湾做好准备工作。

1. 台湾确定推动加入 TPP 的策略

2014 年，台湾加速了 TPP 的推动工作，其工作重心不再是仅仅论证该不该加入，而是详细规划如何加入，并提出了“双轨推进”加入策略。这一策略，得到了民间的支持。

首先，加入 TPP 的规划方案，依托于“区域经济整合”的话语框架之中。这一话语框架继承了成法。早在 2012 年，台湾官方文件在论证加入区域经济整合的原因时，就笼统地提出：作为海岛型经济体，台湾经济命脉仰赖出口，面对经贸板块的重整，为了避免经济陷入边缘化困境，确保“国际竞争力与经济永续成长”，必须推进自由化、加速融入区域经济整合。[②]台湾视“迎头赶上其他国家的自由化程度、积极融入区域经济整合……是‘必走之路’”。[③]

2014 年，台湾方面在加速推动 TPP 的过程中，明确提出双轨推进的战略。在主持 2014 年元旦纪念典礼暨元旦团拜时，马英九在贺词中已表达了双轨推进的意思：“今年只有一个重点，那就是全民拼经济”，“积极争取加入《跨太平洋经济伙伴协定》与《区域全面经济伙伴协定》”。[④]2 月，台湾召回 17 个驻外代表及“大使”，共商加入 TPP 及 RCEP（区域全面经济伙伴协定，Regional Comprehensive

---

① 马英九在 2011 年 9 月曾提出 10 年内，最迟至 2020 年，加入 TPP 的愿景；2012 年 5 月，他将加入的时间缩短至 8 年；后来随着美台 TIFA 的复谈以及台湾与新西兰、新加坡双边经济协定的陆续签署，加之预计 TPP 第一轮谈判将在 2014 年结束，以致台湾不断缩短加入时间的预期，甚至期望有可能在 2014 年底加入 TPP。参见：(台湾)“国家发展委员会”，《黄金十年‘国家’愿景》，2012 年 6 月 7 日，http：//www.ndc.gov.tw/m1.aspx?sNo=0017181&ex=1;《“总统”接见美国肯塔基州访华团》，“中华民国总统府”网，2012 年 5 月 15 日，http：//www.president.gov.tw/Default.aspx?tabid=131&itemid=27155&rmid=514;《马英九：要尽快加入 TPP 及 RCEP》，中评社台北 2014 年 1 月 18 日电；《江宜桦：年底前不一定可加入 TPP》，中评社台北 2014 年 2 月 25 日电。

② 《“我国”推动洽签自由贸易协定 / 经济合作协定路径图简要说明》，(台湾)“经济部国际贸易局”网站，2014 年 9 月 30 日，http：//www.trade.gov.tw/Pages/List.aspx?nodeID=1137;《推动洽签 ECA 经贸自由化工作纲领》，(台湾)“经济部国际贸易局”网，2014 年 9 月 30 日，http：//www.trade.gov.tw/Pages/ List.aspx?nodeID=1137.

③ 《“我国”推动洽签自由贸易协定 / 经济合作协定路径图简要说明》，(台湾)“经济部国际贸易局”网，2014 年 9 月 30 日，http：//www.trade.gov.tw/Pages/List.aspx?nodeID=1137.

④ 马英九：《全民团结拼经济》，“中华民国总统府”网，2014 年 1 月 1 日，http：//www.president.gov.tw/Default.aspx?tabid=131&itemid=31546&rmid=514&sd=2013/12/31&ed=2014/01/06.

Economic Partnership）过程中，所有可能遇到的困难领域，明确列出所有议题，以尝试寻求与各贸易伙伴洽谈解决之道。这表明台湾加快了融入区域经济整合的步伐，特别是参加 TPP 的准备工作。

4 月 24 日，在“经济部”向“立法院”提交的报告中，台湾不仅明确提出了双轨推进的策略，而且对于如何双轨推进，提出了“两个面向”的具体的应对策略，提前完成加入 TPP/RCEP 的准备工作。

“鉴于 TPP 为一标榜高标准之区域经济整合协定，为展现我国推动加入 TPP 及 RCEP 之决心，经济部依据总统指示，于‘国际经贸策略小组’组织架构下增设‘专案小组’，每月召开我国推动加入 TPP/RCEP 等区域经济整合之专案会议，由院长亲自督导各部会推动 TPP/RCEP 之准备进度，并加速各部会研提具企图心之经贸自由化工作计划，双轨推动 TPP 及 RCEP，未来也将定期盘点推案进展，期于本年 7 月前完成加入 TPP 及 RCEP 的准备工作。

整体推案策略将从‘国内经贸自由化’及‘对外争取支持’两面向同时进行，对内以加强沟通宣导建立全民共识、加速经贸体制调整改革及进行产业结构调整为工作重点；对外持续强化与 TPP 成员国之双边经贸关系，并向成员国展现我自由化之努力及决心，以争取尽速加入 TPP 及 RCEP。”①

官方的双轨推进策略得到台湾民间的支持。2014 年 3 月 24 日至 4 月 22 日，美国智库战略与国际研究中心（CSIS）联合民意动态公司（Opinion Dynamics Corporation）对亚太 11 个经济体的战略精英开展了一项调查。在对问题——“下面每一个经济框架的成功对你国未来有多重要？”的回答中，选择“非常重要”、“有些重要”两个选项的合计百分比，台湾经济体统计结果是：TPP、RCEP（均为 100%），APEC、G20（均为 93%），中日韩三边自由贸易讨论（87%），东盟经济体（72%），G7/G8（41%）。②10 个经济体的平均统计结果依序为：APEC（82%），G20（82%），东盟经济体（81%），TPP（75%），RCEP（72%）中日韩三边自由贸易讨论（69%），G7/G8(58%)。由此可见，台湾战略精英对于 TPP 和 RCEP 的期望值要高于亚太地区 10 个经济体的平均认知水平很多；在这 10 个经济体中，只有美国和日本对于 TPP 期望值像台湾那样，处于第一的高位，分别为 98% 和 92%。这

① （台湾）“经济部”，《“我国”加入 TPP 其成员国对“我国”加入资格及困境因应对策报告》，2014 年 4 月 24 日，第 5 页。http：//www.trade.gov.tw/Pages/Detail.aspx?nodeID=1137&pid=490937&dl_DateRange=all&txt_SD=&txt_ED=&txt_Keyword=&Pageid=0.

② Michael J. Green, Nicholas Szechenyi，Power and Order in Asia：A Survey of Regional Expectations，Jul 17, 2014,pp. 15-16. *http: //csis.org/files/publication/140605_Green_PowerandOrder_WEB.pdf.*

些数字说明，台湾的战略精英对于 TPP、RCEP 的认可度与台湾官方的政策导向保持了一致。

2. 台湾为加入 TPP 寻求美国支持

为了加入 TPP，台湾方面通过官方、民间多种渠道，积极寻求美国的支持。

首先，台湾通过官方渠道向美国说明加入 TPP 的意愿和准备情况。在 2014 年 4 月初于华府举行的美台 TIFA 谈判中，美方参会的 45 位官员分别来自美国国务院、农业部、商务部、财政部及美国在台协会（AIT）等单位，台湾方面抓住机会，在会上开展了加入 TPP 的推介工作。据台湾方面 TIFA 谈判主持人“经济部”次长卓士昭介绍，台湾方面对本届 TIFA 会议的重要诉求就是，“寻求美方支持我参与区域经济整合”，因此，于会中就“国内”推动加入 TPP 案的制度性改革情形向美方进行了说明，并表达了要成为美国推动亚太经济整合的建设性伙伴的希望。①

马英九利用与美国官员、议员见面的机会，游说美方人员支持台湾加入未来的第二轮 TPP 谈判。4 月 9 日，针对美国和台湾周边经济体因为台湾此前发生的“太阳花学运”反服贸协议，而疑虑台湾社情反对经济全球化、区域经济整合，马英九在华府智库“战略暨国际研究中心”(CSIS) 视讯会议的演讲与座谈中，就台湾参加 TPP 与 RCEP 的愿望、理由和正在付出的努力做了详细的说明，并呼吁美国支持台湾加入 TPP。参与此次视讯会议的有美国联邦众议院“国会台湾连线”共同主席迪马里（Mario Diaz-Balart）及美国前政府高官。② 在演讲中，马英九盛赞了刚刚结束的美台第 8 次 TIFA 谈判，希望美台未来发起 BIA 谈判，以此作为美台坚强和全面经济关系的开始。③ 他说，“台湾加入 TPP 不仅有利于台湾也有利于 TPP 成员国；不仅会确保台湾的经济安全，也会强化美国在亚太地区的经济存在”。④ 他还介绍

① （台湾）“经济部”经贸谈判代表办公室，《台美双方在华府举行第 8 届台美“贸易暨投资架构协定”会议》，2014 年 4 月 5 日，投资台湾入口网，http：//investtaiwan.org/news/news_chs_display.jsp?newsid=3263&Q_ANSWER=&MID=0.

② Ma Ying-jeou, “Video Conference with His Excellency President Ma Ying-jeou, Rep. Mario Diaz-Balart, and Dr. Paul Wolfowitz, April 9, 2014, *http: //csis.org/files/attachments/140409_Ma_Videoconference_transcript.pdf*; Ma Ying-jeou, “Soar on the Wings of Partnership Republic of China：Republic of China President Ma Ying-jeou's Remarks at CSIS Video conference, April 9, 2014, *http: //csis.org/files/attachments/140409_President_Ma_ speech.pdf*.《“马总统”与“战略暨国际研究中心”视讯会议：询答纪要》，“中华民国总统府”网站，2014 年 4 月 9 日，http：//www.president.gov.tw/Default.aspx?tabid=131&itemid=32043&rmid=514.

③ Ma Ying-jeou, “Soar on the Wings of Partnership Republic of China：Republic of China President Ma Ying-jeou's Remarks at CSIS Video conference, April 9, 2014, pp. 15-16.

④ Ma Ying-jeou, “Soar on the Wings of Partnership Republic of China：Republic of China President Ma Ying-jeou's Remarks at CSIS Video conference, April 9, 2014, p. 18.

了岛内自由经济示范区为台湾加入TPP和RCEP铺路的意图，并在演讲的结尾处呼吁美国协助台湾加入TPP和RCEP，而这也将成为美台伙伴关系明亮而崭新章节的开始。[①] 在座谈回答问题环节，马英九再次重复了演讲中提及的上述内容。[②]

4月18日，马英九接见美国国务院亚太局亚太经济合作（APEC）资深官员王晓岷（Robert Wang），说明台美关系的进展及台湾推动参与经济区域整合的具体做法，期盼创造有利条件加入TPP和RCEP，盼王晓岷官员能协助台湾参与上述协定。[③]

7月3日，马英九率团出访中美洲，在返回过境旧金山时，与10位美国政要通电话，就台美经贸交流、台湾加入TPP、美国执行亚洲再平衡政策，以及台海两岸关进展与亚太情势发展等议题交换意见，获得继续协助台湾参与跨太平洋战略伙伴协定（TPP）的承诺。[④]

8月7日，马英九会见美国参众两院议员，表达希望加入TPP的愿望。他在会见由美国联邦众议院军事委员会主席麦基恩（Howard Buck Mckeon）率领的访问团时表示，至盼未来美台双方尽速洽签《双边投资协定》；至盼创造有利条件加入《跨太平洋伙伴协定》与《区域全面经济伙伴协定》；[⑤] 他在接见美国参议员财政委员会主席、“参议员台湾连线”成员怀登（Ron Wyden）时提出，未来希望和美国签署双边投资协定、未来有机会参加TPP第二轮多边谈判。[⑥] 10月10日，马英九接见美国联邦众议院“国会台湾连线”共同主席迪马里及席瑞斯（Albio Sires）时再次表示，美台目前正在洽谈BIA，希望未来能增进双方的经贸合作关系，为避免在全球经贸整合中遭边缘化，希望《跨太平洋伙伴协定》与《区域全面经济伙伴

---

① Ma Ying-jeou, “Soar on the Wings of Partnership Republic of China：Republic of China President Ma Ying-jeou's Remarks at CSIS Video conference, April 9, 2014, pp. 19-20.

② Ma Ying-jeou, “Video Conference with His Excellency President Ma Ying-jeou, Rep. Mario Diaz-Balart, and Dr. Paul Wolfowitz, April 9, 2014, *http: //csis.org/files/attachments/140409_Ma_Videoconference_transcript.pdf.*

③ 《“总统”接见美国国务院亚太局“亚太经济合作”（APEC）资深官员王晓岷（Robert Wang）》，“中华民国总统府”网站，2014年4月18日，http：//www.president.gov.tw/Default.aspx?tabid=131&itemid=32088&rmid=514.

④ 《马英九出访中美洲 结束7天行程返抵台湾》，中评社台北7月6日电，http：//bj.crntt.com/doc/1032/7/3/3/103273393.html?coluid=0&kindid=0&docid=103273393.

⑤ 《“总统”接见美国联邦众议院军事委员会主席麦基恩‘访华团’》，“中华民国总统府”网站，2014年8月7日，http：//www.president.gov.tw/Default.aspx?tabid=131&itemid=32951&rmid=514.

⑥ 《总统：盼参加TPP二轮谈判》，《美丽岛电子报》，2014年8月7日，http：//www.my-formosa.com/article.aspx?cid=5&id=64648.

协定》等重要区域经济整合机制。①

除此之外，马英九在接见多个美国智库访问团，谈及美台经贸关系时都谈及以下两点：盼望美台未来洽签 BIA；希望美国支持台湾加入 TPP。②

台湾“朝野”在加入 TPP 问题上存在一定的共识。在野的民进党就此议题向美国说明其政策立场。2014 年年 8 月，民进党籍的台南市长赖清德率团访问美国，他在与美国智库学者座谈并与美国政府官员会面时，向美方人士传递民进党的政策立场，希望美国协助台湾加入 TPP。他表示，民进党认为，加入 TPP 不仅有助于台湾产业升级和产业持续与国际接轨，促使经济持续发展，还可参与美国“亚洲再平衡”政策里，可扮演一个积极和平的促进者，这符合美国、台湾及亚太国家的区域共同利益。③

9 月 9 日—10 日，世界台湾商会联合总会企业家代表团的 30 多位台商，在“总统府”资政袁健生和世界台湾商会联合会会长杨信率领下，前往华盛顿进行首次“叩门之旅”，拜会美国商务部、贸易代表署与包括众议员外交委员会主席罗伊斯、外委会亚太小组主席夏波、众议员赵美心、罗拉巴克、薛曼、邵建隆在内的 16 位国会议员。代表团此行的目的是游说美国支持台湾加入 TPP 下一轮咨商名单。罗伊斯表示，外委会推动美台签订双边投资协定，支持台湾早日加入《跨太平洋伙伴关系协定》。

参与游说华府比较有影响的还有台北市美国商会。2014 年 6 月初，该商会发表《2014 台湾白皮书》，赞赏台湾马英九政府所作的经济改革和自由化的努力。该白皮书指出，2013 年发表的白皮书曾提醒台湾当局：“台湾法规经常悖离一般国际

---

① 《“总统”接见美国联邦众议院“国会台湾连线”共同主席迪马里及席瑞斯》，“中华民国总统府”网站，2014 年 10 月 10 日，http：//www.president.gov.tw/Default.aspx?tabid=131&itemid=33383&rmid=514.

② 《“总统”接见美国“2049 计划研究所‘访华团’”》，2014 年 3 月 25 日，“中华民国总统府”网站，http：//www.president.gov.tw/Default.aspx?tabid=131&itemid=31975&rmid=514;《“总统”接见美国“战略暨国际研究中心”（CSIS）东亚安全学者专家‘访华团’》，2014 年 8 月 14 日，“中华民国总统府”网站，http：//www.president.gov.tw/Default.aspx?tabid=131&itemid=33013&rmid=514;《“总统”接见“新美国安全中心”（CNAS）‘访华团’》，2014 年 10 月 27 日，“中华民国总统府”网站，http：//www.president.gov.tw/Default.aspx?tabid=131&itemid=33486&rmid=514;《“总统”接见美国联邦众议员葛林（Al Greeen）暨美南侨领访问团》，“中华民国总统府”网站，2014 年 10 月 14 日，http：//www.president.gov.tw/Default.aspx?tabid=131&itemid=33396&rmid=514.

③ 《赖清德访华府 传递民进党政策》，（台湾）《更生日报》，2014 年 8 月 20 日，http：//www.ksnews.com.tw/newsdetail_ex.php?n_id=0000637258;《赖清德：台要入 TPP　参与美国亚洲再平衡》，中评社台南 8 月 26 日电，http：//www.crntt.com/doc/1033/5/5/8/103355883.html?coluid=153&kindid=0&docid=103355883&mdate=0826132943.

惯例，政府却不认为有必要尽速解决此问题”，然而，2014 年台湾松绑法规的举措获得重大突破，这不仅为“国内经济注入新活力”，而且为“加入尚在筹备的跨太平洋伙伴协议（TPP），以及其他重要国际贸易组织预做准备”。① 该白皮书还特别明确地揭示了美台 TIFA 框架下的双边投资协议谈判与台湾加入 TPP 努力之间的关系，为台湾过去的付出和将来的继续努力打气。白皮书指出，台北市美国商会乐见马英九“不再将加入 TPP 的时程定到未来 8 年或 10 年，而是以‘尽早’为加入目标”，“但‘尽早’还是可能至少要等好几年”，为助力台湾早日成功加入 TPP，“台北市美国商会敦促美国和台湾政府把双边投资协议列为两国关系的第一要务”，并认为这项协议是“台美保持密切关系的明确信号”，所以，“台北市美国商会期盼台美展开双边投资协议的谈判，当做台湾成为 TPP 会员国的踏脚石”。②6 月中旬，台北市美国商会组织了由 22 人组成的代表团，前往华盛顿，发起了所谓的“2014 年扣关之旅”。据商会网页对这次活动的介绍，一周内，该代表团拜会了美国行政部门官员，包括美国国家安全委员会、美国贸易代表办公室、国务院、商务部、卫生和公共服务部、环保署的官员；还在国会山拜会了美国参众两院的议员，其中包括“众议院台湾连线”三位共同主席（John Carter, Mario Diaz-Balart, and Albio Sires），参议院金融与对外关系委员会、众议院筹款与对外关系委员会的主要成员。代表团向美国行政官员和国会议员主要表达了以下两点内容：(1) 台湾作为东亚“民主堡垒”、美国第 12 大贸易伙伴、全球技术供应链中的强国的重要性；(2) 说明马英九当局意识到准备加入 TPP 贸易集团的重要性并因而加大了经济自由化的改革力度，支持发起美台双边投资谈判。③

为展示决心，台湾官方也前往华盛顿开展公关行动。11 月 12 日，在美国在台协会的建议与安排下，台湾“国家发展委员会”主委管中闵前往美国游说。他拜会华府行政部门官员和国会议员，向美方说明台湾为加入 TPP 在法规松绑与市场规划上所作的努力。④ 同时，他在美国智库企业研究所发表演讲——《塑造一个平衡的亚洲贸易网络：一种台湾的观点》中强调，台湾加入 TPP 将有助于确保台湾经

① American Chamber of Commerce in Taipei, 2014 Taiwan White Paper, *Taiwan Business Topics*, Vol. 44, No. 6, June 2014, p. 9.

② American Chamber of Commerce in Taipei, 2014 Taiwan White Paper, *Taiwan Business Topics*, Vol. 44, No. 6, June 2014, p. 11.

③ James Chard, “Washington Doorknock Sets New Record, July 17, 2014, http：//www.amcham.com.tw/ connect/2014-washington-doorknock-sets-new-record/.

④ 《管中闵访美 宣示台入 TPP 决心》，《〈中央日报〉网络报》，2014 年 11 月 20 日，http：//www.cdnews.com.tw/cdnews_site/docDetail.jsp?coluid=112&docid=103001484.

济的强大并恢复亚洲贸易网的平衡。[①]

3. 美国官方对于台湾加入 TPP 的态度

对于台湾加入 TPP 的愿望，美国行政部门实际上是持欢迎态度的，尽管表态还有些谨慎。2014 年 3 月 14 日，代替国务院亚太事务助理国务卿丹尼尔·拉塞尔（Daniel Russel）出席听证会的副助理国务卿梅健华（Kin Moy）在书面证词中指出，“我们正在就由‘马总统’在新年演讲中推动的一系列经济自由化行动与台湾展开接触，这些行动台湾将其视为自己对 TPP 的意愿与兴趣的展现”，“我们欢迎台湾对 TPP 表现出兴趣”。[②] 在答辩环节，针对罗伊斯的说明，梅健华在答辩中释放出相当的善意：“我们欢迎台湾对 TPP 抱有兴趣，我们最近已从他们处得到这一讯息”，“我们同样欢迎马英九‘总统’采取的旨在促进台湾经济自由化的各项步骤。”[③]“TPP 的成员资格属于共识类型的成员，因此，我们鼓励台湾也向其他成员提出自己对这一成员身份的兴趣。”[④] 从答辩的细节来看，美国对台湾未来加入 TPP 谈判持欢迎态度。不过，就眼下来看，美国认为，一方面，TPP 本身面临着完成内部谈判的急务，不宜分散精力考虑接纳其他成员；另一方面，台湾方面的急务是准备好参加 TPP 谈判的自身条件，这就是推动台湾经济自由化的改革。

美国官员的近来发言，进一步释放他们对台湾准备加入 TPP 一事的欢迎态度。2014 年 9 月 25 日，马英九接见“美国在台协会”（AIT）主席薄瑞光（Raymond F. Burghardt）一行时表示，对于台湾有意加入 TPP 一事，美国国务院和贸易代表署数度表达欢迎之意。[⑤]11 月，国务院经济暨商业事务局首席副助卿唐伟康（Kurt Tong）在出席《亚洲创业投资期刊》主办的“私募股权与创业投资论坛”时表示，“亚洲近年来透过自由贸易协定有很多整合，但台湾被排除在外，未来应该会有所改善，美国也乐见台湾加入跨太平洋伙伴关系协定，也有意愿和台湾探讨加入的可

① “Trans-Pacific trade after the midterms：A way forward? American Enterprise Institute, November 12, 2014, http：//www.aei.org/events/trans-pacific-trade-midterms-way-forward/.

② Kin Moy, Written Testimony at the House Foreign Affairs Committee Hearing ‘The Promise of the Taiwan Relations Act’, March 14, 2014, http：//docs.house.gov/meetings/FA/FA00/20140314/101903/HHRG-113-FA00-Wstate-MoyK-20140314.pdf.

③ The Promise of the Taiwan Relations Act：Hearing before the Committee on Foreign Affairs House of Representatives (113th Congress, Second Session), March 14, 2014, p.13.

④ The Promise of the Taiwan Relations Act：Hearing before the Committee on Foreign Affairs House of Representatives (113th Congress, Second Session), March 14, 2014, p.14.

⑤ 《“总统”接见“美国在台协会”主席薄瑞光一行》，“中华民国总统府”网，2014 年 9 月 25 日，http：//www.president.gov.tw/Default.aspx?tabid=131&itemid=33258&rmid=514.

能性。”[①] 同月，美国商务部主管贸易事务的次长塞里格（Stefan M. Selig），在台湾“国家发展委员会”主委管中闵来美拜会时，提及了台湾在经商环境上的进步，并表示愿意与台湾进行法规国际调和的交流与合作。管中闵认为，美国体认到台湾对加入高标准 TPP 的决心，肯定台湾为加入 TPP 所进行的法规松绑以及市场开放的努力，并鼓励台湾持续进行改革。[②]

美国政府在台湾加入 TPP 问题上表态乐观而谨慎，这或许是顾及到大陆的态度，也有可能是出于对台湾施压，力促改革的意思。“战略与国际研究中心”高级顾问葛来仪（Bonnie Glaser）认为，中国大陆会否阻止台湾加入 TPP 最终确实会成为一个问题，但是中方的态度不是决定性的。[③] 同时，她又认为，两岸也可能会像 WTO 那样，同时加入 TPP。因此，可能发生的情形是，台湾走得更快，不得不等中国大陆做好准备，那可能不是最理想的状态，但当然比台湾被排除在外强。[④]“美国在台协会”理事前主席、布鲁金斯研究所东亚政策研究中心主任卜睿哲注意到中国改革的进展，也赞成以 WTO 模式，两岸同时加入 TPP。[⑤] 而且，二人都认为，台湾目前要做的就是，首先要练好内功，做好准备。葛来仪（Bonnie Glaser）认为，台湾需要采取进一步的措施实现贸易自由化和市场开放，继续走在实施与中国大陆达成协议的轨道上，继续与其他国家签署自由贸易协定，继续与美国谈“贸易暨投资架构协定”（TIFA），自己先做好准备来加入 TPP 的谈判。[⑥] 就台湾市场的开放来说，也有不少人认为，台湾市场对美猪的开放是美台后续强化经贸关系洽签 BIA，甚至是支持加入 TPP 的非常关键的一环。

（三）美国对台湾经济“依赖性”的警告

2014 年美台经济关系中还有一个不容忽视的方面，这就是，在美台 TIFA 谈判进展缓慢的情况下，美国不断警告台湾经济对大陆过度“依赖”。这些警告之声虽然并非来自美国行政部门，但仍然在台湾岛内产生了巨大影响，成为台湾“朝野”

---

① 《引外资 美官员：台湾应更开放》，《〈中央日报〉网路报》，2014 年 11 月 20 日，http：//www.cdnews.com.tw/cdnews_site/docDetail.jsp?coluid=112&docid=103001154.

② 《管中闵访美 宣示台入 TPP 决心》，《〈中央日报〉网络报》，2014 年 11 月 20 日，http：//www.cdnews.com.tw/cdnews_site/docDetail.jsp?coluid=112&docid=103001484.

③ 《葛来仪劝台湾：加入 TPP 应先做家庭功课》，中评社华盛顿 11 月 1 日电。

④ 《葛来仪劝台湾：加入 TPP 应先做家庭功课》，中评社华盛顿 11 月 1 日电。

⑤ 《卜睿哲：TPP 可带动中国改革》，（台湾）《中国时报》，2014 年 10 月 28 日，http：//www.chinatimes.com/newspapers/20141028000472-260108.

⑥ 《葛来仪劝台湾：加入 TPP 应先做家庭功课》，中评社华盛顿 11 月 1 日电。

在 TPP 战略上凝聚共识、台湾“官方”快速推进该战略的主要原因之一。

1. 台湾加快推进 TPP 战略的原因

2014 年以来，台湾官方加快了推进 TPP 的步伐，个中缘由部分已经前文注释有所揭示，即台湾方面至 2013 年末，随着一系列双边经贸谈判积极进展而获致的自信心的增大，加之他们预期 TPP 第一轮谈判将在 2014 年尘埃落定，第二轮谈判可能提上议事日程以致产生一种申请加入的紧迫感。除此之外，主要原因在于两个方面：一方面，与岛内政治有关。以民进党为代表的政治力量，对经济全球化背景下，台湾与大陆经济日益紧密联系的情况提出了强烈批评。随着岛内地方选举和“总统大选”的临近，特别是 2014 年岛内发生的“太阳花学运”反对两岸服贸协议的刺激，这些情况给台湾“官方”施加了巨大的压力。一方面，与美国的警告相关。近年来，美方人员，包括官民不同层面，对于两岸经济联系的日益加强多次发出了警告之声。警告的主要内容就是，担心在两岸军事力量对比日益失衡，大陆军力迅猛发展，经济快速增长的背景下，两岸经济联系的日益增强会导致台湾对大陆依赖性的增强，从而增加了台湾政治自主性丧失的风险。很大程度上受这两种力量的推动，2014 年以来，台湾加速推进参与 TPP 谈判的准备工作。此处只分析后一方面的原因。

2. 美国对台湾经济“依赖性”的警告

2014 年，所谓台湾经济过分“依赖”大陆的话题再度热烈起来。在美台关系的讨论中，美国前政府官员、国会议员、专家学者往往从这一话题入手，论证支持台湾加入 TPP 的理由，并以此告诫台湾，认为台湾对外贸易结构存在危险性，鼓励台湾向美国主导的区域经济整合的路径靠拢。由于经济“依赖性”话题既与马英九“政府”的台湾“经济边缘化”话题的内涵存在一定的联系，又与台湾“经济独立”、台湾政治的“独立自主性”等论点找到共同话语，很容易切入台湾主流政治思想中的“主体性”思想，因而在台湾岛内产生了不小的轰动效应。[①]

直接介入“依赖性”话题，在台湾岛内引起广泛关注的是美国前国务卿、民主党下届热门的总统候选人希拉里。据台湾《商业周刊》报道，6 月 19 日，美国前国务卿希拉里在洛杉矶接受该刊专访时，提醒：台湾与中国大陆越来越密切交流，“正面临转折点”，“你们必须权衡，到底要开放到什么程度才适当，否则将失去经

① 有关“台湾主体性”概念分析参见陈星、相靖：《“台湾主体意识”的概念性解析》，《台湾研究集刊》，2009 年第 4 期，第 16—25 页；郭艳：《简析“台湾主体性”对政党政治发展的影响》，《世界经济与政治论坛》，2011 年第 3 期，第 134—144 页。

济独立”，“失去经济独立，将会影响你们的政治独立”。[①] 据台湾《自由时报》报道，在《商业周刊》的这次采访中，当谈到美台关系时，希拉里强调：美国“一个中国政策”的核心是，希望大陆与台湾能和平相处，“不希望看到台湾的独立自主性被威胁或破坏，不希望看到台湾因为不公平的竞争而经济重创”。[②] 在这里，希拉里将美国的担心——两岸由经济关系过快发展进而政治关系得到突破、加强——比较直白地说了出来。这实际上从一个侧面揭示了美国现阶段的某些政策思考，表现在经济领域，就是希望把台湾纳入到美国的亚太再平衡政策中来，比如美国主导的跨太平洋伙伴关系（TPP）中来。

无独有偶，希拉里的论调与早先美国国会听证会中某些重量级议员支持台湾加入 TPP 的声音非常相近。2014 年 3 月 14 日，在众议院对外关系委员会举行的“台湾关系法的承诺”听证会上，众议院对外关系委员会主席、共和党人罗伊斯 (Edward R. Royce) 督促美国行政部门支持台湾加入 TPP。他认为，支持台湾加入 TPP 有助于显示美国政府对台湾的支持，减轻台湾对大陆经济的依赖性。他向代替国务院亚太事务助理国务卿丹尼尔·拉塞尔（Daniel Russel）出席该听证会的副助理国务卿梅健华（Kin Moy）问道：“虑及台湾对跨峡贸易差不多是单一性依赖的局面，美国政府支持台湾加入 TPP 吗？”[③] 他论证说，“让台湾加进 TPP，会使台湾更多地加入其他贸易协定，比如加入与欧洲的协定”，[④] 这样“有助于使台湾保持在国际上做生意的能力”；[⑤] 为证明使台湾保持经济伙伴关系多样的重要性，他举反例指出：“在乌克兰展现的事件提醒我们，依赖一个主要的贸易伙伴在战略上是多么虚弱。”[⑥]

美国不少台海问题专家正是从减少台湾经济对中国大陆的“依赖性”话题入手，论证台湾应当加入 TPP 或其他众多的双边 FTA 或多边区域经济整合方案，如区域全面经济伙伴的。在众多专家的分析中，传统基金会的威廉 T. 威尔逊（William

① 《希拉蕊：越依赖中国，台湾越脆弱》，（台湾）《商业周刊》网站，2014 年 6 月 25 日，http：//www.businessweekly.com.tw/KIndepArticle.aspx?id=22631.

② 《希拉蕊：太依赖中国，台湾会变脆弱》，《自由时报电子报》，2014 年 6 月 25，http：//news.ltn.com.tw/news/focus/paper/790504.

③ The Promise of the Taiwan Relations Act：Hearing before the Committee on Foreign Affairs House of Representatives (113th Congress, Second Session), March 14, 2014, p.13.

④ The Promise of the Taiwan Relations Act：Hearing before the Committee on Foreign Affairs House of Representatives (113th Congress, Second Session), March 14, 2014, p.14.

⑤ The Promise of the Taiwan Relations Act：Hearing before the Committee on Foreign Affairs House of Representatives (113th Congress, Second Session), March 14, 2014, p.2.

⑥ The Promise of the Taiwan Relations Act：Hearing before the Committee on Foreign Affairs House of Representatives (113th Congress, Second Session), March 14, 2014, p.2.

T. Wilson）的观点最具代表性。他在《市场解决方案应是美国对台湾政策的中心》一文中对此作了详细的分析。他推论的前提建立在其对《与台湾关系法》的理解基础上。他认为，《与台湾关系法》确保台湾“自决”、免受来自大陆的强迫，这符合美国重大的国家安全利益。因此，令台湾无法“自决”、使台湾无法免除来自大陆的强迫，就是对美国国家安全构成重要威胁。所以，在他看来，“任由台湾被迫与大陆保持更加紧密的关系，这对美国的地区领导信心和地区和平、安全与繁荣都是一个毁灭性的打击”。① 由于军售政策充满了争议性，所以，解决台湾安全要求的长远办法应该是市场的办法，这个办法应当居于美国对台政策的中心。以此作为立论的出发点，他认为，“由于在很大程度上被排斥于亚洲扩展中的自由贸易协定（FTAs），台湾在经济上正迅速地变得比以往更加依赖大陆。而加入区域经济协议和经济自由化进程，则会令台湾经济关系网络更加灵活、多样，完全发挥自己经济的比较优势。”② 而目前美国对台政策还存在很大的不足，“华盛顿较少关注大陆对台湾经济与日俱增的影响以及美国能做些什么以削弱大陆这种潜在的强制性影响力”。③ 因此，他给美国和台湾都提出了一系列市场解决的政策建议：台湾方面要推动“具有强烈的自由市场特性的国内改革议程”，美国方面，则指导台湾通过贸易自由化进程，包括支持台湾加入 TPP。④ 最后，他在结论中再次告诫台湾：“当前的台湾处于十字路口，大陆取代美国成为台湾出口的依赖，这种情况将台湾置于一种危险的境地。过度依赖大陆经济意味着台湾的命运可能主要取决于大陆的经济状况和北京的政治决定”；主张通过台湾的自由化改革举措和美国支持台湾加入 TPP 的政策组合，使“美国与太平洋地区一位重要的战略伙伴的关系获得新生”。⑤ 从整篇文章来看，在很大程度上，威尔逊的“市场解决”方案，是为了帮助美国摆脱对台政策的困境而提出来的。这一困境就是：对台军售政策已走入死胡同，但美国又不愿像“弃台论”者所主张的那样放弃台湾。其所谓的“市场解决”方案没有太

① William T. Wilson, “Market solutions should be central to U.S.’ s Taiwan policy, The Heritage Foundation，*Backgrounder*, No. 2930, August 1, 2014, p.1

② William T. Wilson, “Market solutions should be central to U.S.’ s Taiwan policy, The Heritage Foundation, *Backgrounder*, No. 2930, August 1, 2014, p.2.

③ William T. Wilson, “Market solutions should be central to U.S.’ s Taiwan policy, The Heritage Foundation, *Backgrounder*, No. 2930, August 1, 2014, pp.1-2.

④ William T. Wilson, “Market solutions should be central to U.S.’ s Taiwan policy, The Heritage Foundation, *Backgrounder*, No. 2930, August 1, 2014, pp.10-12.

⑤ William T. Wilson, “Market solutions should be central to U.S.’ s Taiwan policy, The Heritage Foundation, *Backgrounder*, No. 2930, August 1, 2014, p. 12.

多的新意，比如其对台湾方面的政策建议，有不少已经是台湾既成且正在实施的做法。其对美国的政策建议主要是站在美国人的利益的立场提出。所以，正如一位台湾学者评论的那样：该报告“以美国政府利益为先，并不一定对我们有利……必须审慎看待……且当前美国重返亚洲的政策，加上国际外交环境中与中国大陆的角力，该报告的结论站在美国的立场，当然对两岸合作更上一层楼会有一定程度的吃味。希望本来亲美的台湾，能再重回美国阵营，来捍卫西方利益。因此对于大陆的政治目的也就特别敏感，用来提醒台湾注意”。①

有的台海问题专家则从美陆台三边关系的平衡入手，介入“依赖性”话题。布鲁金斯研究所东亚政策研究中心客座研究员范乔安（JoAnn Fan）在其为美中经济与安全评估委员会举办的听证会而撰写的证词中，首先以忧虑的口吻对陆台经济联系的加强及其风险进行了详尽的分析。他指出，包括台湾对中国出口和投资增长在内的众多经济因素，“升高了台湾为追求经济好处而对中国大陆的依赖程度”。② 同时，他又分析说，《海峡两岸经济合作框架协议》（Cross-Strait Economic Cooperation Framework Agreement, ECFA）及其后续协议的洽签，使得台湾与大陆走得越来越近，以致“有些人担心：台湾日益依靠大陆作为其主要增长源；台湾制造业离台赴陆加速发展；如果允许大陆公司在台湾这个狭小的市场上的某些行业里进行投资或贸易，这些具有资本比较优势的公司就可能发展成一种支配性的市场力量。而且，受向消费驱动型经济再平衡的影响，大陆面临的经济增长的放缓也抬升了台湾经济的系统性风险”。③ 在此基础上，他分析了更加紧密的跨峡经济一体化对美国的意涵。他认为，“近期跨峡经济一体化使美中台三角关系呈现失衡状态”。④ 也就是说，“在台湾经济日益整合、依赖于大陆的情况下，美国的影响正在下降，如果此种趋势持续下去，就会进一步削弱美台经济联系，却增强了位于三角形另一边上的中国大陆的优势。这种力量的悬殊可能会颠覆三角平衡，因而导致潜在的不

① 林建甫：《时论：不齿捍卫西方利益的媒体》，（台湾）《中国时报·时论广场》，2014 年 8 月 14 日，http：//www.chinatimes.com/newspapers/20140814000880-260109.

② JoAnn Fan," *Statement before the U.S.-China Economic and Security Review Commission for a Hearing of Recent Developments in China's Relations with Taiwan and North Korea, Panel I: Cross-Strait Economic and Political Issues*, June 5, 2014, Washington D.C.：Brookings Institution, pp.2-4.

③ JoAnn Fan," *Statement before the U.S.-China Economic and Security Review Commission for a Hearing of Recent Developments in China's Relations with Taiwan and North Korea, Panel I: Cross-Strait Economic and Political Issues*, June 5, 2014, Washington D.C.：Brookings Institution, p.9.

④ JoAnn Fan," *Statement before the U.S.-China Economic and Security Review Commission for a Hearing of Recent Developments in China's Relations with Taiwan and North Korea, Panel I: Cross-Strait Economic and Political Issues*, June 5, 2014, Washington D.C.：Brookings Institution, p.9.

良循环，在这种循环下，不利的经济后果将扩展到美台关系的其他方面，比如安全方面。而且这种不平衡可能挑战到传统的观点：深化两岸经济的相互依赖从长远看会导致和平与稳定”。① 在这里，所谓三角关系的失衡，主要指相比于两岸甚至是美中经济联系的加强，美台经济联系密切程度则日益下降，特别是，中国大陆取代了美国，与台湾保持了日益密切的经济联系。而且这种经济上的失衡具有溢出效应，会向政治、安全领域扩展。这反映了美国对于当前快速发展的两岸经济联系甚至政治关系乃至可能的军事合作前景有所担忧，担忧其掌控两岸关系进展能力的丧失。这和希拉里、美国国会议员的声音是一样的，站在美国的立场，维护美国操控两岸关系的既得利益。正是因为有着这样的忧虑，所以，范乔安强调：“在贸易和投资上，对台湾和大陆保持稳定的影响地位，并确保三角关系的每条腿与其他两条腿在平衡中前进，这符合美国的经济利益。”换句话说，美国希望恢复过去那种在美、中国大陆与台湾的贸易与投资中的主导地位。这大概就是美国亚太再平衡政策经济面目标在美、中国大陆与台湾三角经济关系问题上的反映。落实到政策上，范乔安向国会提出了五项政策建议，这其中就包括加强美台贸易和投资框架协议（Trade and Investment Framework Agreement，TIFA）下的双边投资协定（Bilateral Investment Agreement, BIA）谈判，督促行政部门支持台湾加入 TPP 谈判等内容。

分析“依赖性”的缺陷，除了从美国利益的视角来看待，还有的就如希拉里那样，从“台湾人”利益的角度来解读，但最终的结论都归于克服“依赖性”，就要倚重于美国来平衡。

就“台湾人”利益的视角解读“依赖性”而言，与希拉里从“高级政治”思维出发，恫吓“依赖性”致使台湾失去“经济独立”，进而会影响“政治独立”的做法不同，这种视角还可以下移，如范乔安那样，关注台湾社会层面出现的众多担忧。“美台商会”会长韩儒伯（Hammond-Chambers Rupert）在美中经济与安全评估委员会听证会的证词中采取的分析路径就是这样的。他强调，陆台经济联系强化了台湾对大陆的“依赖性”，而这种“依赖性”由引起了台湾岛内经济、社会的动荡，进而导致目前两岸服贸协议在台湾“立法院”受阻、货贸协议谈判举步维艰的局面。尽管也有人认为台湾岛内的“太阳花学运”会让人怀疑台湾的贸易自由主义诚信和融入国际化的决心，但是，美国在台协会（AIT）主席薄瑞光（Raymond

① JoAnn Fan,“ *Statement before the U.S.-China Economic and Security Review Commission for a Hearing of Recent Developments in China's Relations with Taiwan and North Korea, Panel I: Cross-Strait Economic and Political Issues*, June 5, 2014, Washington D.C.: Brookings Institution, pp.9-10.

Burghardt）则认为，台湾的“太阳花学运”反映了台湾学生对台湾与大陆整合步伐快慢的意愿，似乎都是关于如何处理台湾与大陆的关系，以及两岸关系要走向何方，而不将之视为保护主义的情绪。① 所以，这些学者对于台湾对中国大陆的“依赖性”引起社会不满的分析，落实到政策层面的结论就是，批评马当局“中国第一”的贸易政策，进而主张台湾发展非中国大陆的对外、经济政策，比如与澳大利亚、印度尼西亚、印度签署双边 FTA，同时加入诸如 TPP 和 RCEP 这样的多边协定中来。② 姑且不论这种弃中国大陆而不顾的政策建议，其政治动机十足可疑（台独的“反中”立场？），单就其经济利益层面的眼光而言，就非常短视，在逻辑上也说不通。③

近年来，随着两岸经济联系的加强和中美军事力量朝有利于中国方向的发展，台湾岛内的拒统心态也进一步发展，所谓的对大陆的“依赖性”担忧也在加强。适逢此时，美国人从不同的视角，分析、描述这种现象，并以加强美台经济的乃至更为广泛的战略层面的联系为台湾“出谋划策”，这表面上看迎合了台湾岛内的上述心态和担忧的政治心理，因而大受关注，从而强化了岛内在两岸关系认识上本已比较混乱的思想；实际上，美国人的此种做法，很大程度上反映了美国对其“重返亚太”但又实力不济的忧虑，欲借此强化美台关系，重振美国对亚太、台湾的影响力。对此，两岸有识之士不能不有所警惕。

（四）结语

2014 年美台经济关系的发展出现了两个面向：一方面，在双边领域，双方的经贸关系获得了一定程度的发展，贸易与投资协定谈判获得推动，双边投资协定的签署也在积极酝酿，美台经贸关系正在以这种“堆积木”的方式向前推进；与此同时，在多边领域，美台就 TPP 进行了广泛的互动，台湾方面向美国展现了自己加入 TPP 的决心以及为此所作的努力，美国方面则表明了欢迎的姿态。另一方面，

---

① 《美在台协会主席薄瑞光谈“告别台湾说”》，中评社华盛顿 5 月 12 日电，http：//bj.crntt.com/doc/1031/8/2/7/103182788.html?coluid=0&kindid=0&docid=103182788.

② Rupert J. Hammond-Chambers, “Taiwan：Cross-Strait Economic & Political Issues, *Testimony before the U.S.-China Economic and Security Review Commission for a public hearing of‘ Recent Developments in China's Relations with Taiwan and North Korea, Panel I: Cross-Strait Economic and Political Issues*, June 5, 2014, p.2.

③ 对弃中国大陆而不顾的政策的有力回应参见：《回应“解构 FTA 的虚构前提”迷思，“经济部”表示“我国”没有被经贸边缘化的本钱》，（台湾）“经济部国际贸易局”经贸资讯网，2014 年 11 月 20 日，http：//www.trade.gov.tw/Pages/Detail.aspx?nodeID=40&pid=497877&dl_DateRange=all&txt_SD=&txt_ED=&txt_Keyword=&Pageid=0.

美台经济关系的进展还有限：在双边领域，还存在一定的障碍，在多边领域，美国对台湾加入 TPP 的态度还存在一定的模糊的地方，并没有明确表示台湾何时、如何加入 TPP。如果说，后一方面的情况主要是出于美国在加强美台关系方面的诸多战略考量，比如，美国希望以此不断对台施压，督促台湾加快自由化改革的步伐，尽快彻底清除向美国开放市场的障碍，那么美国人对于台湾经济过度依赖大陆的频繁警告，在某种程度上就是成为不断深化美台经济联系的黏合剂。

三、美对台军售现状

自 2011 年 9 月宣布军售以来，美国政府有三年多的时间没再对台宣布新的军售项目，据说，这是 1979 年以来军售间隔时间最长的。① 按照美国学者的说法，根据惯例，1979 年以来，美国没有一任政府没有对台军售，奥巴马第二任政府已经创了空窗纪录。② 然而，美国政府没有宣布新的对台军售项目并不表明美台在军售问题上缺乏互动，相反，2014 年以来，为了推动美国对台军售，美台双方两个层面的四种力量积极互动，缩小了在军售问题上的认知差距。但是，即便如此，美国行政部门与国会在对台军售问题上的态度差异也难以消除。2014 年美台热烈探讨的潜艇议题正是很好观察双方互动的一个具体的实例。

（一）美台缩小军售问题上的认知差距

军售问题上的认知差距，源自于美方对台湾对美军购的基础进行的研判。为了缩小这种认知差距。美国国会向台湾方面传递了解决问题的要领，台湾方面也主动回应美方的疑虑，并对华盛顿展开了公关。

1. 美国研判台湾对美军购的岛内基础

近来，美国对与对台军售问题相关的台湾防务建设的岛内基础进行了研判。研判的结论是：台湾的“国防”预算不足，而造成预算不足的原因在于，“国防”预算达标缺乏岛内政治支持的基础。

2014 年 6 月，“美台商会”会长韩儒伯（Hammond-Chambers Rupert）在“美

① Paul Wolfowitz, “U.S. Taiwan Policy Threatens a Face-Off with China：The Re-Emergence of Cross-Strait Tensions Would Threaten Stability in East Asia in a fundamental way, *the Wall Street Journal*, October 9, 2014, http：//online. wsj.com/articles/paul-wolfowitz-u-s-taiwan-policy-threatens-a-face-off-with-china-1412901193.

② 《华府观察：美国酝酿对台军售势能增强》，中评社威廉斯堡 10 月 6 日电。

中经济与安全评估委员会”作证时分析，美国方面认为马英九当局对防务投入不足。他指出，马英九当局一直在砍削“国防”预算，到2014年，台湾“国防”预算只占台湾GDP的2%了。[①]因而，他敦促台湾增加防务预算，以达到能够充分反映台湾自身安全挑战程度的水平。

美国亚洲研究局（NBR）政治与安全事务副主席亚伯拉罕·M. 邓马克（Abraham M. Denmark）认为，台湾“国防预算”的达标缺乏国内政治支持。在2014年4月初举行的纪念《与台湾关系法》35周年的美国参议院听证会上，他在给参议院对外关系委员会东亚和太平洋事务局提供的书面证词中质疑，如果台湾占GDP3%的“国防”预算存在广泛的政治支持基础，那么在大陆迅速加强的军事挑战的面前，为什么“国防”支出却连续不达标呢？[②]因此，他认为，处理“国防”预算达标的问题应该是美台防务建设中最优先的事项。

美国将对台军售政策与台湾防务建设挂钩，其逻辑是：防务建设有助于推动对台军售，而不是对台军售使“国防预算”的达标成为必要。美方认为，台湾防务建设的优先事项是“国防预算”达标而不是对美军购，但是，达标的“国防预算”可以向美国展现其防务建设的决心，这为向美国争取军购创造了良好的氛围。所以，美方期待台湾提升“国防预算”的比例，而不管当年有没有对台军售。换句话说，对台军售项目不能成为台湾“国防预算”比例扩大的条件，应对大陆军事的崛起才是扩大“国防预算”的根源。所以，在美国人看来，扩大“国防预算”应该成为台湾的常态，它不取决于美国对台军售，而取决于来自对岸大陆的军事威胁；然而，当前台湾“国防预算”达标似乎缺乏政治支持的基础，这反映了台湾缺乏防卫的决心。

美国人之所会有上述认识，笔者认为，这主要与美国近年来的实力下降但又欲维持亚太军力平衡的“再平衡”战略考虑有关。正如美国对日本解禁集体自卫权的期待和支持的逻辑一样，美国希望自己的亚洲盟友或伙伴增加国防费用，投入国防建设，增加常规军备的数量、提升常规军备的质量，壮大美国及其盟友在亚洲的军力存在，以此对大陆形成足够的军力威慑，维持美国在亚洲的战略优势。对于近乎

---

① Rupert J. Hammond-Chambers, “Taiwan：Cross-Strait Economic & Political Issues, *Testimony for a public hearing of‘ Recent Developments in China’s Relations with Taiwan and North Korea before the U.S.-China Economic and Security Review Commission*, June 5, 2014, p.5.

② Abraham M. Denmark, “Evaluating U.S. Policy on Taiwan on the 35th Anniversary of the Taiwan Relations Act：Written Testimony to the U.S. Senate Foreign Relations Committee Subcommittee on East Asian and Pacific Affairs, April 3, 2014, P.7, http：//www.foreign.senate.gov/imo/media/doc/Denmark_Testimony.pdf.

于美国隐形盟友的台湾，美国同样抱持上述思维逻辑，期待台湾提振自身的常规军力，加大投入，扩大防务建设。也许美国人认为，台湾人与其不断地向美国表决心（忠心），积极意图探明其在美国亚太再平衡战略中的担当，不如来点更为实际的，先努力准备好、建设好能够负起这种担当的现实的物质基础。

除此之外，美国这种将军售政策与台湾防务建设挂钩的做法，可以缓解其在对台军售问题上所处的困境。以前，人们往往认为，对台军售的关键在于美国方面，尤其是美国行政部门的意愿。而现在，将军售政策与防务建设挂钩，其目的在于调动台湾自身扩大防务建设的积极性。这种做法，使台湾“国防预算”达标和防务建设的决心成为美国评估对台军售的一个必备条件。由此，美国人可以告知台湾：对台军售的关键不在于美国方面尤其是美国行政部门，而在于台湾方面防卫自己的决心。所以，这种做法，既可以调动台湾加大国防投入、开展防务建设的积极性，又可以使美国在是否对台军售问题的决策上，处于一个相对灵活的位置。

2. *台湾方面回应美方的研判*

对美国的研判，台湾方面在分析研究的基础上，多次进行了回应，以展现对美军购的积极姿态。但是，台湾方面的回应，与美国方面的认知有不小的差距。

2013 年底，台湾“国防部副部长”夏立言对美国消极对台军售的理由进行了研究。他在向台湾“立法院外交暨国防委员会”提出的报告中分析，美国对台湾安全承诺与军售政策常以“国防”预算是否达到 GDP 的 3% 作为检视标准，美方认为台湾“国防”预算没有达标，不足以有效提升防卫战力。①

对于美方的担忧，马英九公开做过多次说明，借以表明台湾方面对美军购资金有保障。2014 年 5 月 20 日，马英九在台中“中国医药大学”说，美方最喜欢讲台湾编列的预算不够，没办法向美采购更多武器，但台湾每一次采购武器都没有缺钱，因为在他上任前每次编预算都买不到，浪费预算额度，很可惜；只要美国早点告知台湾有军售，“我们钱一定会够”，到现在为止都没有受到任何影响。②2014 年 9 月 9 日，马英九在谈到 2015 年“国防”预算时，再次回应了美方所谓“国防”预算不足的说法，并特别说明了台湾在军购筹款方面的特别应对措施，以打消美方的疑虑。他说，台湾过去是主张要达到 GDP 的 3%，我们的观念是钱多花在买装备，但不一定当年买得到，有特别需要买的装备，尤其对外采购，只要计划定了就

① 《台军方：美国认为台军费不足　须更多挹注》，中评社台北 12 月 26 日电。

② 《马英九：只要美国早点告知有军售 台湾钱一定够》，台海网，2014 年 5 月 21 日，http：//www.taihainet.com/news/twnews/twdnsz/2014-05-21/1254145.html.

立刻筹钱，但不一定编到年度预算；过去常常编预算但没办法用，没用可缴回，却浪费了其他额度。①

严格说起来，台湾“国防部”对美国消极对台军售理由的研判与美方的说法较为符合。但是，马英九的回应很有意思，似乎是弄错了美方思维的逻辑顺序。因为，马英九在解释中，坚持以“军购款项”相对独立于“国防预算”的方式来处理“国防建设”问题。这样做，就使台湾在年度军售空缺的情况下，可以将“国防预算”缩减到一个较低的基础上。然而，美国人的希望大概是，台湾每年的“国防预算”都应当达标，不管当年美国有没有对台军售。很显然，美国人的这种期望无疑将迫使台湾不得不每年都要保持一个较高的“国防预算”比例，并将这些预算投入到台湾自身的防务建设中。美国此举的用意何在，很值得深思，难道仅仅是鼓励台湾竭力发展平衡大陆的军事力量？笔者认为，美国鼓励台湾扩大“国防预算”的行事逻辑也许反映了美国的某种动机，这种动机与其鼓励亚洲盟友承担“维持区域安全责任”的动机相一致。卡内基国际和平基金会副总裁包道格（Douglas H. Paal）在一次回答记者对于台湾自制潜艇的看法时表示，“亚太地区需要更多潜艇，如果台湾有更多潜艇巡逻于南部海域或沿海，会有好处，美国就能信赖台湾共享价值观和利益来维持区域安全与稳定”。② 这就是说，美国希望向防务得到很好建设（实际上就是要与大陆展开某种程度的常规军备竞赛）的台湾，移交某种程度地区防卫责任。实际上，美国想赋予台湾在亚太再平衡军事战略中以某种角色与功能。民进党人坚决支持美国人的主张。他们在“国防蓝皮书”中承诺，只要执政，就将把“国防预算”恢复到 GDP3% 的水平。

3. 美台就台湾的军购基础直接交流

为了缩小认知差距、促进对台军售，美国国会和台湾方面付出共同的努力。美国众议院代表团督促台湾向美国展现防卫自己的决心。台湾为此对美游说，争取向美方说明，台湾拥有防卫自己的充足资源与坚定意愿，促使美国在军购问题上展示积极姿态。

2014 年 2 月下旬，共和党人、美国国会众议院外交事务委员会主席罗伊斯 (Edward R. Royce) 率领美国众议院代表团访台，代表团中一名资深议员谢曼 (Brad Sherman) 就军购问题提醒台湾方面：台湾是美国的朋友也是盟友，他们希望未来

---

① 《马：国防人员维持费首降到 4 成》，《〈中央日报〉网路报》，2014 年 9 月 9 日，http：//www.cdnews.com.tw/cdnews_site/docDetail.jsp?coluid=107&docid=102906932.

② 《包道格语中评：美中麻烦够多　台海应维稳》，中评社华盛顿 9 月 8 日电。

能继续支持台湾，但台湾必须也要展现防卫自己的决心。[①] 类似的话语，谢曼在 3 月的众议院听证会上也表达过，不过更为直白和具体。他说，美国给台湾提供防卫武器固然重要，但是，台湾也需要行动起来，比如增加防卫预算。[②]

为了减轻美方的疑虑，除了如前文所述，马英九在“国防预算”问题上向美国做了明确的回应，台湾方面还主动对美国开展游说，表明军购、与防卫的决心。据台湾《联合报》2014 年 9 月 10 报道，2014 年上半年，台湾“海军司令”陈永康访美，与美国海军作战部长格林纳特就台湾有意推动“潜艇国造”展开对话。[③]2014 年 7 月、8 月、10 月，在与美国参众两院议员和美国官员接触的过程中，马英九多次表达了台湾购买美国武器的愿望和决心。[④]2014 年 9 月初，国民党籍的“立法委员”林郁方，率领由国民党籍的杨应雄、詹凯臣、王廷升和民进党籍的陈唐山、叶宜津组成的台湾“立法院”跨党派代表团，访问美国、拜会美国国务院、国防部与国会议员，向美国说明台湾的军购决心，打消美方对台湾在向美国购买武器方面存在资金不足的疑虑。[⑤] 在美台 2014 年度国防工业会议上，台湾“国防部副部长”邱国正表示，“‘中华民国’军民爱好和平，认同民主自由，绝对会为保护家园财产奉献生命，外界无须再为‘国防预算’未达国内生产毛额（GDP）的 3%, 质疑‘中华民国’缺乏防卫自主的决心。”[⑥]

（二）美国府院在对台军售问题上的态度差异

当前，在对台军售问题上，美国国会表现主动、积极，批评行政部门表现不如人意，并督促他们采取积极姿态；而美国行政部门宁愿谨慎行事，不愿张扬表现，除非中美关系发生重大变故。

美国国会在华盛顿力促对台军售。出于挺台的目的，2014 年美国国会行动迅

① 蔡英文将此语解读为：维持国防预算占总预算的 3%；持续、积极地争取台美军售与各项交流、互动。参见：《美议员团拜会绿营　要台湾展现自卫决心》，中评社台北 2 月 21 日电。

② The Promise of the Taiwan Relations Act：Hearing before the Committee on Foreign Affairs House of Representatives(113th Congress, Second Session), March 14, 2014, p.4.

③ 《美官员表态支持台湾自建潜艇 美可提供技术支持》，《环球时报》，2014 年 9 月 11 日。

④ 《马英九出访中美洲 结束 7 天行程返抵台湾》，中评社台北 7 月 6 日电；《“总统”接见美国联邦众议院军事委员会主席麦基恩访华团》，“中华民国总统府”网站，2014 年 8 月 7 日，http：//www.president. gov.tw/Default. aspx?tabid=131&itemid=32951&rmid=514;《“总统”接见美国联邦众议院‘国会台湾连线’共同主席迪马里及席瑞斯》，“中华民国总统府”网站，2014 年 10 月 10 日，http：//www.president.gov.tw/Default.aspx?tabid=131&itemid=33383&rmid=514.

⑤ 《林郁方：对美支持台湾自制潜舰前所未有乐观》，中评社华盛顿 9 月 9 日电。

⑥ 《邱国正：“潜舰国造”准备已启动》，《〈中央日报〉网路报》，2014 年 10 月 6 日，http：//www.cdnews. com.tw/cdnews_site/docDetail.jsp?coluid=108&docid=102941933.

速、积极推动对台军售。在罗伊斯的推动下，继“与台湾关系法的承诺”听证会之后，4 月 7 日，美国联邦众议院又通过了所谓“H. R. 3470：2014 年确认‘与台湾关系法’与军舰移转法案”。该法案重申美国对“与台湾关系法”的承诺，支持台湾购买 F16C / D 战机与柴电潜艇，授权美国总统在 3 年内向台湾移交 4 艘装备导弹的派里级巡防舰，台湾将支付船舰及其整修费用。① 这项由罗伊斯提出的法案，曾经于 3 月在众议院对外关系委员会层面无异议通过。4 月 7 日，罗伊斯表示，“现在重申我们对台湾和‘与台湾关系法’的强大支持，比以往更加重要”。②12 月 4 日，美国参议院又通过 1683 号法案——《军舰转移法案》，授权美国总统向台湾出售 4 艘派里级巡防舰。③ 由此，奥巴马政府售台武器的动能增强了。

对行政部门在售台武器上的被动、拖沓，美国国会非常不满，并提出尖锐的批评。这点在 2014 年 3 月 14 日众议院对外关系委员会就“与台湾关系法的承诺”举行的听证会的辩论中得到了反映。众议院对外关系委员会主席罗伊斯在听证会伊始就指出，本次听证会的目的在于审查行政部门在履行《与台湾关系法》的巨大承诺方面做得是否足够。在回顾了过去 13 个月两次率领跨党派赴台代表团看到的台湾武备状况的经历后，他总结说，“我勉强认为，在贯彻台湾关系法精神方面，我们做得不够。我们需要在美国做得更多”。④ 国会其他议员也非常关注美国对台军售问题，比如售台 F16–C/D，售台柴电潜艇项目等。在听证会过程中，他们不断就这些问题向代替国务院亚太事务助理国务卿丹尼尔·拉塞尔（Daniel Russel）出席听证会的副助理国务卿梅健华（Kin Moy）提出质疑，并对梅健华的答复感到很不满意，希望美国行政部门能够采取更加积极的姿态。

与国会在对台军售问题上的高调不同，美国行政部门谨慎行事而不张扬表现。这种工作特点实际上包括两个方面：一个方面指行事的内容，指美国政府难以完全忽略台湾的军购需求，因而存在继续对台军售的可能；一个方面指行事的风格，指美国政府不可能张扬地对台售武而漠视大陆的感受，因而会谨慎地斟酌、衡量售武的时机和售武的方式、方法。

---

① “H. R. 3470：Taiwan Relations Act Affirmation and Naval Vessel Transfer Act of 2014, in the Senate of the United States, April 8, 2014, https：//www.congress.gov/113/bills/hr3470/BILLS-113hr3470rfs.pdf.

② “Chairman Royce Applauds House Passage of Vital Taiwan Legislation, April 7, 2014, http：//foreignaffairs.house.gov/press-release/chairman-royce-applauds-house-passage-vital-taiwan-legislation.

③ S. 1683：An Act to provide for the transfer of naval vessels to certain foreign recipients, and for other purposes, https：//www.congress.gov/113/bills/s1683/BILLS-113s1683es.pdf.

④ The Promise of the Taiwan Relations Act：Hearing before the Committee on Foreign Affairs House of Representatives(113th Congress, Second Session), March 14, 2014, p.1.

从内容方面来看，美国政府多次明确对台义务，并将台湾纳入到美国的亚太再平衡战略之中。在 2014 年 3 月和 4 月的众参两院听证会上，美国行政部门的官员已经公开表示，与台湾的关系是美国的亚太再平衡战略的重要组成部分。①在 10 月举行的 2014 年度美台防务工业会议上，美国国务院负责政治军事事务的副助理国务卿查普曼（Todd Chapman）强调，“美国继续强化与中国大陆的军事关系，但不会牺牲美国与台湾的关系”。②所以，对台军售行动仍可能是美国政府在美台安全合作中采取的众多选项的一种。近来，随着美台在军售问题上互动的加强以及共和党在参众两院占据多数的优势，美国政府新一轮对台军售的可能更增加了。

从风格来看，美国行政部门的对台军售，大概会尽量采取避免对中美关系产生严重冲击的温和形式。目前，美国行政部门已多次表示，鼓励台湾创新性地发展自我防卫的能力。③但是，与情绪性特质更为明显的美国国会的行事风格不同，更多体现理性特质的美国政府，对于台湾安全战略上的这种变化，更希望他们能借助于“国造”一途，通过技术转移、企业合作的商业化操作手段，使美台军售问题去政治化，从而使美国政府摆脱发展美中军事关系与开展对台军售两相冲突的困境。然而，即使如此操作，美国政府仍将面临中国政府的坚决反对。据报道，美国洛克希德 - 马丁公司和意大利造船公司 Intermarine 最近签署协议，将帮助台湾海军建造并装备 6 艘扫雷舰。中国外交部发言人已经就此明确表达了反对的态度。④

所以，在未来对台军售问题上，美国行政部门大概还会延续这种谨慎操作的风格，与此风格相适应，对台军售内容的表演成分也将增加。布鲁金斯学会中美安全问题专家波拉克（Jonathan Pollack）认为，“美方完全知道对台军售的敏感性，在实际军售时也会谨慎处理。即便对台军售在谈，未必达成最后协议”。⑤他还以小

---

① The Promise of the Taiwan Relations Act：Hearing before the Committee on Foreign Affairs House of Representatives, p.5; Daniel Russel, “Evaluating U.S. Policy on Taiwan on the 35th Anniversary of the Taiwan Relations Act：Testimony before Senate Committee on Foreign Relations Subcommittee on East Asian and Pacific Affairs, P.1, http：//www.foreign.senate.gov/imo/media/doc/Russel_Testimony1.pdf.

② 《台美国防交流 美提更多合作》,《美丽岛电子报》, 2014 年 10 月 7 日，http：//www.my-formosa.com/ article.aspx?cid=5&id=68050.

③ The Promise of the Taiwan Relations Act：Hearing before the Committee on Foreign Affairs House of Representatives, pp.5-6; Daniel Russel, “Evaluating U.S. Policy on Taiwan on the 35th Anniversary of the Taiwan Relations Act：Testimony before Senate Committee on Foreign Relations Subcommittee on East Asian and Pacific Affairs, P.5.

④ 《2014 年 10 月 31 日外交部发言人洪磊主持例行记者会》，中国外交部网站，2014 年 10 月 31 日，http：//www.fmprc.gov.cn/mfa_chn/fyrbt_602243/jzhsl_602247/t1206200.shtml.

⑤ 《习奥会观察：台湾问题份量有多重？》，中评社华盛顿 11 月 8 日电。

布什政府为例指出，奥巴马政府也可能会效仿其前任政府，将本届政府的军售计划推给后继者。

（三）美台在潜艇议题上的互动

当前，在美台军售问题的讨论中，台湾方面希望从美国购买的有先进战机和柴油潜艇。相比先进战机议题，台湾急迫推动的是潜艇议题。目前，台湾“朝野”在“潜艇国造”问题上已基本形成共识，但是，台湾“官方”在实际工作中采取的是军购与“国造”两案并行的方式。围绕潜艇议题，美台双方在2014年展开了密切互动。

1. 台湾“朝野”的潜艇共识

台湾“朝野”在潜艇议题上已基本形成共识，都强烈希望获得潜艇，支持“潜艇国造”方案，官方也已认真着手自制的准备。2014年，马英九在不同场合已经多次向美国国会议员和行政官员表达了台湾想获得柴油潜艇的愿望。4月9日，马英九参加华府智库战略暨国际研究中心(CSIS)视讯会议，与谈的包括美国联邦众议院“国会台湾连线”共同主席迪马里（Mario Diaz-Balart）及美国前政府高官。座谈中，针对观众提出的有关台湾军事采购和军事现代化问题，马英九说，“为维护国防所需，我国确需柴电潜舰……目前我国内似有共识盼能寻求国外技术协助我国自制潜舰，此系台湾国防重要之考量，本人亦盼美国政府能予我协助”。[①]8月7日，马英九在会见由美国联邦众议院军事委员会主席麦基恩（Howard Buck Mckeon）率领的访问团时表示，为要强化反潜训练，很希望拥有柴油潜艇，以协助台湾加强防卫。[②]10月10日，马英九会见来访的美国联邦众议院“国会台湾连线”共同主席迪马里及席瑞斯（Albio Sires）时再次表示，希望美国持续提供包括先进战机及柴电潜艇在内的各项必要军备，以厚植台湾“国防”实力。[③]

近年来，民进党积极主张推动“潜艇国造”方案。从民进党智库近年来公布的“国防蓝皮书”来看，自2013年6月始提出，民进党又于2014年多次主张并高调宣传下列防务观点：自主研发包括“潜艇”、无人载具和资讯攻防作战等在内的

---

① 《“马总统”与“战略暨国际研究中心”视讯会议：询答纪要》，“中华民国总统府”网站，2014年4月9日，http：//www.president.gov.tw/Default.aspx?tabid=131&itemid=32043&rmid=514.

② 《“总统”接见美国联邦众议院军事委员会主席麦基恩访华团》，“中华民国总统府”网站，2014年8月7日，http：//www.president.gov.tw/Default.aspx?tabid=131&itemid=32951&rmid=514.

③ 《“总统”接见美国联邦众议院“国会台湾连线”共同主席迪马里及席瑞斯》，“中华民国总统府”网站，2014年10月10日，http：//www.president.gov.tw/Default.aspx?tabid=131&itemid=33383&rmid=514.

“国防”装备或技术，振兴“国防”产业，推动“台湾特色军事事务革命”。[①] 民进党“蓝皮书”已明确将“潜艇国造”看作台湾获得潜艇的唯一选择，并积极推动。

2. 台湾官方的潜艇方案

马英九当局虽然一直没有明确否定从美国购买潜艇这一方案，但已明确表示，军购潜艇与“潜艇国造”两案并行。2014 年 9 月 22 日，台湾“国防部军事发言人”罗绍和表示，潜艇军购案仍为现阶段优先选项，另为展现潜艇筹获的决心，“国防部”亦同步启动“潜艇国造”的前置准备作业。[②] 台湾“国防部副部长”邱国正在美台 2014 年度国防工业会议上再次表示，台湾已启动“潜艇国造”准备工作。[③]

所以，台湾“朝野”在潜艇议题上已经达成了一定程度的共识，[④] 台湾官方在不放弃军购潜艇的同时，开始推动“潜艇国造”方案，“国防部”也已认真着手自制潜艇的准备工作。

3. 美台双方讨论潜艇议题

在台方“朝野”凝聚潜艇共识、着手自制潜艇的准备的同时，美台双方在潜艇议题上也展开了直接的沟通，情况令台方感到乐观。首先，美台军方就潜艇问题展开了深入的探讨。2013 年 11 月，由“参谋总长”高广圻上将为首的台军方人员，与经美国国防部授意、由前美军太平洋司令布莱尔上将、前特战司令荷兰上将、前驻韩联军司令夏普上将等高阶将领和美方现任国防部官员联合组成的访问团，开展高层军事会谈。美方建议台湾加快发展无人飞行载具、网络侦搜攻防作战，并根据台军方的作战理念和相关发展规划所需武器装备，提出筹购建议。[⑤] 目前，笔者虽还没有看到，在美台这次军事交流中，美方对台军方潜艇议题给出的具体建议，但是，相信美台很可能应至少谈及军购潜艇案的筹购问题。因为，据《环球时报》报

① 民进党新境界文教基金会“国防政策”咨询小组，《“国防政策蓝皮书”第 1 号报告：民进党的“国防”议题》，2013 年 6 月，第 5 页；民进党新境界文教基金会“国防政策”咨询小组，《“国防政策蓝皮书”第 5 号报告：2025 年中国对台军事威胁评估》，2014 年 3 月，第 2—3 页；民进党新境界文教基金会“国防政策”咨询小组，《“国防政策蓝皮书”第 7 号报告：振兴台湾核心“国防”产业》，2014 年 10 月，第 2—6 页。

② 《争取潜舰 军购国造并行》，《〈中央日报〉网路报》，2014 年 9 月 22 日，http：//www.cdnews.com.tw/cdnews_site/docDetail.jsp?coluid=107&docid=102923612.

③ 《邱国正：“潜舰国造”准备已启动》，《〈中央日报〉网路报》，2014 年 10 月 6 日，http：//www.cdnews. com.tw/cdnews_site/docDetail.jsp?coluid=108&docid=102941933.

④ 有关国民党与民进党在“潜舰国造”议题上的争斗史参见：《潜舰国造 蓝绿支持各提主张》，《〈中央日报〉网路报》，2014 年 10 月 6 日，http：//www.cdnews.com.tw/cdnews_site/docDetail.jsp?coluid=108& docid=102941692.

⑤ 《联台制中 美助我发展“不对称”战力》，《〈自由时报〉电子报》，2014 年 9 月 9 日，http：//news.ltn.com.tw/news/focus/paper/811661.

道，台湾“国防部”一直期待军购潜艇，而“潜艇国造”作为可能选项也于陈永康接任“海军司令”后的2013年11月底公开宣示。[①]而2014年上半年，台湾“海军司令”陈永康就与美国海军作战部长格林纳特（Jonathan Greenert）就“潜艇国造”展开了对话。[②]

其次，为向美方说明获取包括潜艇在内的军购项目的决心，台湾“立法院”积极对美进行了游说，收获了信心。2014年9月初，林郁方率领的“立法院”跨党派代表团访问美国，拜会美国官员和国会议员，争取美方对台军售。据随团访问的民进党籍“立委”陈唐山表示，问询美方出售潜艇的方案是否已死时，美方称没有死，问询台湾自制潜艇需要美方支持转移技术时，虽然没有得到美方绝对的答复，但是，感觉美方认识到台湾是在认真提出“潜艇国造”案问题；林郁方则表示，美国已开始严肃看待、评估“潜艇国造”方案；美国国会众议院外交事务委员会主席罗伊斯则表示，支持台湾发展自制能力或找个国家制造适合台湾沿岸特定条件的柴油潜艇。[③]

对于“潜艇国造”方案支持与否，美国行政部门的态度较为谨慎、保守，倾向于有条件支持。美国国防部官员曾告诉台湾当局，台湾“潜艇国造”计划必须先提出方案，包括武器和电战系统在内，美方要确定取得的潜艇功能“以防卫为主”，才可考虑协助。[④]据台湾《联合晚报》报道，2014年4月14日，台湾“国防部长”严明列席“立法院”会议，民进党“立委”萧美琴就马英九4月参加华府智库会议时提到的台湾自制潜艇问题进行质询，严明就此两度强调，美方认同台湾“潜艇国造”政策，并“将协助我们一起来做”。[⑤]11月6日，美国海军作战部长格林纳特在布鲁金斯学会主办的一个研讨会上说，“（美台）双方持续讨论潜艇议题”，“美国期待着提供必要的协助”。[⑥]与此同时，格林纳特还有意透露，美台之间的互动内

① 《美官员表态支持台湾自建潜艇 美可提供技术支持》，《环球时报》，2014年9月11日。

② 《美官员表态支持台湾自建潜艇 美可提供技术支持》，《环球时报》，2014年9月11日。

③ 《林郁方：对美支持台湾自制潜舰前所未有乐观》，中评社华盛顿9月9日电。

④ 《美国海军军令部长：曾与台讨论潜舰》，《〈自由时报〉电子报》，2014年9月10日，http：//news.ltn.com.tw/news/politics/paper/811936.

⑤ 《严明证实美方将协助我“潜舰国造”》，《美丽岛电子报》，2014年4月14日，http：//www.my- formosa.com/ article.aspx?cid=5&id=57475.

⑥ “US Committed to Taiwan's Defense：Official, *Want China Times*, November 6, 2014, http：//www.wantchinatimes.com/news-subclass-cnt.aspx?cid=1101&MainCatID=&id=20141106000111.

容受控于海军与国务院商定的一个过程。[1]可见，军方的行动要受国务院的政治指导和掌控。所以，这一过程使美国行政部门在潜艇议题上的行动内容与行动风格明显区别于国会，每一个环节和步骤都处于可控和节制的状态之中。

据台湾媒体报道，2014 年 10 月 20 日，华盛顿举行了一场有关东亚潜艇竞争的研讨会。传统基金会的专家成斌和战略评估中心的研究员蒙哥马利都对台湾的“潜艇国造”计划提出了批评。[2]这里有一个值得深思的问题是，尽管早就有专家学者论证过，台湾发展潜艇部队与其提倡的不对称、创新战略是相悖的，既不经济，战力和效能也很差，[3]那么推动美台潜艇议题的动力主要来自哪里？这里至少有两个方面的因素需要提及。第一，美国的武器制造商与相关的利益集团，包括其在国会内的许多代表。比如，“美台商会”、“美国在台协会”、美国国会众议院对外关系委员会、美国“国会台湾连线”的议员等，他们在推动潜艇议题方面比较积极。第二，台湾“朝野”都愿意与美国方面讨论这些大型的、昂贵的武器的购买或这些武器技术的转移，因为，由这些讨论所产生的政治效应，正是台湾方面所渴求的。不管由谁“执政”，它向岛内外展示了美台军事安全领域合作的进展，表明了美国对于台湾安全义务的承诺与履行，说明了美国对于台湾当局强健政治支持的存在，甚至是某种程度的“强化”。由此，台湾“朝野”也获得了某种程度的“信心”，也便利于其获得令岛民“安心”的政治资本。所以，马英九在会见美方人员的时候，最喜欢谈论的就是奥巴马政权六年来对台售武总额达到 183 亿美元的话题，尽管美台双方都有不少人埋怨当前奥巴马军售政策过于保守。

（四）结语

从美台双方和各自内部的政治力量来看，当前，美台围绕军售问题的互动至少涉及两个层面的四种力量：美国的国会、行政部门，台湾的公权力部门和民间。第一个层面涉及美台双方。美台之间在互动中，各自的认知差距日益缩小，并就诸多

---

① The Brookings Institution, “Charting the Navy's Future in a Changing Maritime Domain, November 4, 2014, p.30. http：//www.brookings.edu/~/media/events/2014/11/04%20greenert%20navy/20141104_admiral_greenert_navy_transcript.pdf.

② 《台自制潜舰 是水兵棺材》，《中时电子报》，2014 年 10 月 22 日，http：//www.chinatimes.com/newspapers/20141022000536-260108.

③ William S. Murray, “Asymmetric Options for Taiwan’s Defense, *Testimony for a public hearing of “ Recent Developments in China's Relations with Taiwan and North Korea before the U.S.-China Economic and Security Review Commission*, June 5th, 2014. http：//www.uscc.gov/sites/default/files/Murray%20Paper%20for%20USCC%2027%20May14.pdf.

具体议题展开探讨，特别在潜艇议题上，双方做了深入交流。美国方面有意鼓励台湾大力发展“不对称、创新性的自我防卫”，从而将对台军售与这种防务建设联系起来处理。台湾方面，致力于展示自己的防卫决心，争取美国或者以军售的形式，或者技术转移的形式协助台湾发展防务。第二个层面涉及美台各自内部政治力量的互动。美国国会督促行政部门以积极姿态对台军售，行政部门则感受到国会的压力，产生一种因应的动力。台湾公权力部门和民间在军购问题上既有分歧也有共识。比如当局与民进党在“国防预算”比例问题上的不同意见和在“潜艇国造”议题上的共识。

然而，美对台军售互动还深受中美关系，特别是中美军事关系的影响，这一影响日益增强，使上述两个层面四种力量的互动中不时呈现的情绪性动能，难以突破美中关系中理性力量的约束。如米尔斯海默（John J. Mearsheimer）所分析的那样，我们既希望美国早日走出因台湾问题而造成的“精神分裂”状态，也希望台湾切莫陷入对常规威慑的冒险战略的迷思而最终得不偿失。[①]

四、未来展望

展望未来美台关系的发展，有两个方面的情况需要考虑：一个是影响美台关系的结构性因素，一个是影响美台关系的不确定性因素。其中，这些结构性因素很大程度上会发挥稳定的作用，促使美台关系继续前行；而那些不确定性因素可能会使美台关系发生一些变化，因而出现一些新的情况。

影响美台关系的结构性因素主要为东亚的权力格局及其框定的美中关系。东亚权力格局很大程度上体现在美中权力格局，即美国的东亚盟友体系与崛起的中国之间的权力分布格局上。这种结构性因素目前正处于变动之中，即人们常说的东亚的权力转移。这种变动中的权力转移的大趋势的一个方面是，美国强化与其盟友体系在东亚权力的存在，它反映了美国在东亚实力的下降。按照奥巴马、克里的说法，美国仍会继续领导世界、保持在东亚的权力存在。[②] 大趋势的另一个方

① John J. Mearsheimer, “Say Goodbye to Taiwan, *The National Interest,* March-April 2014, http：//nationalinterest.org/article/say-goodbye-taiwan-9931.

② Barack Obama, “Remarks by the President at the United States Military Academy Commencement Ceremony, May 28, 2014, http：//www.whitehouse.gov/the-press-office/2014/05/28/remarks-president-united-states-military-academy-commencement-ceremony; John Kerry, “Remarks on U.S.-China Relations, November 4, 2014, http：//www.state.gov/secretary/remarks/2014/11/233705.htm; John Kerry, “U.S. Vision for Asia-Pacific Engagement, August 13, 2014, http：//www.state.gov/secretary/remarks/2014/08/230597.htm.

面，即中国权力的崛起。对于东亚这样一种权力转移的现实认知，美国智库曾作过一项调查。该调查揭示，53% 的受访者认为中国将在未来 10 年里在东亚行使最大权力，而认为美国将行使最大权力的，为 43% 的受访者；56% 的受访者认为，中国将是最重要的经济伙伴，只有 28% 的受访者认为美国是最重要的经济伙伴；79% 的受访者认为中国对地区经济发展有积极影响，61% 的受访者认为中国对地区安全有消极影响；尽管美国的权力相对下降，但是仍然有 57% 的受访者期待美国在下个 10 年的持续领导东亚。[①] 台湾受访者对于上述问题的回答分别为：55% 的人认为中国会在东亚的下个 10 年行使最大的权力，79% 的人认为中国对地区经济的发展有积极影响，认为对地区安全有积极影响的只有 24%；认为未来 10 年中国是自己最重要的经济伙伴的达到 90%，而认为美国是最重要经济伙伴的只有 3%；期待美国在下个 10 年继续领导东亚的多达 55% 以上，认为美国在东亚的继续领导最符合台湾利益的超过 60%。[②] 由这些情况可以看出，未来美台关系方面，就经济层面而言，虽然台湾会通过各种途径继续密切与美国的联系，但是要切割甚至是疏离与大陆的紧密联系显然都是不太现实；在安全领域，台湾同样仍会继续努力寻求与美国的密切合作，但是要因此借力于美国铤而走险寻求政治“独立”也不太可能。因此，尽管美国也有意将台湾纳入意涵广泛的再平衡的政策中，但是它在加强与台湾的关系的同时，应该也不排除扩展与深化同中国的关系。[③] 所以，就经济层面而言，可能的发展态势是，台以携手大陆的方式参与 TPP；在安全领域，美台间的安全合作，难以突破中美合作框架的约束，除非中美关系发生大的变动。

就不确定性因素而言，台湾岛内政治势力和美国亲台势力的变化值得关注。从短期来看，美台在未来都将面临着选举情势的考验，然而，受上述结构性因素的限定，美台关系在较长时期内难以出现根本性的波动。短期内，不确定的选举结果可能会对美台关系产生重要的影响。就目前美国中期选举与台湾“九合一”选举之后的情势来看，双方都显现了一种强化彼此联系的动能。从美国方面来看，其恢复掌控美陆台三边互动主动性的意图在高涨，特别是，利用台湾在价值观、战略、经济

① Michael J. Green, Nicholas Szechenyi，Power and Order in Asia：A Survey of Regional Expectations，Jul 17, 2014,pp. 4-8. *http: //csis.org/files/publication/140605_Green_PowerandOrder_WEB.pdf.*

② Michael J. Green, Nicholas Szechenyi，Power and Order in Asia：A Survey of Regional Expectations，Jul 17, 2014,pp. 4-8. *http: //csis.org/files/publication/140605_Green_PowerandOrder_WEB.pdf.*

③ 对于亚太再平衡政策三个要素的概括，参见 Senate Foreign Relations Committee, *Hearing on the Future of U.S.-China Relations*, Testimony of Daniel Russel, June 25, 2014, p.3.

等多层面的角色，强化对大陆的再平衡的主观意识和实际行动会加强；从台湾方面来看，其追求自身“主体性”的动能在增强，为此可能会寻求多种手段，快速靠拢美国。这后一种动能可能会给美国处理中美关系带来一定的干扰，以致美国不得不寻求手段，防范台湾高涨的追求“自主性”的动能反噬自己在美中关系中的目标追求。

2014 台湾“太阳花学生运动”观察

王丰收[①]

2014 年 3 月 18 日，台湾发生长达 24 天的反服贸学生“占领立法院”运动，因其标志物为太阳花即向日葵，因此被媒体称之为“太阳花学生运动”。尽管运动者本身并不尽然认同这一符号，但是业已获得主流认同，因此本文所称的“太阳花学生运动”就是“三一八”学生占领“立法院”及后续的一系列运动。

本文所指学生运动是社会运动和政治运动的一种形式，但是具有自己的组织方式、表现形式和价值偏好等。普遍意义的社会运动大致来讲是指：利益或信念一致的人群发起的共同行动，以非体制内的途径抵抗或推动某一种社会变迁的趋势。[②]学生运动则具有以下特点：一、参与主体为学生，一般以大学生为主，近年来有年轻化的趋势；二、抗议地点往往爆发在首都及大都市，随即迅速导向全国或者地区；三、斗争方式往往与时俱进，使政府和主流社会措手不及，无力应对；四、议题设定往往多变、模糊，呈现出多元诉求的特点。

上溯至 1990 年“野百合学运”的台湾当代学生运动对于台湾社会变迁、政治变迁以及民意表达的关键节点往往有着巨大的影响。有鉴于“太阳花学运”破天荒地占据了台湾最高民意代表机关这一标志性举动，对两岸关系产生了直接而深远的遏阻作用，严重影响了大陆对台工作的延续性，有必要对其进行全方位解析和判断，进而提出因应之策。

---

① 王丰收，北京联合大学台湾研究院研究生。

② 萧新煌、何明修：《台湾全志（卷九）社会志·社会运动篇》，“国史馆”台湾文献馆，2006 年版，第 34 页。

一、“太阳花学生运动”机制分析

“太阳花学生运动”提出自己的行动是基于公民不服从理念进行的社会运动，以此论证自己行为的天然正当，但是其实际作为与典型的公民不服从之间存在着明显的张力。

尽管公民不服从尚无普世公认的定义，但是学界对其有基本共识。根据罗尔斯《正义论》中指出，公民不服从发生的要件如下：1. 背景为民主宪政社会，法治秩序接近基本正义，政治体制具有正当合法性，社会成员有基本共识，并愿意服从当前秩序；2. 抗议对象明显具有不正义性，违反社会基本正义；3. 合法手段已经穷尽，体制内途径明显无效；4. 抗议行为尽管违法，但是可控，并且有觉悟接受法律后果。[①]“太阳花学运”的动机、手段和效果与上述要件尽管有相似之处，但是运动旨趣相去甚远，因为其反体制的色彩十分明显。

表 1“太阳花学运”统计分析表

参与者分析				过程分析			
参与团体	重要人物	主观认同	反对团体	议题设定	目标指向	运动方式	结果走向
社会团体： “黑色岛国青年阵线”、“反黑箱服贸民主阵线”、“公民 1985 行动联盟”等 20 个社会团体 政党： 民进党 “台联党” 绿党 亲民党 群众： 主要以台湾北部都市大学生和研究生为主，“立法院”内 300 人附近；场外最多时 15000 多人；凯达格兰大道游行大约 50 万人（主办单位估计），警方估计为 11.6 万左右。	林飞帆（运动总指挥） 魏扬（“黑岛青”发起人） 陈为廷（学生代表） 黄国昌（“公民组合”发起人） 赖中强（“反黑箱服贸民主阵线”发起人） 黄郁芬（“岛国前进”发言人） 陈廷豪（“台湾农村阵线”参与者）等 22 人	台湾主体认同 弱势群体认同 公民认同 民主认同 左翼认同 环保认同	政府： “总统府” “行政院” “陆委会” “内政部” 政党： 国民党； 中华统一促进党； 新党； 民间团体： 白色正义社会联盟； 公民正义联盟； 台湾向上青年阵线； 台湾劳工福利联盟；	1. 服贸协议退回“行政院”。 2. 先建立两岸协议的监督机制，再用其来审查服贸。 3. 两岸协议的监督机制应符合五大原则：公民能参与、人权有保障、资讯要公开、政府负义务，“国会”要监督。 4. 召开“公民宪政会议”。反对会议由马江召开、反对局限在经贸议题、反对由工商团体主导。	1. 程序正义和政治透明 2. 两岸协议监督和审查 3. 世代正义和草根民主 6.“宪政”改革和直接民主 7. 台湾主体性和“台湾独立”	占领“立法院” 攻占“行政院” 凯达格兰大道游行 学生罢课 发起罢免“蓝委”运动 召开“公民宪政会议”草根论坛 7、网络直播实时传送	1. 两岸协议监督条例开始立法； 2. 服贸协议重新审查； 3. 岛国前进组织成立； 4. 台湾“宪改”议题升温； 5. 社会运动进入新的周期； 6. 协议拉动型两岸关系发展模式受到冲击；

① [美] 罗尔斯：《正义论》，何怀宏译，北京：中国社会科学出版社，1988 年版，第 371—376 页。

注：本表为笔者整理制作，数据来源于维基百科“太阳花学运”词条及参考资料。①

根据数据显示，“太阳学生运动”是一次领导核心明确、政治诉求明晰、传播方式先进的一次政治反对运动，绝非一般意义上的社会运动。理由如下：

（一）运动中心的领导者与参与者

1. 职业的学生运动干部领导

据媒体观察，“黑色岛国青年阵线”是学运的主要指挥，但是“台湾农阵”“人权阵线”“劳工阵线”以及“教授协会”等组织也是重要领导者。初次占领“立法院”的学生在 200 名以上，但是最后只有不足十分之一的成为核心领导人。2014 年 3 月 26 日，以上组织代表 NGO 团体、教授学者、律师团、医疗小组等团体成立 9 人领导小组，其中包括社运团体代表 4 人，分别由“台湾教授协会”会长吕忠津、“农阵”发言人蔡培慧、学者黄国昌、律师赖中强负责与各社运团体联系；5 位学生代表则由学生们各自推举，包括林飞帆、陈为廷、施彦廷等人。

学运幕后策划人、中研院法律所副研究员黄国昌，是“台独”团体“澄社”的前社长，与民进党“学运世代”是同时代人。他长期介入校园改革、司法改革、学运，深受“党外人士”及民进党理念影响。

民进党自 2012 年以来努力争取中间选民与青年世代。一些民进党政治人物与学者明确提出，社运、民主、人权是可以利用且能吸引青年民众的王牌。2013 年李拓梓等人在台湾搞大专院校生政治工作实习计划，以提供民进党议会党团服务处、议员服务处、其他“公民团体”暑假实习生每月近 2 万台币的薪资，以年青学子有机会成为政治工作者的实践以及实习的机会为诱饵，为民进党直接招兵买马。②

带头攻入“行政院”的魏扬是台湾清华大学研究生、“黑色岛国青年阵线”发言人，隶属蔡英文“小英基金会”，曾到民进党“立委”姚文智的办公室实习。学生领袖之一陈为廷，曾担任蔡英文 2012 年“总统”选举时苗栗县总部青年部会长。另一名学生领袖林飞帆曾是蔡英文宜兰竞选总部的青年军。③ 以上，我们可以看出“太阳花学运”的指挥者往往是经验老到的资深社运领袖，并且与民进党蔡英文关

① 维基百科：太阳花学运 http：//zh.wikipedia.org/wiki/%E5%A4%AA%E9%99%BD%E8%8A%B1%E5%AD%B8%E9%81%8B.

② 徐青：《看“台独”势力在“三月学运“中的角色》，《世界知识》，2014 年 09 期。

③ 同上 .

系身份紧密，基本是蔡英文的青年军。这种情形下很难避免外界对民进党尤其是蔡英文暗中操纵的猜测，事实上也的确如此。据可靠消息，学运的经费最早一批来自于民进党“立法院总召”柯建铭，随后苏贞昌也代表民进党帮人帮物，成为学运得以持续进行的重要支撑，因此学运可以称之为一次预谋已久的政治反对运动甚至是“颜色革命”都是不为过的。

2. 议程设置由运动核心制订

根据社会运动的搭便车理论，运动参与主体往往是盲目的、多变的，很多学生就是因为教授放假，在老师带领下去看热闹，在耳濡目染下成为热心参与者。而且他们的行为相对随性，口号、组织、诉求往往追随大流或者别出心裁，不经推敲，充分证明学运参与者尽管声势浩大，但是主导权在少数人手中。证据如下：

①在“立法院”内除了核心干部和记者可以进场以外，普通学生和民众禁止入内；

②场内学生流出在院内开派对的照片，视运动为儿戏，以至引发对于学运的质疑；

③场外的学生不满学运由少数人操纵，成立了贱民解放区，甚至在场外呛林飞帆：“林飞帆，你不是来倾听民意的吧！”[①]

学运是分为场内、场外的，内里是职业学生运动骨干，外部是流动的散户，林飞帆和魏扬等瓜分了大部分学运的成果，成为媒体眼中的学运领袖，而这并未经过学运主体的确认。

3. 参与学生的来源相对集中

近年来，台湾社会运动风起云涌，在一批大学师生的组织领导下成立了诸如“台湾教授协会”“台湾农村阵线”“台湾民主改革基金”等一大批专注于社会运动和政治改革的社运组织，而且在历次的运动中不断学习、改革、壮大，成为本次学运的重要推手和组织者。这批组织者尽管表面上主张超越蓝绿，但是基本上是以反国民党起家的，而且往往比民进党的务实“台独”理念更加激进，成为裹挟民进党无法转型的重要制约力量，“台独”大佬林义雄和史明就是其中的代表。

此次学运的主体是清华、台大等社会学、政治学以及法学等人文社科学科的大学师生，北部、都市、高学历以及文科背景成为他们的主要标志。他们在学校老师的纵容和领导下成为主要的占领力量。

① 马军:《现场直击：矛盾的“太阳花”》,《两岸关系·热点透视》,2014 年第 5 期。

对于“独派”学者来说，街头和课堂是他们的战场，学生是他们的弹药。台湾清华大学社科所所长姚人多，2014 年 3 月 21 日主动发布停课一周的公告，呼吁学生一起投入这场“反服贸学运”，诱使全台湾大学罢课。他们还利用手中的权力，给参与抗议活动而旷课、缺考的学生高分、满分成绩。[①] 出于攀比心理和好奇心，这给了那些本来无心参加学运的学生们一个尝试参与的契机，成为“太阳花学运”无意识的参与者。

如果没有老师的诱导、学校的纵容，这些参与学生很多都不会主动参与或者积极参与学运，但是出于青年人特有的理想主义和好奇心理，在条件允许甚至激励下，使他们成为了占领的主力。

（二）运动诉求的一致性与对抗性

1.“反中”是基本底色

在“反对黑箱服贸行动宣言”中，运动者提出：“服贸最大的问题在于，自由化下只让大资本受益，巨大的财团可以无限制的、跨海峡的扩张，这些跨海峡的财团将侵害台湾本土小型的自营业者。”可见本次学运就是打着为中小企业、中南部以及中下阶层发声，为弱势群体呐喊的旗号。

“台独”是台湾经济社会陷入危机的最大因素。但是经过长期的本土化教育，维持现状成为岛内的主流民意，台湾主体性成为台湾的意识形态。由于本土意识强烈，容不得半点质疑，因此将台湾的问题推到大陆身上，成为很多人理所当然的逻辑。学运参与者指责大陆的打压和统战是台湾无法健康发展的罪魁祸首。两岸协议因为事关台湾的“主权独立”，所以无论看起来多么有利于台湾，都需要严格审查，甚至无限拖延。这就是国家认同异化导致的意识形态危机在两岸关系上的表现。

学运以“为台湾弱势发声，为台湾未来出头”来证明行为的正当性，将“台独”进行了“反抗强权、为民请命”的包装，绑架民意来进行政治操作。“反中”是台湾学运的最大公约数，超越蓝绿，一致对外，这种对立手法的操纵泯灭了岛内本省人 \ 外省人的区别，而将台湾人 \ 大陆人对立起来，既能获得台湾“独派”的欢心，又能消泯外省人挥之不去的省籍原罪，可谓一箭双雕。在学运现场外省人后代以及泛蓝民众也有很多，这种行为成为他们表达台湾认同的最佳场合。

2. 左翼是基本纲领

台湾当前经济不景气、贫富差距拉大、失业率居高不下、青年人无力改善生

---

① 徐养龄等：《停课系所学校 学生多支持》，《中国时报》，2014 年 3 月 23 日。

活，中下阶层和青年人生活水平不升反降，对于国民党执政当局十分失望。人们在经济关系中的地位、社会财富占有状况决定着人们的政治情感、政治归属感。有产阶级和无产阶级、优势阶层和弱势阶层、既得利益者和丧失利益者的政治心理、政治态度往往是相反的。[①]

国民党开出的药方“经济开放”和两岸合作尽管使台湾受益良多，但是老百姓大多无感，认为两岸协议只对大资本、大企业有利。加之两岸协议的签署以往不需要“立法院”审查，在程序上往往引发质疑。中下阶层对于执政当局在政治上越来越不认同。因此学运提出的“两岸协议监督法制化”极易获得社会大众的支持和国际舆论的宽容和谅解，比如法国第二大报《世界报》就以“台湾之春”形容本次事件，认为这是“抗议民众从心坎底发出的呐喊”。

此外，在学运现场“反核环保、土地正义、居住正义以及台湾少数民族权利、劳工权利”等左翼主张也屡见不鲜，左翼成为一代学运青年的意识形态。奉行新自由主义的国民党的发展主义和大佬政治成为这些左翼青年攻击的主要目标。

3. 生活是基本诉求

此次学运诞生了一个新词汇：小确幸。准确地讲是来源于日本，本意是微小而确定的幸福，充满了后物质时代的生活趣味。但是在台湾这个泛政治化的环境中，小确幸代表的私人的、感受的、碎片式的生活方式反而成为了对抗新自由主义话语霸权的符号，成为一种更加公共的、理性的以及整体的生活方式的表述，也就是对于台湾现行生活方式的美化，代表了台湾自由、民主、法治、人权、和平、敦睦等价值理念，具有了形而上的形体和更加固定的内涵。

大陆崛起的事实令他们恐慌，而大陆赖以崛起的理念：发展主义、物质主义以及功利主义成为他们厌恶的对象。这其中既有不同发展阶段彼此观念的错位，也有经过本土化操纵之后的偏见。实际上，大陆青年的生活与台湾青年没有根本区别，面临的生存困境更是如出一辙，但是台湾青年在将大陆标签化、妖魔化的过程中无视这些基本事实，成为一种集体的文化无意识。其实，当代青年的处境很大原因是全球性新自由主义推行的结果，将所有过错推到大陆身上，只能说台湾青年在政治上远未成熟，实际还是不能超脱于“台独”理念。

（三）动员方式的网络化与自主化

本文所讨论的“新媒体”则是指当前在计算机信息处理技术基础之上出现，并

① 丁志刚，董洪乐：《政治认同的层次分析》，《学习与探索》，2010 年第 5 期，第 93—96 页。

且其功能发挥深受数字技术、移动通信技术和网络技术影响的传播媒介之总和。较之于报纸、期刊、电台广播、电视等传统媒体，数字化“新媒体”主要具有以下几项显著特点：互动性、即时性、去中心性、社群性、超媒体性。本次学运，Facebook、PTT 等新媒体起到了关键性的动员、传播和教育作用。[①]

表 2 台湾媒体与公众的互动网络[②]

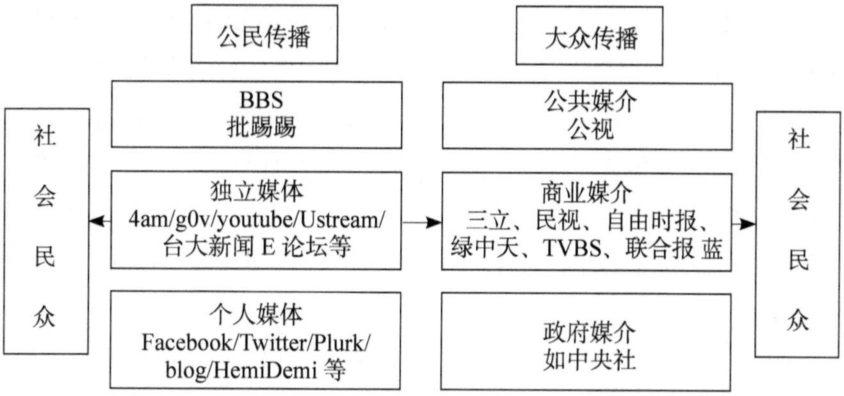

1. 建立在线宣传反服贸平台

反服贸人士首先通过“黑色岛国青年阵线”与“反黑箱服贸民主阵线”的 Facebook 粉丝页，连篇累牍地发布反对公告与抗议信息，然后透过 Facebook 的“赞”与“转载”的分享机制，使得上述信息得以借助岛内 1500 万的 Facebook 用户在岛内迅速流转。又如台湾大学经济系主任郑秀玲组建名为“郑秀玲等学者服贸解密团体”的 Facebook 社群，并且发布了一系列“服贸自救宝典”简报。而为了让上述反服贸信息能更方便的传播，这些简报又被加工浓缩，制成了所谓的“懒人包”。在新媒体的助力下，这些宣扬服贸将“损害国家安全”、“破坏民主”、“造成贸易不平等”的信息材料被大量复制并在网络上流传，被许多人当成认识服贸的权威参考材料，进而深刻影响了岛内部分民众对于服贸的认知。[③]

① 信强，金九汎：《新媒体在“太阳花学运”中的动员与支持作用》，《台湾研究集刊》，2014 年第 6 期。

② 本图修改自修改自陈顺孝（2010）《台湾公民媒体的发展与挑战》，世界文化入口网亚太秘书处网站。

③ 同 1。

2. 通过网络建立动员网络

2014 年 3 月 18 日，国民党“立法委员”张庆忠以 30 秒时间宣布完成《海峡两岸服务贸易协议》备查案，使得社会不满达到高点。“黑色岛国青年阵线”随即于当天在 Facebook 发布了“服贸协议粗暴闯关 人民包围立法院！”的信息，号召民众在 3 月 18 日包围“立法院”。

学生在冲进“立法院”内后，开始架设起影像直播平台“Ustream”，透过一个 Ipad 向院外民众就院内状况进行直播，并引发了百万民众在线观看与讨论。以 Facebook 为主，反服贸组织与人士的网页成为相关信息发布的重要平台，并且成为热门的社会对话空间而获得大量的浏览和关注。透过新媒体，对于服贸的不满情绪被急剧放大和广泛传播，而为了争取更多的参与者加入学运，学运组织者开始利用新媒体扮演“动员中介人”的角色，Youtube、Facebook 等网络媒体平台陆续出现大量动员号召、活动具体时间与地点、参与学运的方式等相关信息，使得此前的信息网络逐渐演变成一个巨大的动员网络。①

在学运开始后仅一周时间，就有 35 万名粉丝加入“反黑箱服贸协议”的 Facebook 社群，“反黑箱服贸协议”发布的声明则被迅速转载与分享，传达到接近 430 万人口 。而“黑色岛国青年阵线”所发布的消息也往往在 Facebook 上被转载达数千次之多。在占领“立法院”后，学运组织者利用新媒体“呼朋引伴”，导致愈来愈多的支持者被动员起来，聚集在“立法院”外声援院内的学生。截至 3 月 21 日 11 点，人数已达 2.8 万之多。②

3. 利用网络塑造自身形象

对新媒体的娴熟应用，使得学运拥有了一个完全独立自主的发声平台。大批学运参与者承担起“公民记者”的角色，自行组建新闻工作小组，编写有利于学运的信息，并进行广泛且几乎无成本的传播。例如，台湾大学新闻所的学生联合岛内多所高校学生所组成的工作小组“台大新闻 E 论坛”便是学运中自媒体的一个代表，该群组成员以社交应用软件 Line 互相联络与审稿，每日能发布数十条新闻至 Facebook 的群组网页上。③

2014 年 3 月 23 日，上百名学生与民众包围台湾“行政院”，随后又突破警戒“占领行政院”。行政当局被迫在数小时后开始采取“强制驱离”行动，并导致数名

① 同上。
② 吴中杰：《史上最大学运推手：自由网工具》，《商业周刊》，2014 年 4 月刊。
③ 同上。

学运参与者受伤与送医。尽管警方在行动之前特意驱散了在场的新闻媒体，以避免驱离画面与景象被曝光，使矛盾进一步激化，但是抗议学生利用随身携带的新媒体移动终端，拍摄了大量的现场警察实施武力驱逐的照片和录像，并迅速上传至Facebook、Youtube等网络平台，从而为公众所知晓，并被诸多新闻媒体所广泛采用和转载，从而树立起学生的“受害者”形象。①

4. 组织全球互助和支持网络

为了吸引国际的关注与支持，并且借此向台湾当局施压，学运组织者还积极运用新媒体，推动“太阳花学运”的全球化。例如参与反服贸的学生组成了35人的翻译团队，将学运相关主张与信息翻译成30种语言，透过新媒体以数字化的方式上传至国际互联网。一群台湾海外留学生甚至还在美国白宫网站发起所谓的“反对两岸签署服贸协议的请愿案”联署活动，希望能够在一个月内收集10万人联署，以争取奥巴马政府对请愿案做出回应。随后，支持者开始大量转贴相关信息，甚至制作了如何进行联署的教学视频在网络上公布，以争取海内外反服贸的民众进行联署投票。②

新媒体为全球各地关注学运的人士提供了了解学运的渠道，也为学运争取到了一定的支持与同情，并在此基础上形成了一个广泛的互助网络，使得“反服贸集体意识”在一定程度上被扩散到了全球。

5. 建立资源筹集和人员管理机制

新媒体在学运中的一个重要功能是通过对资金、人力、物力等资源的筹措和管理，使得旷日持久、耗费巨大的学运得以开展和维持。

在新媒体帮助下，同情学运的人士则可以迅速地向学运提供资金与物资支持。例如，3月24日“行政院”驱离学生事件发生之后，部分学运参与者开始“Flying V”③发起募款号召，在短短三个小时内就得收到了3621位人士的捐款，募集款项高达633万新台币。利用募集的巨额资金，学运支持者甚至购买了《苹果日报》的头版广告与《纽约时报》国际版的广告版面，用来刊登“太阳花学运”与“行政院驱离事件”。

为了延续对“立法院”的长期占领，学运参与者开发出一个名为“反服贸立法

---

① 信强，金九汎：《新媒体在“太阳花学运”中的动员与支持作用》，《台湾研究集刊》，2014年第6期。

② （台湾）“中央社”：《网民反服贸 上白宫请愿网连署》，《中时电子报》，2014年3月20日。

③ Flying V为台湾近年来兴起的知名大型公开网络募款平台。

院 Facebook 好友排班表”的排班软件。利用这一软件，学生能够透过 Facebook 与其好友相互确认排班的状况，并做出更为精准的轮换值班规划，防止在“立法院”现场的人员过多或过少。[①]

二、“太阳花学生运动”特点分析

（一）行为的激进性与保守性

1. 占领行为的激烈

在 2014 年 3 月 21 日上午，施明德大女儿施蜜娜在经过议场内部学生的同意下，开始在“立法院”议场外墙上计划喷写“当独裁成为事实，革命就是义务”字句，[②] 喷漆完成后则获得学生的欢呼。将民选的马英九当局视为“独裁”，对待它的方式就是“革命”，这意味着对于当局合法性的彻底否定。

本次学运的直接动机是服贸重审和两岸协议监督，但是对于台湾“宪政体制”改革和直接民主具有持续而强烈的诉求；在运动方式上以和平方式为主，但是占领“立法院”和“行政院”本身就严重违法，并且不断发生警民冲突；在议题设定上表现出对于国民党当局和整个体制的不信任，与当局的政治互动中总是不断提高价码、逼迫当局就范，充满了不妥协精神；在两岸关系上主张维护台湾的主体性，坚持两岸“一边一国”，“台独”倾向十分严重。

“太阳花学运”的主体是青年学生，这意味着台湾青年人突破了传统的政治社会化过程，既有的政治参与体系已经不能满足青年人的政治需求，他们试图通过体制外的激烈社会运动提前挤进政治社会，政治参与的低龄化必然导致台湾政治文化的变迁。这种趋势具有两面性：用之于正，青年人的批判性、理想性既会给台湾政治和社会带来新鲜活力；用之不正，他们的激进性和对抗性又有可能撕裂台湾社会。由于青年人尤其是青年学生的勇敢抗争往往容易获得社会同情，迫于民意，执政当局往往不敢过于压制。马英九当局就处于这种困境，无法使用合法手段处理学生运动，导致处处被动，威信尽失。[③]

2. 政治互动的平和

此次学运爆发的导火索是国民党“立委”将服贸协议强行闯关引发的争议。国

---

① 信强，金九汎：《新媒体在“太阳花学运”中的动员与支持作用》，《台湾研究集刊》，2014 年第 6 期。

② 顾佳欣：《议场墙外喷漆：当独裁成为事实，革命就是义务》，《中时电子报》，2014 年 3 月 21 日。

③ 王丰收：《“太阳花学生运动”的身份政治分析》，《首届两岸学子论坛论文集》，2014 年 7 月。

民党此举本意虽好，但是失之于急，欲速则不达，既给了学运一个天赐良机，也给了学运一个发力的标靶，得不偿失。

学运参与者批评国民党执政体系充满问题：一是过于封闭，不能及时有效地接纳各种信息，不重视来自各方面的要求和意见，致使人民的利益无法得到维护，不是在解决问题而是再制造矛盾；二是国民党执政团队运行不透明、低效率，弊案频发，透支了人民的信任；三是马当局政治决策不民主、不科学，没有民意和“国会”监督，导致决策屡屡失误，并且执行不力；四是执政当局无法及时反馈民众意见，缺乏自我修复和纠错能力，一意孤行、执迷不悟。

这些指控很大程度上是对于程序正义的追求，因此尽管会诉诸直接民主，但是最后学运的诉求实际并不激进，主要追求“立法院”在民众的监督下推进两岸协议：我们代表人民夺回“立法院”；在野党加入我们；马英九到“立院”回应民意。[①] 主要是要求将服贸协议退回实质审查，反对国民党违反程序正义。

学运的要求可谓是高高抬起，轻轻落下，获得了台湾民众的基本支持或者肯定，为最后的和平退场奠定了基础。

（二）过程的互动性与教育性

1. 实践直接民主

学运参与者提出召开“公民宪政会议”，包含以下内容：宪政体制、选举制度与政党制度、两岸关系法治基础、社会正义与人权保障、经济政策与世代正义等内容。同时反对会议由马江召开、反对局限在经贸议题、反对由工商团体主导等等。4 月 6 日下午，学运组织又在“立法院”周边济南路和青岛东路举行“公民宪政会议草根论坛”，各约有 400、500 位青年学子与各行各业的民众参与，就为何要召开“公民宪政会议”、“公民宪政会议”要处理什么样的问题、如何进行三大方向进行草根性民主的讨论，并透过这种由下而上的草根民主，凸显代议政治失灵、无法真实反映民意时，人民有权透过这种形式，拿回属于人民的权利。[②] 从最高层的“宪法”改革进程到最具体的经贸会议，学运都是主张另起炉灶，排除他们不认同的一切制度和人物，这是一次明显的反叛行为，远远超出了公民不服从的边界。

---

① 《台湾 100 名学生占领立法院抗议两岸服贸协议 宣称占领 63 小时》，观察者·区域，2014 年 3 月 19 日。

② 《草根拼修宪 推动公民宪政会议》，《中时电子报》，2014 年 4 月 6 日。

2. 街头民主授课

“太阳花学运”期间，台大、清华社会学系的教授在现场对学生进行了“民主”教育，为学生提供精神鼓励和理念支持，并且出谋划策，成为台前幕后的表演明星。教师的榜样是无穷的，无形中为学生中卸下了离经叛道的道义负担，转而化身为革命斗士，这些老师没有为学生们解答问题，而是在混淆问题、模糊问题甚至制造问题，可以说这些学运老师不管居心如何，都不是传道授业解惑的导师，其本身就是问题的一部分。

学运之诉求有其合理之处，但不代表他们提出的方案就一定可行，这需要客观的分析、审慎的判断、公允的执行。以激情替代理性、以愤怒替代思考、以两岸关系替代自身问题，毫无疑问这些老师在本职上失职的，甚至是误入歧途。如果是故意为之，更是居心叵测。而随后公民组合的成立，中研院黄国昌、范云等老师成为学运之后的政治明星无疑论证了这个假设。

（三）影响的草根性与广泛性

1. 基层组织的经营

在学运之前、之中、之后，围绕着反服贸、反核四、反威权等主题成立了很多社会组织，借助此前学运的教育和经验，这些组织往往诉求明确、制度严密而且拥有资源和理念支持。比如“岛国前进组织”就囊括了林飞帆、陈为廷、黄国昌等学运骨干；“基进侧翼”声名大噪，成为“南台湾左翼台独”的一个旗帜；“公民组合”更是成为政党组织，成为学运精英消费学运遗产的主要平台。未来第三势力的崛起能否成功，很大程度上取决于这些骨干如何利用学运这面旗帜。

2. 舆论传播的广泛

“太阳花学运”是近年来台湾参与人数最多、历史最长、影响最大的社会运动之一，“占领立法院”更是成为其标志性的象征。学运通过网络传播至少二成的民众转发过相关信息，媒体 24 小时无缝播放更是放大了学运的影响。

海外台湾留学生的声援和海外媒体的广泛报道，助涨了其全球性影响，甚至被称为“台湾之春”，上承占领华尔街和阿拉伯之春，下接香港占领中环运动，成为全球性反新自由主义运动的一环。

“太阳花学运”以其鲜明的新媒体特色和富有想象力的占领行为成为台湾民众不可忘却的记忆，其记忆传承、刻画乃至变迁将继续成为影响台湾社情民意、政治变迁乃至两岸关系的重要变量。

三、“太阳花学生运动”背景分析

(一) 美国出手操纵

1. 美国默许发生

现在没有直接证据证明是美国直接参与了“太阳花学运”的筹划，而且诸多迹象显示美国对马英九当局信任有加，因此不太可能直接参与。但是美国在颜色革命的角色世人皆知，即使不是其直接策划，也不妨碍美国居中调节控制，并且从中渔利。“太阳花学运”反中不反美，直接打击了大陆在台湾的实质影响力，这是美国喜闻乐见的。但是又不能使他们过分挑衅大陆，以免局势不可收拾，因此“太阳花学运”的自主性也许可以相信，但是仅限于爆发那一刻，之后的活动都在美国的掌控之中，并且为美国服务。

2. 美国即时叫停

3 月 30 日，“美国在台协会”（AIT）理事卜道维（David Brown）在美国的“尼尔森报道”撰文，批民进党挺反服贸学运是为了在 2014 年底“七合一”选举获利使然，且公开质疑反服贸抗争的正当性。布朗发难后，AIT 前理事主席卜睿哲(Richard Bush) 以现任布鲁金斯研究所东北亚政策研究中心主任的身份，对反服贸发言，有人质疑民进党挺学运的背后思维，甚至提醒美国政府，再不采取行动，台湾问题可能成为中美关系引爆点。

紧接着，在台湾时间 4 月 5 日，美国国务院主管亚太事务的助理国务卿丹尼尔·拉塞尔（Daniel Russel）在美国参议院外交委员会举行的听证会上，首度公开表态支持马政府签订两岸服贸协议，推崇为“两岸关系的杰出进展”，并呼吁反服贸学生应避免暴力抗争。这是美国官方最直接明白的表态力挺马英九。

香港《亚洲周刊》4 月 14 日报道称，美国施压绿营叫停台湾学运。台湾学运在持续三周之后，由于美方背后出手救马英九，对绿营施压，也对“立法院长”王金平施展最大压力，才让学生走出议场，也避免当局采用武力清场的方式，避免了流血冲突的危机。

在美方相继表态以后，王金平首度在六日出现于议场，民进党“立院总召”柯建铭和国民党、民进党“立委”都陪同王金平到议场内慰问学生。当王金平表明他对服贸的立场是“先立法（两岸协议监督条例），再协商（朝野服贸协议的协商）”之后，学生、民进党、国民党及王金平都得到了最大公约数，学生也积极考虑退场机制，并在四月七日正式宣布十日下午六时将会退出立院。

美方施压后才一周，整个学运就从 3 月 30 日的五十万人上街的高潮，下坠到 4 月 7 日的宣布退出。美方确实在台湾拥有举足轻重的关键力量，又让外界见识到台湾可以“去中化”、“去日化”，就是不能“去美化”。[①]

（二）岛内酝酿已久

1. 蔡英文幕后策划

蔡英文在 2014 年 4 月 15 日在宣布角逐民进党主席时提出三大改革方向，其中一项是培养新一代政治人才，第二项是重建民进党与“公民社会”的信任，要与“公民社会”联结，让社会走进民进党，让民进党走向社会。这些措施收到了良好的效果。受到民进党诱惑的一批批年轻人已经成为这些运动的街头前锋，或是深耕社区的草根工作者。这种将抗争运动重心放在高校与青年上的好处在于核心决策者可以躲藏在运动之外，而又能实际收割运动的成果。而且利用青年学生开展运动的好处，还在于互联网世代的青年学子虽然有了一定的独立思维，但可塑性强，仍然易被煽动。

同时《观察》杂志报道：让“府方”感受最深的幕后人物是民进党前主席蔡英文，府方也认定学运的决策核心大都出自“小英基金会”的阵营，很明显是蔡英文积极培养的社运人才；因此，民进党的力量也是学运幕后黑手。

2. 王金平顺水推舟

据报道，从学生闯进去的第一时间，警政署长王卓钧即电话通知王金平，打算派千名警校学生到“立院”，以 4 个警校学生抬一个反服贸学生的方式当晚就清理现场，只不过王卓钧的构想立即被王金平拒绝，王金平表明，现场除了学生之外，还有民进党“立委”，警校学生不可能将他们用抬的方式驱离现场。

据“总统府”内部人士表示，王金平在一开始的动作就造成了后来整个事情卡住，因此，“府方”把事件扩大也归咎王金平，并把学生背后支持的力量也算在王金平身上。

“总统府”在拆解反服贸学运的攻防上，一开始就要求王金平在学运上表态，马英九还有意召开“院际会议”，来解决国民党“内政委员会召委”张庆忠的 30 秒钟事件，并一直锁定反服贸风波仅在立法秩序问题，而不是实质问题。马英九的“院际会议”却遭王金平否决，甚至要求马应直接与民意对话。王金平这个动作更

---

① 《港媒：美国施压绿营叫停台湾学运 王金平、蔡英文是学运支持者》，观察者网，2014 年 4 月 15 日。 http：//www.guancha.cn/local/2014_04_15_222123.shtml

让“府方”认定他是学运背后重要的支持者。[①]

四、“太阳花学生运动”影响分析

（一）青年世代崛起

1. 青年选民成为选举关键

“九合一”选举中，国民党大败，民进党和无党籍大胜。究其原因，很重要的一点就是青年选民大部分都投给了民进党和无党籍的柯文哲。柯文哲为代表的第三势力往往将国民党塑造为权贵集团，借助台湾全社会反权贵反官商的心态，将自己的竞选纲领定位在青年弱势群体的代言人，成功地获得了青年选民和中间选民的支持。

2. 青年参政成为政治常态

“太阳花学运”之后，“公民组合”等政党成立，力争做台湾的第三势力；民进党“民主小草计划”中鼓励青年人深耕基层，竞选村里长；在“九合一”选举中，青年人积极投身候选人的竞选阵营，为他们出谋划策，成为柯文哲新式网络竞选成功的重要助手。青年人以实际的姿态成为台湾不可忽视的政治力量。

3. 青年语言融入主流社会

一般来讲社会的中坚力量往往是中年男性精英，他们的价值观往往代表着主流价值观，主张秩序和效率，偏于保守，国民党的成功就在于能够获得这些精英的支持。而学运之后，在整个台湾民粹甚嚣尘上的情况下，激进语言往往更能够获得舆论的青睐，青年特有的理想主义激情恰逢其时，他们特有的创造力体往往体现在新语言的创造，语言意味着话语，青年人逐渐成为主流社会的一个组成部分，而不再仅仅是被影响、被形塑、被控制的世代。比如小确幸、小清新等青年网络用语很快因为接地气成为台湾社会的主流用语，这就是明证。

（二）台湾政局变化

1. 马英九当局受到重创

“太阳花学运”之后，两岸关系逐渐成为马当局的负资产，张显耀事件更说明马当局的自保心态。随后的“九合一”选举给了马英九致命一击，执政团队人心涣

---

① 《港媒：美国施压绿营叫停台湾学运 王金平、蔡英文是学运支持者》，观察者网，2014 年 4 月 15 日。 http：//www.guancha.cn/local/2014_04_15_222123.shtml

散，提前跛脚，“张王会”推迟、金溥聪病退、王郁琦辞职，一切都说明马英九当局已经无力稳定执政，遑论推进两岸关系。

2.“立法院”地位上升

“太阳花学运”以后，“立法院”取得了两岸关系的主导权，“两岸协议监督条例”通过以后，“立法院”将成为两岸协议能否顺利谈判、通过以及生效的关键。立法权和行政权之争以前者的获胜而告终，未来“修宪”将进一步巩固“立法院”的地位。

3. 蔡英文成为绿营共主

“太阳花学运”以后，蔡英文作为唯一候选人成为民进党主席，并重新主导了民进党的两岸政策，并且制定了和青年社会运动以及第三势力分进合击的策略，通过在野大联盟在“九合一”选举中大获全胜，蔡英文的共主地位空前稳固，并且成为 2016“大选”民进党唯一候选人，鉴于绿涨蓝消的局势，蔡英文几乎稳赢，成为学运之后最大的赢家。因为民进党即将执政，此后蔡氏社运路线是否会进行调整，值得观察。

（三）两岸关系受挫

1. 服贸协议直接受阻

服贸协议在学运之后重回“立法院”审核，而且在议事日程中还排在“两岸协议监督条例草案”之后，后者因为选举临近也被视为非紧急议案而受到忽视，因此服贸协议的审核乃至通过将遥遥无期。

2. 协议监督日趋严格

鉴于目前国民党空有数量优势而无议事主导权的现状，以及未来“立法院”很可能出现的绿大蓝小的局面，未来的“两岸协议监督条例”很可能偏向民进党甚至第三势力的版本，照现有提案来看，未来两岸协议的谈判、签署、审核生效将耗时很长，而且有中间夭折的可能，所以未来两岸协议将面临重重困难。

3. 两岸关系陷入被动

太阳花学运之后，协议驱动型的两岸关系何去何从？既有的两岸协议未来是否有效？未来的两年协议能否顺利签署？这些都存在巨大疑问。大陆尽管努力调整对台工作政策，努力使两岸红利惠及台湾人民，但是缺少岛内政治力量的配合将很难落到实处。未来两岸关系如何获得推动发展的动能，考验着两岸的智慧。

2014 台湾社会历史记忆观察

李　光[①]

（一）台湾社会现象背后的历史记忆及其嬗变

本年度台湾社会发生诸多事件，这些事件反映了台湾形形色色的现实问题，大家都从不同地角度给予了分析，不过，从这些光怪陆离的事件背后，反应的是台湾社会历史意识的变化。我们可以在“太阳花学运”中，看到“中国滚出去”的标语；我们可以在台湾各种报纸上看到不同的纪元方式；我们更可以看到“九合一”选举中，某些势力不停地运用乡土情怀去冲击中国情怀等等。这林林总总让我们不禁去思考为什么一个针对当局政策的反对运动会夹杂着“反对中国”，为什么一个类似于地方性质的选举会炒作“亲中卖台”。从以上问题，需要对于台湾社会运动背后的历史意识进行思考，在各种历史意识中，尤以历史记忆在台湾社会运动中，起到了极大的影响意义。

历史记忆是集体记忆的一种，它是一个社会群体的集体记忆中以这个群体所认定的“历史”而在群体成员中普遍流传的对往事的记忆。历史记忆在最基本的层面上影响每一个普通人的思维和实践，在最广阔的层面上影响着现在和未来，甚至在具有颠覆意义的层面上重新书写过去的历史。在这个意义上，历史记忆突显其一个核心特征即它的可建构性与重构性。自国民党败退台湾六十多年来，台湾社会历史记忆发生了很大的变化。在这一嬗变的过程中，建构与重构意味明显，其影响较为深刻。台湾社会种种名相的背后是台湾社会的历史记忆嬗变。因此有必要从台湾历史记忆的内容与过程入手，论述嬗变原因及其影响，在历史认知与社会意识等层面尝试解释台湾现实问题。

① 李光，北京联合大学台湾研究院研究生。

1. 历史记忆内涵、特征及其意义

想要对台湾社会的历史记忆及其嬗变进行分析，就要先对历史记忆概念本身进行分析。历史记忆这一概念在历史学科早有存在，传统历史学认为，“历史记忆分为狭义与广义之分，狭义上是指历史事件的亲身经历者或目击者对历史事件的记录和回忆。广义上是指在狭义基础上，还包括历史学家对第一手资料加以整理和编纂形成的历史著作”。① 由此不难看出，传统历史学从亲历者或专业人士对历史事件的回忆、记录与编纂的角度来理解历史记忆。二战后，新史学得到了长足发展，它对于历史记忆，开始突破史料型还原与编纂走向记忆本身以及记忆和历史之间关系的研究。即“记忆离不开社会、集体，是在现有的社会文化资源背景下对过去的重构，进而出现社会记忆、集体记忆与历史记忆”。② 再进一步比较三种记忆后，得出“历史记忆在三种记忆中的范围最小，指集体记忆中以该社会所认定的历史形态呈现与流传的那部分记忆”。③

综合比较传统史学与现代史学对于历史记忆这一概念的理解，可见二者都是强调着亲历者或是研究者在记忆或记录的基础之上进行还原与编纂。所不同的是，现代史学比起传统史学来，在历史记忆的还原与编纂方面，更加注重记忆本身、记忆主体与载体及记忆建构与重构等等方面的研究，从而将历史记忆从传统史学的史料性研究转变为现代史学的认识论与方法论性质研究。那么结合传统史学与现代史学，笔者认为，历史记忆的内涵应该是从历史记忆本体对于往事记忆的认定与评价进而上升为一种历史观念性质的意识。即陈孔立先生所归纳的“所谓历史记忆是集体记忆的一种，它是一个社会群体的集体记忆中以这个群体所认定的‘历史’而在群体成员中普遍流传的对往事的记忆”。④

在比较分析传统史学与现代史学而得出历史记忆的内涵之后，那么历史记忆的相关特征也自然显露出来。历史记忆最核心的基本特征就是其可建构性。记忆主体是人类，从人类学角度来看，人类的记忆时时刻刻存在着遗忘与断档。即“历史经验在获得表现之前，以分散、零碎、暂时性或永久性遗忘等状态存在”。⑤ 因此，

---

① 张荣明:《历史记忆与历史真实》,《学术研究》，2010 年第 10 期，第 108 页。

② 余霞:《历史记忆的传媒表达及其社会框架》,《武汉大学学报（人文社科版）》，第 60 卷第 2 期，第 254 页，2007 年 3 月。

③ 王明珂:《历史事实、历史记忆与历史心性》,《历史研究》，2001 年第 5 期，第 138 页。

④ 陈孔立:《台湾社会的历史记忆与群体认同》,《台湾研究集刊》，2011 年第 5 期，第 1 页。

⑤ 陈新:《历史认识——从现代到后现代》,（第一版），北京：北京大学出版社，2010 年版，第 24 页。

历史记忆的可建构性表现为两个方面：一方面是对于原有记忆的选择性唤醒，另一方面是对于记忆主体进行调和式植入记忆。此外，历史记忆的另一个基本特征就是其相对稳定性。之所以具有这样的基本特征，是因为历史记忆是人类关于往事事实及评价方面的基本性记忆。那么相对稳定性表现为两个方面，一方面这种相对稳定性是长时间性地存在于记忆主体之中的，另一方面这种相对稳定性是不易为其他记忆客体所替换的，即维持空间意义上的稳定。历史记忆的第三个基本特征是其认知真实性。历史记忆是人类的深层潜意识认知，从心理学的角度来讲它必然为记忆主体认知为真实。

2. 历史记忆嬗变的内涵及其实现过程

从历史记忆的内涵、基本特征及其意义来看，历史记忆并不是固定不变的，它往往伴随时代发展与主观重构而不断变化的。历史记忆是从历史记忆本体对于往事记忆的认定与评价进而上升为一种历史观念性质的意识。那么这种意识所发生的变化，就可以称为历史记忆的嬗变。这样一来，实现这种意识的改造便成了历史记忆嬗变的核心问题，就此，我们可以得出历史记忆嬗变的内涵，即历史意识经过筛选、重构、固化及刻写后，成为社会普通民众历史记忆的一部分。从这个内涵不难看出，历史记忆嬗变是一种重构式嬗变。在重构式为内涵的嬗变过程中，主观建构与客观环境这一对因素对于历史记忆嬗变的程度、频率等等有着决定性影响。台湾社会历史记忆嬗变之所以如此程度剧烈、反差之大就在于其主观建构之深和客观环境变化之大。

历史记忆嬗变一般是建构的结果，实现历史记忆嬗变包括三个方面的内容，即嬗变手段、嬗变内容及嬗变效果。嬗变手段主要有：见证人报道，就是以见证人的身份进行历史记忆；复述者再现，就是一复述者的视野建构历史记忆；想象重塑，以特定人群的想象丰富历史记忆。[①] 比如，将台湾 20 世纪 50、60 年代普通历史记忆变为“白色恐怖”历史记忆就是以当事人进行回忆，受害人或亲历人进行描述，再辅以相关史学家、文学家等渲染，终将“国家动员戡乱”记忆变为“独裁白色恐怖”记忆。嬗变内容表现在两个方面：一个是指向内部，另一个是指向外部。指向内部是指对于原有的历史记忆本身进行重构，指向外部是指围绕着历史记忆的相关内容也进行相应的变革。嬗变效果是历史记忆重构式嬗变是否成功的标志。根据历史记忆的相关内容，如果想要实现成功的嬗变效果就要紧紧把握嬗变过程中的回溯

① 余霞：《历史记忆的传媒表达及其社会框架》，《武汉大学学报（人文社科版）》，第 60 卷第 2 期，2007 年 3 月，第 254 页。

本源和斩草除根两方面。一方面，历史记忆的重构很大程度上是植入一种历史认知或意识，如果不能在原来基础性的深层记忆中找到本源，是很难实现植入历史记忆的成功。另一方面，历史记忆的重构是将原有记忆链条的某一部分进行替换，替换者与被替换者是相悖的，因此必须将被替换记忆彻底剔除。

(二) 台湾社会历史记忆的嬗变

1. 光复台湾到 20 世纪 70 年代

这个时期是从 1945 年光复台湾起到 20 世纪 70 年代国民党开始本土化与台湾国际法空间被压缩终。在这个时期，台湾社会存在着两种历史记忆。一种是国民党推动的主流记忆即大中国记忆；另一种是台湾民间所形成的非主流记忆。

1945 年 8 月 15 日日本投降，根据《开罗宣言》等相关国际法文件，当时的国民政府光复台湾。本来并没有把台湾过多放入眼中的蒋介石却因一败涂地的内战而仓皇渡台，台湾成为其与国民党最后的立足之隅。为了能在台湾继续所谓“法统”及实现“反攻大陆”的目的，国民党在台湾社会积极建构以大中国记忆为核心的主流历史记忆。国民党当局对于中国近现代史进行选择性筛选，将其与国民党置于完成中国近现代之伟大革命执行者与完成者的位置，细述其及其领导国民党在中国近代史上的一系列成就。在这个过程中，还辅以对共产党破坏革命记忆的植入与日本残暴殖民台湾记忆的唤醒。这样一来，包含着一个以“国民政府”临时在台，完成包括台湾人民在内的全体中国人最终革命胜利（即“反共复国”，建立现代化）为核心目的，以大中国为基本认同的大中国历史记忆初步建构完成。而后在大中国历史记忆的固化与刻写方面，采取了一系列重要的手段，如：国民党采取“去皇民化”运动，逐步在信仰、认同、生活习惯等方面极力排除日本因素的影响，取而代之的是中华民国认同，三民主义信仰以及讲国语穿国服生活习惯等。在大众宣传方面，极力渲染“中华民国”荣耀、日本殖民残酷与共产党在大陆的种种劣行。为了更好地将大中国社会记忆更普遍更长久地注入人心。在教育与学术研究方面，国民党更是将大中国记忆与中华民国情结植根于教育思维之中，就连出国留学都要加试三民主义等等科目。① 学术研究也要围绕大中国进行服务等等。如：这个时期的历史研究限制台湾史学研究，加大国民党史与中华民国史研究。中研院近史所成为台湾历史研究的核心部门，以秦孝仪等为代表的党史研究和郭廷以、李国祁等大中国

① 郑刚：《近 60 年（1949—2009 年）台湾地区公费留学政策的历史变迁》，《河北师范大学学报（教育科学版）》，2011 年 7 月，第 27 页。

历史研究都是核心研究内容。

不过，国民党所推动大中国历史记忆并不是这个时期台湾社会唯一的历史记忆。大中国历史记忆得到了国民党当局极力推动与政治支持，但台湾社会还是出现了不同于大中国历史记忆的民间性历史记忆。台湾社会这种民间性质历史记忆的产生并不是台湾社会本身要建构一种独立的新的历史记忆，而是基于对国民党当局构建大中国历史记忆时前后的相关政治制度与政策执行的反抗。这种民间性历史记忆并不是反对中国记忆或是中国认同，只是因为国民党当局将其独裁统治与大中国历史记忆相捆绑，在反对国民党威权统治的同时，也冲击了大中国历史记忆。因为大中国历史记忆的建构与论述为国民党当局所独占，所以台湾社会出现了不同于大中国的历史记忆。这些历史记忆选择性地唤醒台湾民间对于国民党当局独裁统治的认同，将国民党当局丑化形象变为台湾社会的刻板印象，进而将国民党当局的统合式历史记忆的建构解释并宣传是为国民党当局独裁统治进行服务。这个时期台湾社会的民间历史记忆并没有独立成体系的论述，也没有造成较大的影响，不过这种民间历史记忆的存在及其对大中国历史记忆的反抗对后来台湾社会历史记忆的嬗变埋下了伏笔。

2. 20 世纪 70 年代到 90 年代

这个时期是从 20 世纪 70 年代国民党开始本土化与台湾“国际空间”被不断压缩起到 90 年代台湾进入所谓李登辉时代终。在这个时期，台湾社会原有的两种历史记忆发生了嬗变。国民党推动的主流历史记忆即大中国历史记忆绝对主流地位的维系出现空前困难，国民党不得不采取台湾本土记忆作为大中国历史记忆的补充内容；原有的台湾社会民间性质的以反国民党独裁统治为目的的历史记忆逐渐开始摆脱其工具性作用，开始走向体系化独立建构，后期逐渐为“台独”历史记忆建构者的利用。这个时期纵然大中国历史记忆还是居于主流的地位，不过它的存在根基与论述能力都大大减弱。

随着 20 世纪 60 年代国民党反攻大陆计划的屡屡搁浅，到了 70 年代台湾已经放弃实质意义上的“反攻大陆”，两蒋过渡时期，蒋经国把主要精力已经放在台湾岛内建设上面。国民党从以台湾为临时基地转向深耕于台湾社会，开始所谓“本土化”战略。加之，1971 年 10 月 25 日联合国恢复中华人民共和国合法席位，1979 年中美建交等等，台湾外部客观环境发生急剧变化的情况下，国民党当局所推动的大中国历史记忆绝对地位受到冲击，国民党被迫采取以台湾本土记忆填充大中国历史记忆，以期能够继续维系该历史记忆。遗憾的是国民党当局并没有将台湾本土历史记忆与大中国历史记忆很好地融合在一起，在新的大中国记忆的建构中，没有把“本土化”起到固化与刻写的作用，相反台湾本土文学兴起开始唤醒台湾社会对于台湾本土的历史记忆，以本土、民主等理念开始重新筛选与评价国民党当局在台统治，而官方的教育宣传等部门并没有针对此问题进行有效地解决。就连台湾历史研究无论从研究内容、研究方法还是研究目的上已经开始走向台湾个体研究，大中国历史记忆塞进了台湾本土记忆，但与本土记忆融合不良，反而逐步被排挤边缘化，而本土记忆开始脱离大中国记忆，且行且远。

原有的台湾社会民间性质的以反国民党独裁统治为目的的历史记忆，开始摆脱其工具性作用，走向体系化建构，且开始为“台独”历史记忆所利用与吞并。这个过程的实现是与美国对外战略调整密不可分。美国长期奉行以“独”制蒋、以蒋制共、以共制苏的战略思维加之1979年卡特推行“人权外交”战略等导致台湾社会运动大规模发展。1986年民进党成立及1987年“解严”后，“台独”势力开始要求对于历史事件进行重新解释，这样就有助于原有对抗大中国历史记忆的民间记忆走向系统化建构。比如，对于“二二八”事件的重新解释。唤醒台湾社会“出头天”与“被抛弃”记忆，并围绕“二二八”事件建立纪念日、建立纪念馆等等在时空观念上重构台湾社会历史记忆。除了历史事件，“台独”势力还挑起族群矛盾，通过省籍矛盾固化对国民党与“中华民国”的刻板印象，进而冲击大中国历史记忆，引导原有民间历史记忆走向“台独”历史记忆。这个时期的“台独”历史记忆虽还未系统化形成，然则其利用的台湾社会原有民间性历史记忆已经对于大中国历史记忆形成很大的冲击，特别是对大中国历史记忆的基础产生了极大的瓦解。

3. 20世纪90年代到现在

这个时期是从20世纪90年代李登辉时代开始起到当下台湾社会。在这个时期中，台湾社会经历了李登辉时代、民进党执政及国民党重新执政。伴随着台湾社会发生的变化，台湾社会原有的两种历史记忆也发生了进一步相应的嬗变。国民党所坚守的大中国历史记忆已经逐步开始失去主流历史记忆的地位，台湾本土历史记忆也开始滑出大中国历史记忆范畴；已经为“台独”历史记忆所利用及引导的台湾社会民间性历史记忆转变为系统化的“台独”历史记忆建构即“台湾主体”历史记忆所吞并。[①] 此历史记忆的虽未能夺取台湾社会主流历史记忆地位，然而借助历史记忆重构性嬗变特征，该历史记忆已经越来越为台湾社会所普遍接受。

---

① 在此借用台湾研究学界关于“台湾主体意识”这一概念，“台湾主体意识”这一概念虽然是从政治学视角提出，但作为一种建构的社会意识，对于台湾历史认知也产生了时代性的影响。

1990 年开始，台湾进入“李登辉时代”，[①] 国民党出现内斗，并造成败退台湾以来，两次国民党大分裂加之李登辉的“黑金政治”极大地伤害了国民党的形象。最终使得 2000 年民进党上台执政。这个时期国民党对于大中国历史记忆基本上没有太大的经营，而后李登辉的“两国论”却是给大中国历史记忆以沉重地打击，随着民进党上台，大中国历史记忆被民进党操纵的台湾当局逐步瓦解，甚至是几近沦为台湾社会非主流历史记忆的境地。2008 年国民党重新夺回执政地位，面对根基尽空的大中国历史记忆，也只能是以“中华民国在台湾”及“九二共识”等勉强撑起台湾社会的大中国历史记忆。之所以会造成如此之局面，一方面是因为李登辉时代特别是民进党执政八年，完成了“台独”历史记忆的“生产与再生产流程，即实现了唤起、重构、固化与刻写”，[②] 民进党基本取得历史记忆领域的话语权；另一方面是台湾社会大中国历史记忆基础出现极大消逝，以民进党叙述占优势台湾主体概念成为台湾社会基础，使得国民党历史记忆表述畏首畏尾，极为被动。就连中学历史课纲的微调都遭来极大反弹，使得文化教育领域史观的“拨乱反正”效果甚微。

“台独”历史记忆在此时期还不能完全意义上称作台湾社会主流历史记忆，可是经过李登辉“两国论”的支持与民进党八年执政的深耕，已然作为民进党与“台独”势力极力重构的台湾社会主流历史记忆。民进党执政八年，采取“去中国化”运动，将“中国”改为“台湾”从符号上对于“台独”历史记忆进行固化。通过“宪改”运动，冲击“五权宪法”体制，进行在“法统”符号上冲击大中国社会记忆。民进党与“台独”势力尤为重视教育领域对于“台独”历史记忆形成的重要意义。利用“二二八”等事件，不停地进行教育与纪念仪式，使得在民众心中深化对国民党“原罪”的刻板印象，与大中国历史记忆的厌恶。在公民教育与高等研究中，不断宣扬“台湾独立”与“台湾民族主义”。使得台湾社会对于历史记忆出现极大混乱与偏差，在此基础上，通过“台湾主体意识”的包装成功地将“台独”历史记忆植入台湾社会中。使得国民党被迫进行“台湾主体意识”的论述，被民进党在此问题上牵着鼻子走。[③] 最终，逐步由“台湾主体”历史记忆代替大中国历史记忆，在将“台湾主体”历史记忆逐步过渡为“台独”历史记忆。

---

① 之所以视 1990 年开始作为李登辉时代，是参考张海鹏 陶文钊：《台湾史稿（下卷）》，（第一版），江苏凤凰出版社，2011 年版，第 679 页。个人赞同该说法，无论从对党内控制、国际格局、岛内环境等等方面都可以佐证。

② 张凤阳等：《政治哲学关键词》（第一版），江苏：江苏人民出版社，2006 年，第 373 页。

③ 陈星：《台湾民主化与政治变迁》，北京：九州出版社，2013 年，第 141—142 页。

（三）台湾社会历史记忆嬗变的影响——以 2014 台湾社会为例

1. 对台湾社会历史认识的影响

历史认识是指人们认识客观世界的一种认识，它是一个对史实由表及里，不断考证、挖掘的过程，在这个过程中有“考实性认识、规律性认识及判断性认识三个方面”。[①] 台湾社会历史认识也是符合这样的认识过程。

台湾社会的历史记忆既可以作为台湾社会历史认识的基础性思想又可以作为其基础性史实。台湾社会历史记忆嬗变对于台湾社会历史认识产生了较大的影响，可以归纳为两个方面：一个是历史想象与现实归因表现。历史想象是指对于历史史实产生一种非理性思维，是人们历史认识的重要环节，而现实归因表现则是指在完成历史想象后，在现实层面寻找能够作证或推翻该想象的行为。台湾社会历史记忆嬗变对这方面的影响在于，如：爱台湾意识泛化、“被出卖与被压迫”思维及习惯于扮演被迫害社会角色等等历史认识的出现。台湾社会历史记忆的嬗变导致所有价值判断一律指向台湾主体历史记忆，因此台湾社会历史想象会建立在是否爱台湾的基础之上，并在现实环境中一律采取是否爱台湾作为现实归因来佐证想象；而如果一旦不是爱台湾的现实归因，那么台湾社会历史记忆就会产生自我是被迫害的思维认知进而扮演被迫害的社会角色。另一个是话语权力与道德价值。话语权力是指对历史的论述能力与论述环境，它是历史记忆在历史认识的静态结果，而道德价值则是历史论述话语权力博弈的结果，是历史记忆在历史认识的动态结果。[②] 随着台湾社会历史记忆的嬗变，针对国民党等主流历史认识的话语夺权运动产生了。民进党等通过悲情历史记忆的建构，一再指责国民党的外省人原罪，进而实现了历史论述话语权力，就是典型的例子。

以本年度的台湾地区“九合一”选举为例。众所周知，国民党在本次选举中，遭遇到了巨大挫折，南部县市差距拉大，中部指标性县市丧失，连北部所谓的“基本盘”也被打破。造成这样结果的原因有很多，其中选民特别是年轻选民历史认识的变革起到了较大的作用。年轻选民的历史认识全面“绿化”，这里面固然有民进党执政时期，“去中国化”历史记忆做的彻底，但更有马英九等不敢“拨乱反正”，在选举中，不敢大大方方地提出执政理念核心，大中国概念下的“三民主义”，在各级选举中避谈国民党理想、为了所谓的执政为本，去迎合“蓝绿共识”，导致

① 庞卓恒等：《史学概论》，北京：高等教育出版社，2006 年，第 362—363 页。

② 有关该理论详见张凤阳等：《政治哲学关键词》（第一版），江苏：江苏人民出版社，2006 年，第 384 页。

“绿化”的历史认识不仅没能转变，反而越发走向深绿。就连为国民党做党工的年轻人大部分都认为国民党没有任何可以打动他们的历史认识，反而是认同民进党夹杂着“绿化”概念的公益认识、消除贫富差距认识、实现台湾本土与青年未来认识及打倒权贵资本主义认识等等内容的历史认识。这种历史认识对他们来说，很向往，很期待。国民党还在固守一个空中楼阁式的“不统不独不战不武”历史认识，既不接地气，又不能形成理想。仅仅靠着早已过时的地方派系与乡土情结来对抗民进党的历史认识，选举大败，特别是年轻选票的空前流失，也是很好理解的。

2. 对台湾社会认同的影响

台湾社会历史记忆的嬗变对台湾社会认同问题产生了重要影响。正如陈孔立先生所言，“历史记忆对群体认同的影响，在今日台湾已经得到充分的验证。近十几年来，在李登辉、陈水扁执政下，推行‘去中国化’的‘台湾民族主义’教育，制造新的历史记忆，在建构台湾所谓‘国族认同’上发挥了相当大的作用，不能不引起人们的重视”。①

台湾社会历史记忆对于台湾社会认同的影响，可以从两个方面进行分析。一方面是身份与族群认同，具体突出的问题便是省籍问题。台湾社会的身份与族群认同问题是伴随着台湾社会历史记忆的嬗变而由人为推动产生的。在大中国的历史记忆下，身份与族群问题并不是一个重要问题，甚至就不是一个问题。但是随着大中国历史记忆逐渐为台湾主体历史记忆所替代，并夹杂着“台独”历史记忆的冲击，身份与族群认同便由清晰变为模糊，再由某些政治势力推波助澜下，引发成为台湾社会一个重要问题。整体大中国历史记忆变为个体彼此分离、群体互相疏远的历史记忆，自然就会挑起族群矛盾与争斗。虽然近年来台湾社会已经呼吁族群融合，国民党提出所谓族群重建的规划，但是在丧失整体历史记忆的前提下，身份与族群认同混乱问题的解决结果，要么是问题得不到解决而持续下去，要么是倒逼新的整体历史记忆产生，而这个新的整体历史记忆恐怕就会向着大中国历史记忆渐行渐远；另一方面是乡土与国家认同，具体突出的问题便是“台湾独立”意识。传统的台湾社会在走向现代化的过程中，并没有彻底完成民族国家建构。当下台湾社会还是交织着两种传统中国社会的认同，即本乡本土的血缘加地缘认同和国家人民的政治认同。台湾社会历史记忆的嬗变导致台湾主体历史记忆出现，纵容“台湾独立”意识的发展使得对于大中国的国家政治认同长期受到冲击，在这种情势下，台湾社会自

① 陈孔立：《台湾社会的历史记忆与群体认同》，《台湾研究集刊》，2011 年第 5 期，第 1 页。

然更加重视乡土认同，就在大中国历史记忆不断瓦解的过程中，乡土认同也逐渐开始冲击国家认同。

从本年度台湾两场社会运动比较来看，台湾的社会运动较多，2014 年有两场社会运动，一场轰轰烈烈，愈演愈烈，对台湾乃至两岸都造成了无论在广度还是在深度上的影响；而另一场却是无人响应，落寞过场，大有一番“欲语且休休，明日黄花蝶也愁”之感。他们便是众所周知的“太阳花学运”和早已被忘却的“新五四运动”。相信对于“太阳花学运”以及围绕着该学运对于社会运动等等方面的研究已经是不胜枚举，但是对比上述两场运动的研究还是很少的，这两场社会运动一成一败就很好体现了台湾社会历史记忆嬗变对于台湾社会认同的影响。中华统一促进党总裁张安乐曾说，“台湾现在已无中国人”，话虽有些过激，但是基本道出了现在台湾社会认同的混乱性。在“太阳花学运”中，所有人都是打着台湾未来，反对“黑箱”操作，有多少人打着“中华民国”的旗号，呼喊为了“民国”的未来，反对什么抑或是打到什么。“太阳花学运”如果仅仅是一个类似于之前的“红衫军”和“洪仲丘案”，只是所谓公众团体对于台湾现实进行抨击与批评，本无可厚非，但是在这次运动中，所表现出来的统统都是台湾第一、台湾本体还有多少人会高唱“民国国歌”和“民国万岁”来表现他们对于国家的担忧呢。反观新党发动的“新五四运动”应声寥寥，这个运动也是社会层面表达对于政府某些执政方面弊病的不满。例如：2014 年 5 月 1 日，新党青年委员王炳忠表示，“5 月 4 日，新党将号召群众走上凯道，诉求‘捍卫民主、回归法治’。新党从 4 月以来排队很久，才合法申请到当天一整天的凯道路权及集会权利。我们希望提供给各行各业憋了好久的小市民说话，发出捍卫民主、维护法治的正面声音，让包括‘政府’官员和逞凶造反的都听听”。但是为什么这个运动就如此落寞呢，一方面是因为它希望在“民国法治”框架下解决问题，所以为那些想要冲击“民国”框架的社会运动所不容；另一方面就是国民党当局不肯支持这种希望在维护“民国国家认同”前提下的社会运动，因为历史记忆已发生嬗变，社会认同也不敢底气十足地摆明。

3. 对两岸关系和平发展的影响

台湾社会历史记忆的嬗变对于两岸和平发展的影响是最为明显，也是当下最为紧迫的问题。不夸张地说，台湾社会历史记忆嬗变的整个过程都对两岸关系产生不良影响。

在大中国历史记忆成为台湾社会主流历史记忆的时期，大陆是作为“沦陷区”，是不自由，是要被收复的领土，自然对于两岸关系产生一种类似冷战对抗思维的影响；在台湾本土历史记忆时期，大陆是不接触、不谈判、不妥协的对象，即使是开放两岸交流后，也是将大陆作为不民主、不发达的地区来看待，这样历史记忆下的两岸关系自然也不会是一种和平发展模式；李登辉及陈水扁执政时期，“台独”历史记忆更是将两岸关系推向冰点。虽然 2005 年“胡连会”开启两岸和平发展的开局且国民党重新执政后，签署并生效了两岸大量相关经济协议，但是两岸关系也出现了隔阂、偏见与远离。台湾社会历史记忆嬗变的整个过程，都贯穿了两岸对抗、势如水火、相互隔绝之意，国民党原本推动的大中国历史记忆就有两岸敌对之意味，民进党等“台独”势力上台后，更是借着这一基础“回溯本源”，使得他们重构的而后的台湾社会历史记忆对两岸关系更是采取冷战对抗之意。这样长时间地持续建构，台湾社会结构与政治结构出现了很大的变化。到现在，台湾主体历史记忆的盛行，其中对于两岸关系有着“逢中必反”与“想象威胁”思维，也就不难理解了。从近期两岸关系来看，特别是从“反服贸”等运动的标语与口号来看，如果台湾社会历史记忆继续远离大中国历史记忆的话，不仅无法进一步拉近两岸关系，就连已实现的两岸和平发展局势也会受到冲击。

以本年度台湾社会来看，无论是较大的社会运动、还是偶然事件下的社会讨论，都弥漫着一股“反中疑中”之感，这是与本已和平发展多年的两岸关系基本框架是极不相称的。以“太阳花学运”为例，由于两岸和平发展大势并未能进一步在台湾地区形成准确地两岸关系定位，导致原本历经“本土化”教育洗礼台湾青年在面对长期被民进党妖魔化中国大陆，在心理上怀抱着疏远与排拒。台湾年轻人面对不利的台湾经济，产生了对 ECFA 本身的怀疑，甚至是否定。这种把自己经济不利转嫁在对大陆气愤的逻辑，本身就是包含了台湾年轻人的“反中疑中”心态。前者来自所谓的对“反侵吞”的不安，后者则夹带着所谓的对“中国大陆霸权”的愤怒。正如《联合报》在“太阳花学运”结束后的评论员文章所阐述的，“台湾现在青年比起其历经过大时代洗礼的父母辈，上一代经历过战争、乡愁、敌对而和解的复杂转折，对大陆怀抱着须与之交往、周旋的认识；相形之下，年轻世代失去了上一代有过的民主自豪及经济优势的骄傲，认为自己是‘全球化’及‘自由贸易’的受害者，甚至对马当局一再强调大陆‘让利’的说法感到尊严受伤。”

2014台湾“九合一”选举观察

王一鸣 ①

台湾“九合一”选举已经结束，国民党大溃败。在地方首长层级，国民党仅存6席，民进党攻下13席。在“六都”议员层级，民进党席次大增，与泛绿阵营联合后，基本上可以取得完全执政。

鉴于此，对台湾“九合一”选举的过程、结果、影响等方面的分析与研究是本文的重点。

一、“九合一”选举概述

“九合一”选举是台湾历年来规模最大的一次选举，这次选举将“直辖市长”、“直辖市”议员、县市长、县市议员、乡镇市长、乡镇市民代表、村里长、“直辖市”山地台湾少数民族区长和区民代表共九种类别的选举合并举行，统一在2014年11月29日投票并公布结果。其中，应选名额共计11130名，分别是“直辖市长”6名、“直辖市”议员375名、县市长16名、县市议员532名、乡镇市长198名、乡镇市民代表2096名、村里长7851名、山地台湾少数民族区长6名，山地台湾少数民族区民代表50名。如下图：

① 王一鸣，北京联合大学台湾研究院研究生。

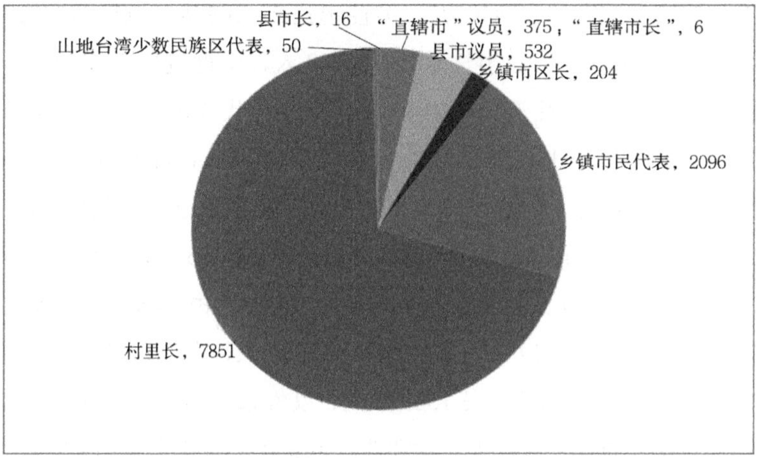

作者自制

（一）基本情况

1. 选民数

选民人数的增减与蓝绿基本盘的变化息息相关，如今在有投票权的年轻人或者首投族中，大多倾向于民进党，这一股力量参与到选举中，随着人数的增加，逐渐会促成蓝消绿长的趋势。

“九合一”选举台湾选民数达到 1800 万以上（“中选会”资料显示，总计共 18511356 人，男性 9144885 人，女性 9366471 人。“直辖市”选民共 12709746 人，各县市选民共 5801610 人），根据“中选会”统计，在各“直辖市长”、县市长选举中，登记选民情况为：

台北市选民 2146939 人，男性选民 1009105 人，女性选民 1137834 人；新北市登记选民 3156402 人，男性选民 1533054 人，女性选民 1623348 人；桃园市登记选民 1568713 人，男性选民 777932 人，女性选民 790781 人；台中市登记选民 2093689 人，男性选民 1022732 人，女性选民 1070957 人；台南市登记选民 1512778 人，男性选民 751012 人，女性选民 761766 人；高雄市登记选民 2231225 人，男性选民 1099802 人，女性选民 1131423 人；新竹县登记选民 403173 人，男性选民 205356 人，女性选民 197817 人；苗栗县登记选民 446182 人，男性选民 229173 人，女性选民 217009 人；彰化县登记选民 1015804 人，男性选民 516614 人，女性选民 499190 人；南投县登记选民 414091 人，男性选民 212077 人，女性选民 202014 人；云林县登记选民 565557 人，男性选民 293554 人，女性选民

272003 人；嘉义县登记选民 430505，男性选民 224105 人，女性选民 206400 人；屏东县登记选民 686810 人，男性选民 350489 人，女性选民 336321 人；宜兰县登记选民 365138 人，男性选民 184007 人，女性选民 181131 人；花莲县登记选民 265571 人，男性选民 135072 人，女性选民 130499 人；台东县登记选民 179015 人，男性选民 92810 人，女性选民 86205 人；澎湖县登记选民 82269 人，男性选民 42163 人，女性选民 40106 人；金门县登记选民 103555 人，男性选民 51733 人，女性选民 51822 人；连江县登记选民 10040 人，男性选民 5806 人，女性选民 4234 人；基隆市登记选民 303329 人，男性选民 151397 人，女性选民 151932 人；新竹市登记选民 322472 人，男性选民 156998 人，女性选民 165474 人；嘉义市登记选民 208099 人，男性选民 99894 人，女性选民 108205 人。选民统计如下图：

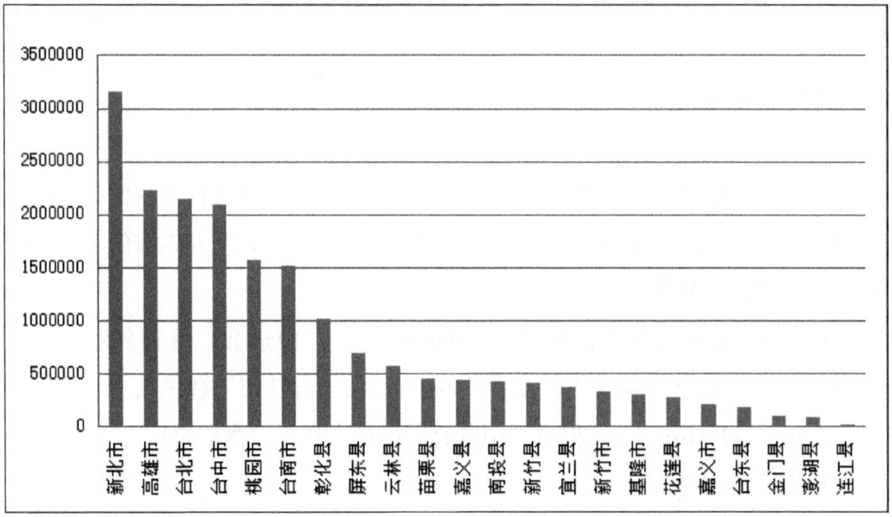

作者自制

除“六都”外，选民人数最多的是彰化县，这说明彰化县在选举中有重要地位，如果能够拿下彰化县，则可以成为 2016 年选举的大票仓。而民进党魏明谷当选彰化县长，为民进党抢下除“六都”外的另一票仓，加上台南市、高雄市、台中市、桃园市，民进党执政县市共有约 740 万选民，占台湾总选民数的 40% 左右，因而在 2016 年“总统大选”中，这些地区会成为民进党的大票仓和战略重心。

此外，各“直辖市”中，女性选民多于男性选民，但是一般而言，女性的政治参与感低于男性，理性程度相对低于男性，往往亲情牌能够在女性选民中生效。在各县市中，金门县、基隆市、新竹市和嘉义市女性选民较多，这些地方的参选人如果有能够吸引女性选民的特质（如性别、年龄、政见等）则更具优势。

2. 投票率与两党得票率

台湾的选举已经走过了过去的那种非常激烈、激情的时代，现在的选举和动员造势的状况都不如以往。从近些年的四次“总统大选”投票率一次比一次低的现象可以看出来，台湾的选举已经回复到一般民主国家和地区的常态，不像早期那样，动员活动非常激烈。

2014 年“九合一”选举的总体投票率为 67.59%。就近几年的趋势来看，2012 年“总统大选”的投票率为 74.38%，2009 年县市长总体投票率为 63.34%，2008 年“总统大选”的投票率为 76.33%。可见，选民对于不同类别的选举有不同的投票选择，地方级别选举的投票率低于“总统”选举。2014 年的总体投票率不算太高，没有超过 70%，这间接说明参选人的催票行动效果一般。

就两党在地方首长选举中的得票率情况来看，2014 年民进党得票率为 47.55%，国民党为 40.70%，民进党得票率超过了国民党。从近十年来各项选举中得票率的变化情况（见下图）可以发现一些规律：从整体来说，在国民党得票率下降、民进党得票率提升的情况下，两党得票率差距缩小，得票率趋于在 40% 到 50% 之间保持稳定。从趋势来说，在下次选举中，民进党得票率可能高于国民党，两者之间的差距更小，有可能在 5% 左右。

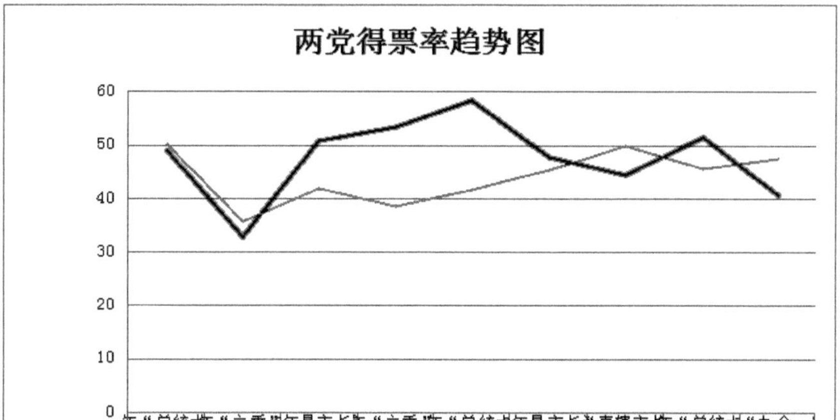

	年“总统大	年“立委”	年县市长	年“立委”	年“总统大	年县市长	“直辖市长	年“总统大	“九合一
国民党	48.89	32.83	50.96	53.48	58.44	47.88	44.54	51.6	40.7
民进党	50.11	35.72	41.95	38.65	41.55	45.32	49.87	45.63	47.55

作者自制

另外，“九合一”选举中国民党大溃败，形势与 1997、1998 年的形势类似。因而，可以将 1997 年县市长选举、1998 年北高市长、议员选举、1998 年“立委”选举两党的得票率情况与“九合一”选举比较。如下图：

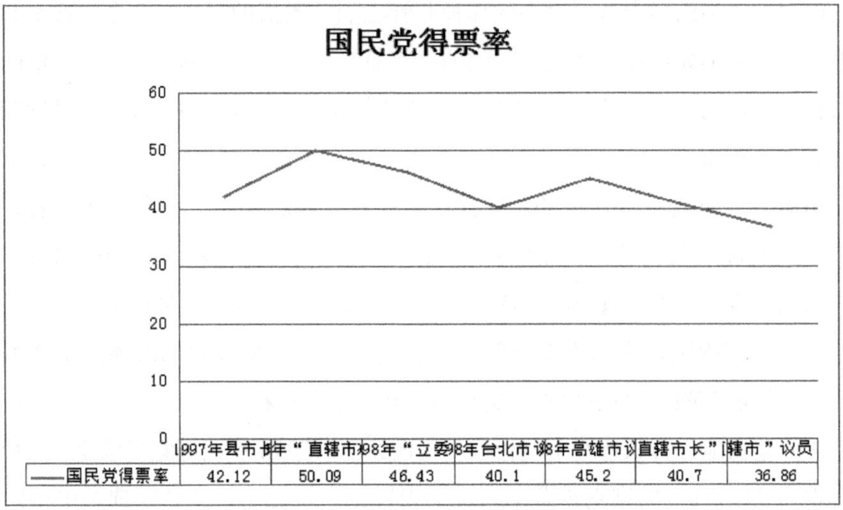

作者自制

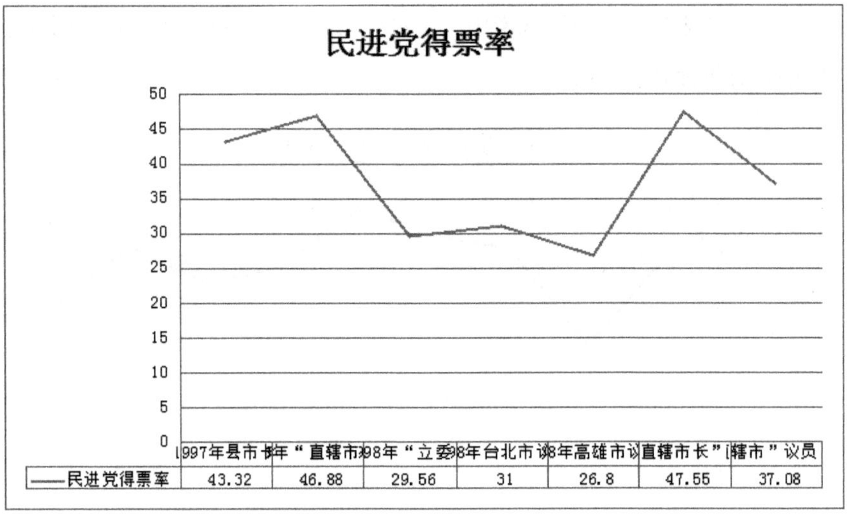

作者自制

将两党得票率对比，如下图：

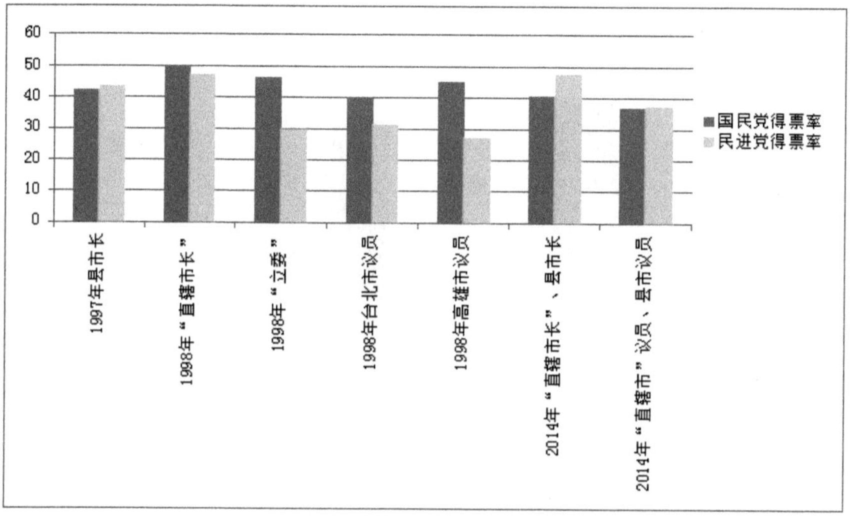

作者自制

由上图可见，在 1997 年县市长选举中，国民党只拿到 8 席，而民进党拿下 12 席，但是两党在得票率上十分接近，民众还是比较支持国民党。另外，在 1998 年北高市长选举中，国民党得票率超过民进党，这也可以引证上述观点。然而，在 2014 年“九合一”选举中，“直辖市长”和县市长选举合并举行，民进党得票率大幅超过国民党，除去其他因素如投票率等，可以发现民众对国民党的支持大不如前，甚至不如国民党在 1997 年、1998 年这两年的不利形势下的状况。

此外，在议员层级，1998 年国民党得票率大幅度超过民进党，而 2014 年选举中，两者基本平衡，民进党稍微优势于国民党，这说明国民党在地方上的经营没有民进党深入、有效，这也是国民党在“九合一”选举中失利的原因之一。

3. 两党得票数

在“九合一”选举地方首长层级中，民进党得票数为 5830106 票，国民党为 4990677 票，民进党赢国民党 839429 票。与 2010 年选举相比（如下图），民进党增加 74819 票，国民党减少 472893 票，无党籍增加 730466 票。这次选举，台北市柯文哲以无党籍身份参选，拿下约 85 万票，大幅度提升了无党籍的得票数。由于柯文哲的绿色背景、军公教身份，其选票中包含了许多蓝、绿选票，虽然如此，但是民进党得票数增加、国民党得票数减少，可见柯文哲多是吸收了国民党支持者的选票，柯文哲并没有对民进党造成威胁，两者结合促成了国民党在得票数上的失败。如下图：

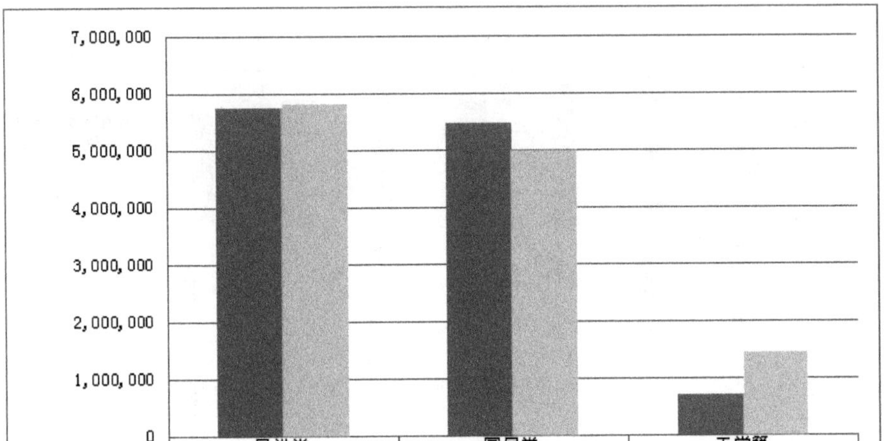

	民进党	国民党	无党籍
2010年得票数	5,755,287	5,463,570	704,385
2014年得票数	5,830,106	4,990,677	1,434,851

作者自制

具体而言，各“直辖市长”、县市长选举的得票数与得票率情况如下：

得票数	得票率	
台北市		
连胜文	609932	40.82%
柯文哲	853983	57.16%
新北市		
游锡堃	934774	48.78%
朱立伦	959302	50.06%
桃园市		
郑文灿	492414	51.00%
吴志扬	463133	47.97%
台中市		
胡志强	637531	42.94%
林佳龙	847284	57.06%
台南市		
赖清德	711557	72.90%
黄秀霜	264536	27.10%

高雄市		
陈菊	993300	68.09%
杨秋兴	450647	30.89%
新竹县		
邱镜淳	124309	46.94%
郑永金	118698	44.82%
苗栗县		
徐耀昌	147547	46.59%
康世儒	60356	19.06%
江明修	14978	4.73%
吴宜臻	89838	28.37%
彰化县		
魏明谷	386405	53.71%
林沧敏	284738	39.58%
黄文玲	37593	5.23%
南投县		
林明溱	149361	50.96%
李文忠	143719	49.04%
云林县		
张丽善	175862	43.02%
李进勇	232900	56.98%
嘉义县		
张花冠	193399	63.09%
翁重钧	104488	34.09%
屏东县		
潘孟安	308953	62.93%
简太郎	182027	37.07%
宜兰县		
林聪贤	160253	63.95%
邱淑媞	90320	36.05%
花莲县		

傅崐萁	89048	56.53%
蔡启塔	43504	27.62%
柯赐海	14954	9.49%
台东县		
黄健庭	64272	54.41%
刘櫂豪	53860	45.59%
澎湖县		
陈光复	29164	55.34%
苏坤雄	23533	44.66%
金门县		
李沃士	15146	33.35%
陈福海	23965	52.77%
连江县		
刘增应	4385	66.25%
杨绥生	2234	33.75%
基隆市		
谢立功	52198	27.47%
林右昌	101010	53.15%
黄景泰	30914	16.27%
新竹市		
许明财	75564	37.85%
林智坚	76578	38.36%
蔡仁坚	40480	20.28%
嘉义市		
涂醒哲	74698	51.41%
陈以真	66108	45.50%

在各“直辖市”、县市议会选举中，国民党共当选 386 席，得票数为 4488789 票，得票率为 36.86%。民进党当选 291 席，得票数为 4515532 票，得票率 37.08%。无党籍当选 203 席，得票数为 2442281 票，得票率为 20.05%（见下图）。民进党虽然席次没有国民党多，但是在得票率上超过了国民党，可见民进党籍地方首长和议员的联动效应生效。与 2010 年议员选举相比，国民党减少 33 席，民进党

增加 33 席，无党籍减少 12 席。

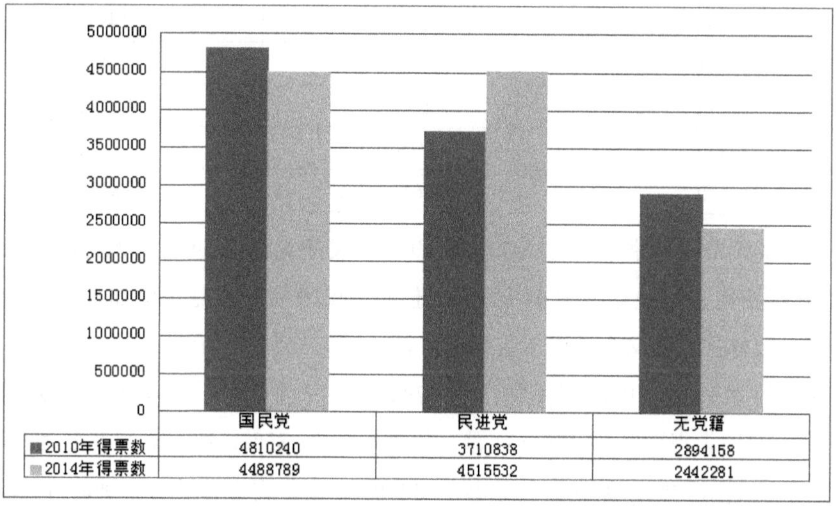

作者自制

具体而言，各“直辖市”、县市议员得票数情况如下：

	国民党得票数	民进党得票数
台北市	567792	578068
新北市	741177	824417
桃园市	361213	302881
台中市	560089	584725
台南市	272235	448577
高雄市	500038	686758
新竹县	152187	21795
苗栗县	129212	43906
彰化县	281619	242667
南投县	124974	56808
云林县	63354	126952
嘉义县	68903	163524
屏东县	149296	185330
宜兰县	92543	94092
花莲县	95394	26431
台东县	76928	7457
澎湖县	19434	3821

续表

金门县	33834	1491
连江县	4265	0
基隆市	84700	47931
新竹市	70951	33124
嘉义市	38651	34777

在各乡镇市长选举中，国民党赢得 80 席，民进党赢得 54 席，无党籍有 68 席。与 2010 年相比，国民党减少 41 席，民进党增加 20 席，无党籍增加 12 席。其中，宜兰县、云林县、嘉义县、屏东县民进党籍乡镇市长超过国民党。

在各村里长选举中，国民党当选 1794 席，民进党当选 390 席，无党籍当选 5649 席。国民党得票数为 2753531 票，得票率为 23.83%，民进党得票数为 756677 票，得票率为 6.55%，无党籍得票数为 8018186 票，得票率为 69.39%。可见，层次越低，政党色彩越淡，民众对于参选人个人的认同大于政党认同，各参选人对政党的依赖性低，胜选的关键在于基层经营和选民服务。

4. 选举制度

台湾的地方选举肇始于 1950 年，当时政府制订“台湾省各县市实施地方自治纲要”，开启了民选村里长、乡镇长、县市议员、地方县市首长的选举，2014 年已历 60 年多年。其间在 1994 年“立法院”制定“省县自治法”，完成了地方自治法制化工程，而 1999 更制定“地方制度法”，确定了当前基层自治内涵，而关于直辖市及县市议员之选举方式则规定于“公职人员选举罢免法”当中。

选举方式方面，台湾选举一般来说，是以普通、平等、直接及无记名单记投票法行之。普通是指满二十岁台湾公民除了受监护宣告尚未撤销者之外，皆可参加台湾选举成为选举人。平等即为一人一票。直接及无记名，则表示投票行为必须亲自且直接圈选，而选票上并无须签名。

（二）两党提名情况

“九合一”选举中最重要的是“直辖市长”和县市长选举，因为选举结果直接牵扯到地方行政资源的分配问题，有可能导致台湾蓝绿版图的变迁。此外，地方首长手中拥有的行政资源会对 2016 年“二合一”选举有相当大的辅助和支持作用。

两党对于“直辖市长”和县市长的提名直接关系到选举的胜负，“选对了人就赢了选举一半”的规律仍然适用。

1. 初选机制

政党的初选与选举结果息息相关，“选对了人就赢了一半”是选举的一般性规律。所以，两党在初选机制的选择上煞费苦心。以民进党为例，创党之初根本没有初选一说，多是以协调、沟通原则来确定参选人。而后，随着党员人数增加和党内利益的多元化，弭平各方的纷争，一切以胜选为目标成为民进党初选机制的指导。所以，民进党在初选机制上以协调为先，协调不成再办理初选或者征召。在初选方面，曾采取党员投票方式、党员投票加干部评鉴方式、党员投票加选民投票方式、党员投票加民意调查方式，一直到现在的全民调方式。所以，从国、民两党的初选来分析选举结果有一定的意义。

国民党如今采取的初选提名方式在《中国国民党党员参加公职人员选举提名办法》中有规定：“直辖市市长”、县（市）长候选人之提名，分别由相关“直辖市”委员会、县（市）委员会，依据“党员投票”（占百分之三十）与“民意调查”（占百分之七十）之结果，并考虑地区特性及选情评估等因素，经提名审核程序，提出建议辅选方式及提名名单，报请“中央常务委员会”核定。

国民党作为一个号称百万党员的大党，需要考虑到各党员的利益，所以仍然在初选中加入党员投票。这虽然照顾到党员的利益，但是“人头党员”等现象会继续存在，与选举结果的相关程度偏低，更有可能成为党内斗争的工具。

至于，民进党的初选机制，《民主进步党 2014 年直辖市长暨县市长提名办法》中规定：

第二条　本党“直辖市长”、县市长拟竞选连任者，经主席提请“中央执行委员会”通过后提名之。

第三条　有二名（含）以上适当人选之选举区，应以团结胜选为目标先行协调，必要时主席得聘请协调小组，协助各选举区协调工作。

前项选举区经协调产生单一适当人选时，由主席提请中央执行委员会通过后提名之。

第四条　前条之各选举区经协调仍无法产生单一适当人选时，处理方式如下：

一、协调对象对解决竞争之机制有共识者，依其共识方式产生单一适当人选。

二、协调对象对解决竞争之机制无共识者，择定日期于一个月内依据“第一、二、三类公职候选人提名民意调查办法”执行民意调查，产生单一适当人选，执行民意调查所需费用由协调对象支付之。

依前项方式产生单一适当人选时，由主席提请中央执行委员会通过后提名之。

第五条　其他选举区之候选人产生方式，应以为党举才、争取胜选为目标进行征询，必要时主席得聘请征询小组，评估选举整体条件，提出单一适当人选，由主席提请中央执行委员会通过后提名之。

第五条之一　如有特殊选情考虑之选举区，得经中央执行委员会决议后，另订方案执行之。

可见，民进党的初选机制比较完善，选举型政党的特质表露无遗。

2. 提名过程

除了初选提名机制外，政党的提名时程安排也至关重要。如今，国、民两党都分几个批次提名参选人，这是一种辅选手段，也是根据选情变化而制定的总体策略。

国民党"直辖市长"和县市长初选提名共分六梯次：

第一梯次（2013 年 12 月 4 日）：新竹市提名许明财，云林县提名张丽善，台东县提名黄健庭，金门县提名李沃士。

第二梯次（2014 年 1 月 22 日）：高雄市提名杨秋兴，基隆市提名黄景泰（2014 年 7 月撤销提名），南投县提名林明溱。

第三梯次（2014 年 2 月 19 日）：新竹县提名邱镜淳，宜兰县提名邱淑提媞，屏东县提名简太郎。

第四梯次（2014 年 3 月 19 日—2014 年 4 月 9 日—2014 年 4 月 23 日）：台中市提名胡志强，台南市提名黄秀霜，桃园市提名吴志扬，台北市提名连胜文，嘉义市提名陈以真。

第五梯次（2014 年 5 月 7 日）：苗栗县提名徐耀昌，彰化县提名林沧敏。

第六梯次（2014 年 6 月 4 日—2014 年 6 月 25 日—2014 年 7 月 9 日—2014 年 7 月 30 日—2014 年 8 月 6 日）：新北市提名朱立伦，嘉义县征召翁重钧，花莲县提名蔡启塔，基隆市提名谢立功，澎湖县提名苏坤雄，连江县不提名，开放参选，核准国民党籍杨绥生、刘增应参选。

其中，最受关注的是台北市提名。台北市长选举初选，国民党内的竞争十分激烈，共有 6 人先后表态角逐，曾表态参选的市议员秦慧珠与市议员杨实秋均于初选领表前双双退出台北市长选战，因此最终总计领表的参选人包括台北市议员钟小平、国民党中央委员连胜文、"立法委员"丁守中以及蔡正元 4 人。

国民党台北市长初选方式经由党内 4 位角逐者同意，将以民调占 7 成、党员投票占 3 成的方式决定人选。2014 年 4 月 13 日、14 日进行民调，4 月 19 日进行党员投票；其中民意调查党内互比占 15%；政党对比占 85%。初选过程中，各家媒体的初期民调显示，连胜文以稳定幅度的差距领先其他候选人，随着选情加温，丁守中与连胜文的民调差距逐渐拉近，唯党员投票前一天，蔡正元宣布退出初选，并公布派人旁听的党内初选民调结果，对选情造成冲击，蔡的此举也被丁阵营批为“打假球”。而选前一天各大报均登载一位自称“关心台北未来的市民”李游香批评丁守中的半版广告，质疑丁守中删减军人退休年终慰问金、违法收受政治献金，也引发不少争议。

最终初选结果（如下图），连胜文在民意调查部分仅小赢丁守中 3 个百分点，但在稍早公布的党员投票结果，连胜文则以大幅度的差距获胜，丁守中则仅在大本营北投区胜出。经两者结果加权后，连以 48.190% 的总支持率赢过丁的 35.018%，获得提名。

号次	姓名	民调结果	党员投票	得票率	总支持率
1	钟小平	8.924%	107	0.68%	6.452%
2	蔡正元	14.367%	148	0.94%	10.340%
3	丁守中	36.992%	4,765	30.4%	35.018%
4	连胜文	39.717%	10,647	67.95%	48.190%

作者自制

民进党提名作业于 2013 年到 2014 年之间举行。初选方式依据民进党中央执行委员会于 2013 年 8 月 14 日所通过的《2014 年“直辖市长”暨县市长提名办法》，授权时任党主席苏贞昌，及接任的党主席蔡英文，协调、征询提名作业。中央执行委员会于 2013 年 11 月 20 日、2014 年 1 月 15 日、2014 年 2 月 14 日、2014 年 4 月 23 日完成 4 梯次 15 县市提名作业。

民进党提名作业时程如下：

2013 年 10 月 29 日进行第十七届云林县县长协调作业民意调查。

2013 年 10 月 31 日进行第十七届屏东县县长协调作业民意调查。

2013 年 11 月 18 日进行第十七届南投县县长协调作业民意调查。

2013 年 11 月 20 日中央执行委员会通过第一梯次候选人提名名单：第二届高雄市市长候选人、第二届台南市市长候选人、第十七届嘉义县县长候选人、第十七届宜兰县县长候选人、第十七届云林县县长候选人、第十七届屏东县县长候选人、第十七届南投县县长候选人。

2013 年 11 月 28 日进行第十七届彰化县县长协调作业民意调查。

2013 年 12 月 2 日进行第二届新北市市长协调作业民意调查。

2013 年 12 月 31 日进行第二届台中市市长协调作业民意调查。

2014 年 1 月 15 日中央执行委员会通过第二梯次候选人提名名单：第十七届彰化县县长候选人、第二届新北市市长候选人、第二届台中市市长候选人。

2014 年 2 月 14 日中央执行委员会通过第三梯次候选人提名名单：第十七届基隆市市长候选人、第十七届澎湖县县长候选人。

2014 年 3 月 17 日进行第八届嘉义市市长协调作业民意调查。

2014 年 4 月 23 日中央执行委员会通过第四梯次候选人提名名单：第八届嘉义市市长候选人、第十七届苗栗县县长候选人、第十七届台东县县长候选人。

2014 年 4 月 30 日进行第一届桃园市市长协调作业民意调查。

2014 年 5 月 13 日进行第六届台北市市长协调作业民意调查。

2014 年 6 月 12 日进行第六届台北市市长在野整合民意调查。

2014 年 6 月 18 日中央执行委员会通过第五梯次候选人提名名单：第一届桃园市市长候选人、第六届台北市市长候选人。

各梯次提名情况为：

第一梯次：台南市提名赖清德，高雄市提名陈菊，宜兰县提名林聪贤，嘉义县提名张花冠，云林县提名李进勇，屏东县提名潘孟安，南投县提名李文忠。

第二梯次：彰化县提名魏明谷，新北市提名游锡堃，台中市提名林佳龙。

第三梯次：基隆市提名林右昌，澎湖县提名陈光复。

第四梯次：嘉义市提名涂醒哲，苗栗县提名吴宜臻，台东市提名刘棹豪。

第五梯次：桃园市提名郑文灿，新竹市提名林智坚。

台北市党内初选姚文智胜出，在野整合之后，柯文哲在民调中胜出。新竹县不提名，与郑永金在野整。花莲县、金门县、连江县不提名。

值得注意的是，民进党在台北市提名采取了“在野大联盟”的模式，即先在党内初选后采取民调的方式与无党籍参选者整合。

（三）选举结果

1. 地方首长层级国民党大败

“六都”人口占全台人口的 68.6% 左右，2014 年民进党拿下“六都”中的四个，加之柯文哲当选台北市长，鉴于台湾地方选举结果与全岛选举结果的正相关性，2016 年翻盘的可能性极大。

除了“六都”之外，民进党拿下基隆市、新竹市、彰化县、云林县、嘉义县、嘉义市、屏东县、澎湖县、宜兰县，一共赢得 13 席县市长，可以说是在地方首长层级大胜。

2. 地方议员层级民进党席次紧追国民党

观察台湾的地方政治既要观察行政分支，也要观察立法分支。行政分支掌握着行政资源，可以运用行政权力直接分配资源，进而形成县市政府的政策，有利于我们争取全面舆论和政策的导向。另外，议会在台湾有着非常大的作用，议员的变化是地方政治版图变化的重要组成部分，是地方政治版图变化的晴雨表，直接反映了地方势力的各种妥协与利益分割。议员也是我们未来对台工作，尤其是做台湾人民工作的重要组成部分。其实在台湾存在着政界的旋转门，一般而言，议员跟县市长、“立委”都是互换职位的。本次“九合一”选举，民进党和国民党的年轻精英精锐尽出，两党对各地议员的提名基本可以囊括未来的政治新星。建立起对台湾各议员的跟踪与观察，建立动态档案，对于未来我们进一步把握台湾政治人物世代更替、台湾民情以及台湾基层状况，都有着非常重要的影响。

各县市议员基本是政党后备人才的试练场所，也是各有意参选县市长者的跳板，尤其是在担任议长之后，可以与县市长互换职位。这也是国民党调和派系的手段之一，即某派系领袖担任县市长，当地另一派系领袖担任议长。随后，这种潜规则逐步被打破。尽管如此，但各地议会依然是派系的集合地和地方政治生态的观察点。

本次选举，各“直辖市”、县市议员当选情况如下：

直辖市	应选名额	国民党	民进党	无盟	亲民党	台联	新党	劳动党	绿党	其他	无党籍
台北市	63	28	27		2	1	2				3
新北市	66	26	32			1					7
桃园市	60	29	20			1			1		9
台中市	63	28	27		2						6
台南市	57	16	28			1					12
高雄市	66	24	33	2	1	1					5

续表

台湾省	基隆市	31	14	10		3						4
	宜兰县	34	11	12		1					1	9
	新竹县	36	23	2					1	1		9
	新竹市	33	15	7			1					10
	苗栗县	38	19	4								15
	彰化县	54	24	17								13
	南投县	37	17	8							1	11
	云林县	43	7	13			1					22
	嘉义县	37	9	18								10
	嘉义市	24	6	5			1					12
	屏东县	55	19	18			1					17
	台东县	30	22	1								7
	花莲县	33	20	6								7
	澎湖县	19	8	2								9
福建省	金门县	19	15	1								3
	连江县	9	6									3
总计		907	386	291	2	9	9	2	1	2	2	203

在议会中，民进党议员超过国民党的有：新北市、台南市、高雄市、宜兰县、云林县、嘉义县。其中，台南市、高雄市、宜兰县、云林县、嘉义县民进党都赢得县市长选举。此外，在高雄市取得了完全执政，议会席次正好过半。如此以来，行政权与立法权相结合，高雄市变天几乎没有可能。在新北市，民进党 32 席，与席次过半还差两席，一旦泛绿团结或者国民党跑票，朱立伦在新北市的执政会更加捉襟见肘，民进党将朱立伦困在新北市的策略初步成功。在台南市，民进党赢得 28 席，与席次过半还差一席，与其他势力联合后，完全执政也有可能。

虽然民进党在议会席次上逐渐接近国民党，甚至有些县市取得了完全执政。但是，议会中正副议长的选举国民党大胜。议会龙头的变化是派系兴衰的风向标，更是政党博弈的结果。在正副议长选举前，民进党四处串联、拉票，企图让本党籍议员当选议长，这对于民进党未取得完全执政的县市极为重要。议长手中握有资源，可以利用分配资源的方式笼络一批议员，利用政治操作的方式通过与搁置议案，从而让本党的利益最大化。议会中各议员代表着各地方、各派系、各行业团体等的利益，能否通过提案来拉取财政支持更是议员能力的体现。鉴于这种议会政治生态，正副议长的作用应当重视，政党、议会、政府之间的互动关系需要深入研究。

3. 乡镇长、村里长层级无党籍仍然占优势

村里长是生活在台湾基层的人。相对来说，越往基层走，蓝绿党派色彩越淡，但是他们服务社会的功能就越齐全，越往下走打的是感情牌，不是政策牌，是服务牌而不是党派牌。

村里长可以分成两类，一类是“直辖市”中的村里长，另一类是省辖县市中的村里长。一般而言，省辖县市中的村里长不会发生太大变化，因为县市下一级的乡镇市长是直选，村里长也是直选，两者相互之间有奥援关系，既相对独立又相互支援。“直辖市”中则不然，各区区长都是由市长任命，一旦“直辖市”转绿，区长就立即转绿，之后所有地方桩脚为了获取行政资源转绿的不在少数，这对全岛性选举产生极大的影响。

另外，村里长选举选情十分稳定，一位村里长可以连续多年任职。因为村里长的职责就是联络、服务村民和里民，联络、服务的方式就是举办各种晚会、餐会，举办这些活动就要有募款能力，在募款的同时也积累了自己的人脉。所以，民众对于有募款能力和人脉关系的村里长态度不会发生很大的变化。如果每年都有各种活动并且村里长能帮助民众解决切身问题，要想连任基本没有问题。

“九合一”选举中村里长当选情况如下：

直辖市		应选名额	国民党	民进党	台联	亲民党	无盟	新党	绿党	其他	无党籍
省	县／市										
台北市		456	229	50	1					1	174
新北市		1,032	279	36		1				1	714
桃园市		495	142	2							351
台中市		625	174	31							420
台南市		752	71	76							604
高雄市		891	148	147							595

续表

台湾省	基隆市	157	55	1							101
	宜兰县	233	29	11							193
	新竹县	191	91								99
	新竹市	122	29								93
	苗栗县	274	62								212
	彰化县	589	60	7							519
	南投县	262	60	3							199
	云林县	388	12	6							369
	嘉义县	357	18	11						1	327
	嘉义市	84	23	2							59
	屏东县	464	51	6							403
	台东县	147	73								74
	花莲县	177	106	1							70
	澎湖县	96	29								67
福建省	金门县	37	34								3
	连江县	22	19								3
总计		7849	1794	390	1	1				3	5649

可见，无党籍当选者占总当选者的约 72%，国民党、民进党在当选人数上不能与无党籍相比，但是这并不能说明政党在基层选举中没有作用。这些无党籍参选者重视的是现实的利益，哪个政党能够满足或者一个政党比另一个政党开出的条件丰厚，他们多数时候就会代表政党参选，选民也不会因为他们由蓝转绿或由绿转蓝而不投票给参选人。

总而言之，在基层的政治生态中，无党籍仍然是最重要的部分，优势明显。但是这些无党籍人士也是最容易变色的，是我们研究台湾选举的基础。

二、“九合一”选举观察视角

（一）台湾主流民意主导了选举结果

1. 主流民意影响了选民投票行为

自国民党 2008 年执政以来，油电双涨、房价飞涨、裁减军公教年终抚恤金等积压了民怨。另外台湾食品价格上涨了 25.6%，而平均薪资只上涨了 11.2%。2014

年 7 月份，台湾官方数据显示青年失业率不断上升，台湾 20 岁至 24 岁的青年失业率为整体失业率的 3 倍多。青年整体失业人口为 21 万人，占整体失业人口的 45.53%，失业超过一年以上的长期失业青年，也占到了长期失业者的约 40%。另外，台湾主要工作收入未满 3 万台币有高达 123 万人，占整体青年有工作收入者的 61.3%，过去的 15 年中，台湾整体薪资不升反降，连带产生了无数青年无法负担学贷、房贷，不敢结婚，不敢生育的问题，更导致了大批台湾优秀人才外流。① 民众特别是年轻人对生活多有不满，进而归结为马英九的施政不力，民众对马英九的支持度仅剩 9%。此外，部分民众认为两岸关系和平发展红利没有更多地惠及大众，不能共享两岸关系和平发展带来的利益，生活质量并没有明显的提升。这些因素导致民众心中产生对国民党的怨气，萌生起教训国民党的想法。

选举当天，选民用选票教训了国民党，民众教训国民党的心理主导了投票行为，不投票、投废票甚至转向投票导致国民党的大溃败。

2. 小确幸是台湾民众的潜在意识

所谓小确幸指的是微小而确实存在的幸福。这种小确幸在意的是自身真切的感受，对于遥不可及的蓝绿、统“独”、省籍等不感兴趣，注重的是生活品质的提升。这也可以间接解释台湾近几年来整体经济发展缓慢，但是文化创意产业却蓬勃发展的现象。

随着以高科技资讯为特征的第三波产业的成熟，内容产业被视为“第四波”经济动力，文化创意产业成为兵家必争之地。台湾从 1995 年开始便提出“文化产业化、产业文化化”的想法，但直到 2002 年才正式将文化创意产业列为政策发展方向，还成立“文化创意产业推动小组”。根据 2003 年台湾经建会报告，该年台湾文化创意产业所创造的附加价值达 2365 亿元新台币，占 GDP 比率仅 2.4%，此比率不但远低于英、美的 7% 以上，在亚洲四小龙中也敬陪末座。②

台湾对于一些小食品、小产品投入的精力远远大于关系台湾前途问题的思考。这种保守的思维导致民众无感于经济发展、社会进步、统“独”之争等，而对于威胁自己小确幸的民生问题十分在意，比如台北捷运杀人案、高雄气爆案、食品安全问题等。这些民生问题由于国民党处置不当和民进党的恶意政治操作，将民怨引导向国民党和马英九，让民众认为是国民党的执政威胁到自己的小确幸，进而想要用

① 《纪如泽：小确幸也不确定了？》，观察者，http：//www.guancha.cn/jiruze/2014_11_11_285237_2.shtml

② 《探寻台湾创意产业发达原因：创意透过选举而来》，新浪网，http：//news.sina.com.cn/c/sd/2010-10-22/120021330867.shtml

激进的手段维持自己保守的小确幸，而一人一票、票票等值的选举成为释放和表达民怨、教训国民党的方式。

3. 投票成为发泄民怨的突破口

台湾民众的小确幸心理在国民党中无法形成共鸣，国民党仍然按照威权思维、传统思想来思考选举，政党与民意之间产生了落差。选举成为选民表达民意的途径，成为发泄民怨的突破口。

民进党“立委”赵天麟认为，民怨才是这次选举的关键。国民党内部人士也坦言，全台各县市不管蓝营基本盘原来有多大优势，只要是国民党提名的候选人，许多选民就是不投给他。这是选民“惩罚性投票”，是对 2012 马英九连任以来，包括油电双涨、薪资停滞、物价上扬以及食安连环爆发的一连串事件，所累积不满的反映。[①]

（二）科学选战与“中间力量”相结合

1. 柯文哲式科学选战法出现

柯文哲本人在处理事情上有很强的决断力，正如柯文哲团队竞选总干事姚立明所说，“柯文哲自己才是竞选总干事”。另外，柯文哲对于选举有自己的理解，其竞选策略以改变为主轴，符合民众“换人做做看”的心理。在具体操盘方面，柯文哲极其重视民调，尤其是长时段、多样本的民调，民调成为柯文哲团队重要的参考。此外，最重要的一点是柯文哲已经采取了科学的选战策略，即以选民为中心制定选战策略。据姚立明透露，他们已经掌握了台北市几乎每一个选民的政治立场、投票倾向、往年投票情况等，根据这些因素综合分析来划分选民属性，比如军公教蓝、本省蓝、外省蓝等等，根据这些属性划分来制定选战策略和计算选票的转移情况。这可以说是一种新的科学选举法。利用各类民调研究民众心理变化和民情民意，之后将这些变化数据化并应用到选举预测上，可以利用相对科学的方法估算出最后的选举结果。早在选前 20 天左右，姚立明就表示柯文哲会以 80 万票左右赢得选举，他说：“传统台北市的选民结构大约是蓝 55%、绿 45%，以选票来看，就是蓝营有 85 万张票、绿营则有 65 万票。而台北市早就已经不是蓝大于绿，且原先支持国民党的选民当中，有 20%会投给柯文哲。因此，双方一来一回，对手连胜文只能拿到 60 多万票，柯文哲则是 80 多万票。”[②] 以此看来，姚立明释放出这一信号在当时

① 《台湾“九合一”选举结果引众议》，中国台湾网，http：//www.taiwan.cn/plzhx/qrsd/201412/t20141203_8228561.htm

② 《突破郝 79 万票！姚立明：柯将拿 80 万票 能不赢？》，《中时电子报》，http：//www.chinatimes.com/cn/newspapers/20141110000310-260102

基本没有任何影响，大家都没有重视。往往认为这是柯文哲鼓舞士气之举，信号背后的意涵没有探索。在选举当天晚上，姚立明参加新闻采访就此 80 万选票展开话题，系统提出了科学选战法的内容，并且他认为柯文哲胜选科学选战法发挥了重要的作用。

2.“白色力量”形象迷惑了选民

柯文哲标榜自己是超越蓝绿之外的“白色力量”，这种“白色力量”代表着社会公民，代表着军公教，代表则年轻世代，代表着反权贵、仇富的普通民众。柯文哲营造的一种不分蓝绿、回归社会正义的选战氛围让国民党传统动员模式失灵，蓝绿对决的局面很难形成，连胜文依靠蓝营基本盘获胜的打算落空。另外，柯文哲说话直爽，与传统政客的形象有距离，这吸引到不少年轻世代的支持者，柯文哲在年轻人当中的支持度远高于连胜文。所以，在柯文哲对选战氛围的塑造和个人形象的包装之后，台北市许多理性选民都被其迷惑，一时间误以为柯文哲能够代表自己的利益，同时产生了用白色冲淡蓝绿的愿望。

选举的结果柯文哲拿到 85 万票。若按照蓝绿基本盘计算，台北市选民有 210 万左右，投票率为约 68%，那么约有 140 万人投票，绿营选票为 63 万左右，可见柯文哲除绿营选票外，也吸引了包括部分蓝营、年轻世代和军公教在内的选票才有可能达到 85 万票。进而说明其“白色力量”形象迷惑了台北市部分选民，争取到他们的选票支持。

（三）中南部地区派系作用式微于政党

1. 派系运作效果不彰

地方派系在选举中的作用越来越小，地方派系主导选举结果的情形不复存在。虽然如此，国民党依然寄希望于地方派系的辅选，固执地认为派系运作可以成为制胜法宝。依靠派系而不挹注资源成为这次选战失败的原因之一。

从地方派系角度分析，派系在对选民的控制上效果大不如前，反映在得票数上就是派系支持的候选人得票数萎缩。

在台中市，胡志强和国民党整合了红黑两派，两派领袖团结为胡志强辅选，但是胡志强的民调一直没有提升，其原因有人分析是因为红黑两派操纵民调以继续向国民党要资源。红黑两派的此种心态导致不可能尽力辅选，只注重自身的利益而忽略了选民心理也发生了变化，所以利用传统的“买票”、绑桩、固桩等方式运作选举收效甚微。

这可以从胡志强在原台中县的得票情况分析：

胡志强在2010年台中县市合并后当选第一届“直辖市长”时得票数如下：

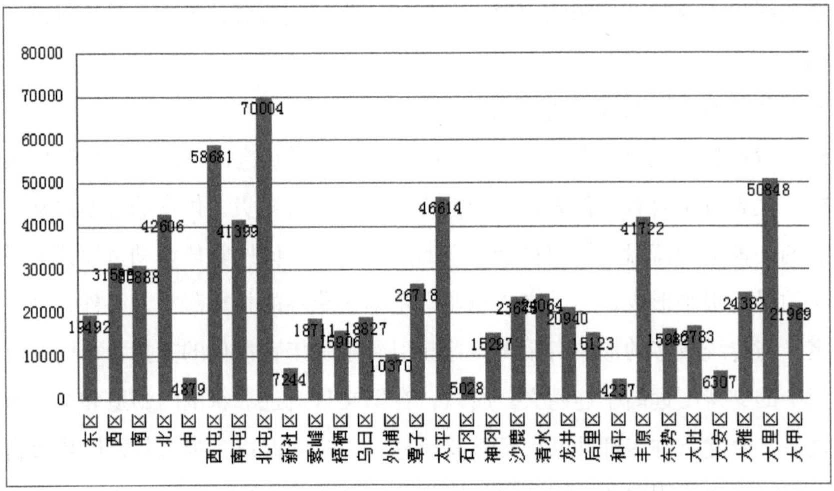

作者自制

这次选举，胡志强得票数共计得到730284票。在原台中市得票数为299531，原台中县得票数为430753。

原台中县得票数如下：

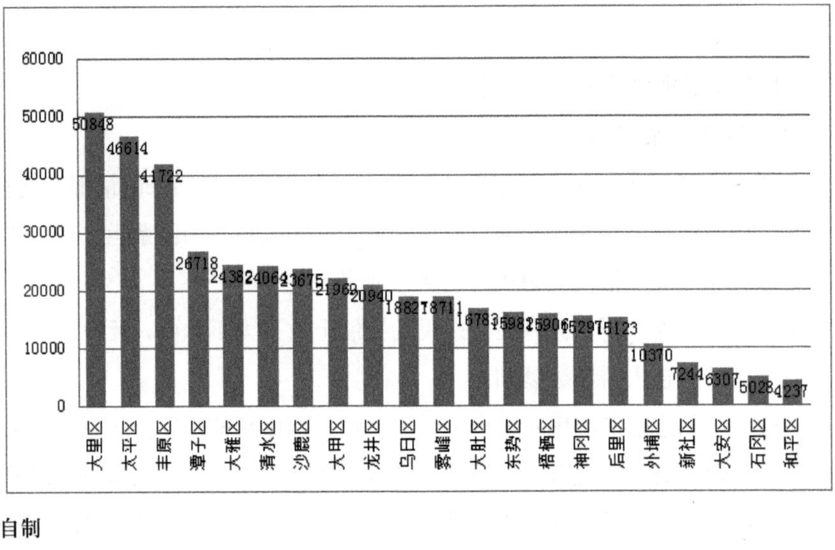

作者自制

胡志强在大里区、太平区、丰原区得票较多，其支持力量在这三个地方比较明显。

反观 2014 年“九合一”选举，胡志强与林佳龙得票情况如下：

大甲区

注记	号次	姓名	性别	得票数	得票率	推荐之政党
	1	胡志强	男	18,351	41.57%	中国国民党
◎	2	林佳龙	男	25,794	58.43%	民主进步党

大安区

注记	号次	姓名	性别	得票数	得票率	推荐之政党
	1	胡志强	男	5,360	42.80%	中国国民党
◎	2	林佳龙	男	7,163	57.20%	民主进步党

外埔区

注记	号次	姓名	性别	得票数	得票率	推荐之政党
	1	胡志强	男	8,688	45.64%	中国国民党
◎	2	林佳龙	男	10,346	54.36%	民主进步党

清水区

注记	号次	姓名	性别	得票数	得票率	推荐之政党
	1	胡志强	男	20,491	40.31%	中国国民党
◎	2	林佳龙	男	30,338	59.69%	民主进步党

梧栖区

注记	号次	姓名	性别	得票数	得票率	推荐之政党
	1	胡志强	男	12,486	39.39%	中国国民党
◎	2	林佳龙	男	19,210	60.61%	民主进步党

沙鹿区

注记	号次	姓名	性别	得票数	得票率	推荐之政党
	1	胡志强	男	20,031	41.12%	中国国民党
◎	2	林佳龙	男	28,688	58.88%	民主进步党

龙井区

注记	号次	姓名	性别	得票数	得票率	推荐之政党
	1	胡志强	男	17,642	41.35%	中国国民党
◎	2	林佳龙	男	25,026	58.65%	民主进步党

大肚区

注记	号次	姓名	性别	得票数	得票率	推荐之政党
	1	胡志强	男	14,605	43.47%	中国国民党
◎	2	林佳龙	男	18,994	56.53%	民主进步党

乌日区

注记	号次	姓名	性别	得票数	得票率	推荐之政党
	1	胡志强	男	15,983	39.66%	中国国民党
◎	2	林佳龙	男	24,316	60.34%	民主进步党

后里区

注记	号次	姓名	性别	得票数	得票率	推荐之政党
	1	胡志强	男	12,874	41.57%	中国国民党
◎	2	林佳龙	男	18,099	58.43%	民主进步党

丰原区

注记	号次	姓名	性别	得票数	得票率	推荐之政党
	1	胡志强	男	35,282	38.45%	中国国民党
◎	2	林佳龙	男	56,490	61.55%	民主进步党

神冈区

注记	号次	姓名	性别	得票数	得票率	推荐之政党
	1	胡志强	男	13,255	35.24%	中国国民党
◎	2	林佳龙	男	24,356	64.76%	民主进步党

大雅区

注记	号次	姓名	性别	得票数	得票率	推荐之政党
	1	胡志强	男	21,111	42.72%	中国国民党
◎	2	林佳龙	男	28,303	57.28%	民主进步党

潭子区

注记	号次	姓名	性别	得票数	得票率	推荐之政党
	1	胡志强	男	23,800	41.60%	中国国民党
◎	2	林佳龙	男	33,405	58.40%	民主进步党

西屯区

注记	号次	姓名	性别	得票数	得票率	推荐之政党
	1	胡志强	男	53,247	47.84%	中国国民党
◎	2	林佳龙	男	58,065	52.16%	民主进步党

南屯区

注记	号次	姓名	性别	得票数	得票率	推荐之政党
	1	胡志强	男	37,473	45.16%	中国国民党
◎	2	林佳龙	男	45,497	54.84%	民主进步党

北屯区

注记	号次	姓名	性别	得票数	得票率	推荐之政党
	1	胡志强	男	64,646	47.06%	中国国民党
◎	2	林佳龙	男	72,717	52.94%	民主进步党

北区

注记	号次	姓名	性别	得票数	得票率	推荐之政党
	1	胡志强	男	36,791	46.45%	中国国民党
◎	2	林佳龙	男	42,419	53.55%	民主进步党

中区

注记	号次	姓名	性别	得票数	得票率	推荐之政党
	1	胡志强	男	3,971	41.82%	中国国民党
◎	2	林佳龙	男	5,525	58.18%	民主进步党

西区

注记	号次	姓名	性别	得票数	得票率	推荐之政党
	1	胡志强	男	27,297	44.10%	中国国民党
◎	2	林佳龙	男	34,605	55.90%	民主进步党

东区

注记	号次	姓名	性别	得票数	得票率	推荐之政党
	1	胡志强	男	17,240	40.16%	中国国民党
◎	2	林佳龙	男	25,690	59.84%	民主进步党

南区

注记	号次	姓名	性别	得票数	得票率	推荐之政党
	1	胡志强	男	27,922	43.49%	中国国民党
◎	2	林佳龙	男	36,277	56.51%	民主进步党

太平区

注记	号次	姓名	性别	得票数	得票率	推荐之政党
	1	胡志强	男	40,779	41.96%	中国国民党
◎	2	林佳龙	男	56,413	58.04%	民主进步党

大里区

注记	号次	姓名	性别	得票数	得票率	推荐之政党
	1	胡志强	男	43,174	39.87%	中国国民党
◎	2	林佳龙	男	65,123	60.13%	民主进步党

雾峰区

注记	号次	姓名	性别	得票数	得票率	推荐之政党
	1	胡志强	男	15,925	41.96%	中国国民党
◎	2	林佳龙	男	22,024	58.04%	民主进步党

东势区

注记	号次	姓名	性别	得票数	得票率	推荐之政党
	1	胡志强	男	13,997	46.49%	中国国民党
◎	2	林佳龙	男	16,111	53.51%	民主进步党

石冈区

注记	号次	姓名	性别	得票数	得票率	推荐之政党
	1	胡志强	男	4,110	43.91%	中国国民党
◎	2	林佳龙	男	5,251	56.09%	民主进步党

新社区

注记	号次	姓名	性别	得票数	得票率	推荐之政党
	1	胡志强	男	6,827	45.26%	中国国民党
◎	2	林佳龙	男	8,257	54.74%	民主进步党

和平区

注记	号次	姓名	性别	得票数	得票率	推荐之政党
	1	胡志强	男	4,173	60.00%	中国国民党
◎	2	林佳龙	男	2,782	40.00%	民主进步党

统计后，胡志强在原台中县得票数为 368944，比上一次少了 61809 票，得票情况如下：

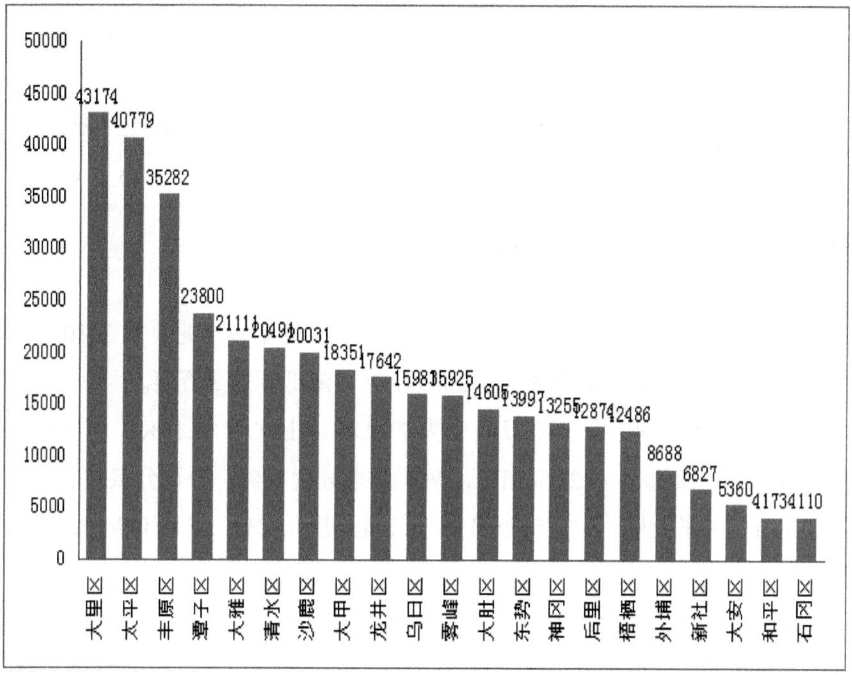

作者自制

在三个优势地区大里区、太平区、丰原区中，分别少了 7674、5835、6440 票，一共少了近两万票。这也说明，胡志强希望依靠派系整合用原台中县选票补原台中市选票的计划失败。在原台中县胡志强输了 6 万多票，而在原台中市，林佳龙经过十年经营，胡志强的优势大大缩水。综合两次选举，胡志强在原台中市的得票情况如下：

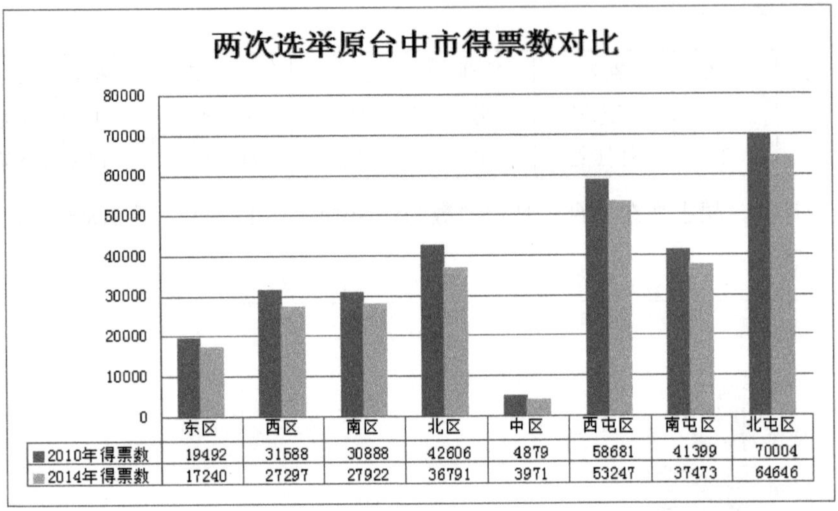

作者自制

可见，在原台中市各区中，胡志强的得票数也低于林佳龙。在2010年，胡志强拿到299537票，2014年只拿到了268587票，降低了近3万票。

台中市2014年的市长选举投票率为71.93%，上次为73.15%，市议员选举投票率72%，和上次选举73.21%相比，两项选举分别减少一个百分点左右；而尽管民进党在市长选举大胜，但在市议员选举只赢蓝营0.38%，显示不少选民出现“分裂投票”。

从投票率来看，2014年比上年低了近2%，所以有更多的选民没有投票，这跟派系作用萎缩有一定的关系，派系运作效果一般。

从两党得票数来看，民进党得票数为84万7284票，占57.06%，国民党得票数为63万7531票，占42.94%。市议员选举方面，上次投票率为73.21%，本次选举人数208万3610人，投票人数150万163人，投票率72%。民进党在市议员选举总计拿到58万4725票，占39.91%；国民党拿到56万89票，占38.23%；亲民党3万7892票，占2.59%；台联1万8893票，占1.29%；无党籍及其他政党共26万3380票，占17.97%。总之，在各类选举统计上，国民党都输给了民进党。也就是说，胡志强的优势不在，依靠派系就能胜选的思维已经过时了，政党的运作日益成熟，派系在此后会更加萎缩。

从政党角度分析，政党在地方上的经营与选举运作日益成熟，能够得到更多的选票支持。

在云林县，民进党苏治芬曾参选 2005 年和 2009 年两届县长并当选，“九合一”选举中支持李进勇参选并当选。选前，传言云林县山线“立委”刘建国与苏治芬、李进勇不和，一度出现云林县山线崩盘，国民党胜选在望的消息。但是，通过民进党的运作，李进勇在几乎未依靠地方派系，在民进党内分裂的情况下仍然胜选，可见政党在中南部的影响力开始超过地方派系。

从民进党在云林县长选举中的得票情况可以证明以上观点。在 2005 年县长选举中，苏治芬得票情况为：

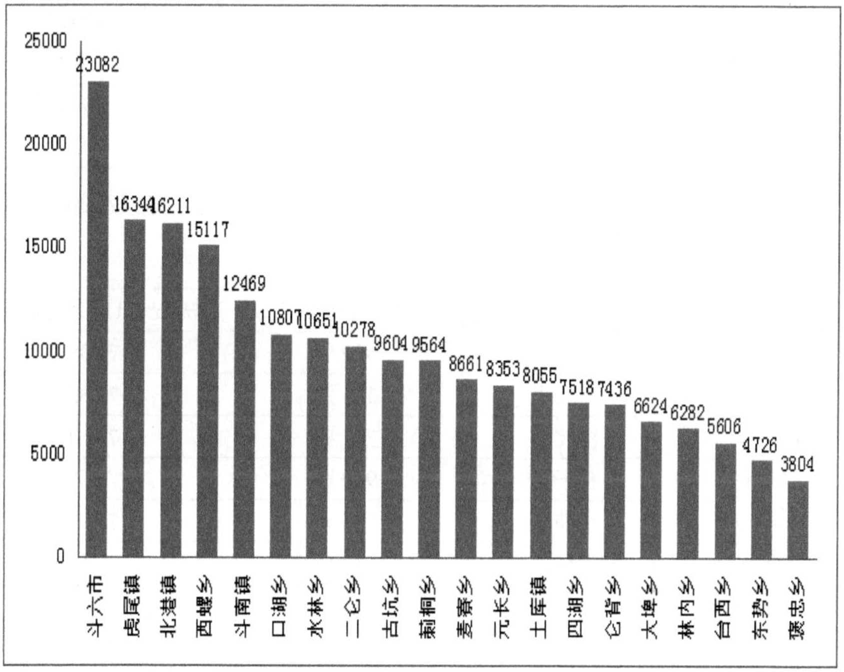

作者自制

本次选举苏治芬共得 201192 票。斗六市、虎尾镇、北港乡、西螺镇是苏治芬优势明显地区。

苏治芬在选举中得票超过 1000 的地区有：

北港镇	新街里	2339 票
北港镇	华胜里	2314 票
斗南镇	明昌里	1456 票
斗六市	榴中里	1419 票
西螺镇	汉光里	1408 票

续表

北港镇	树脚里	1393 票
莿桐乡	莿桐村	1344 票
斗南镇	西岐里	1329 票
林内乡	林中村	1274 票
虎尾镇	廉使里	1184 票
斗六市	虎溪里	1164 票
林内乡	九芎村	1095 票
斗六市	保庄里	1091 票
麦寮乡	麦丰村	1079 票
虎尾镇	埒内里	1054 票
元长乡	长南村	1027 票

可见，苏治芬在北港镇和斗六市优势明显。另外，苏治芬得票率超过 70% 的地区有：

北港镇	扶朝里	648 票（此列得票数）	89.26%（此列为得票率）
水林乡	土厝村	689 票	79.38%
北港镇	南安里	564 票	79.32%
口湖乡	梧北村	707 票	78.64%
口湖乡	台子村	990 票	78.2%
北港镇	水埔里	315 票	77.97%
莿桐乡	甘厝村	517 票	77.63%
北港镇	光民里	436 票	76.22%
西螺镇	七座里	491 票	75.08%
二仑乡	大华村	482 票	74.61%
北港镇	东阳里	449 票	74.46%
四湖乡	箔东村	468 票	73.24%
西螺镇	安定里	854 票	73.12%
西螺镇	新安里	659 票	73.06%
口湖乡	后厝村	391 票	72.68%
北港镇	树脚里	1393 票	72.29%
水林乡	山脚村	433 票	72.29%
元长乡	龙岩村	512 票	72.11%
西螺镇	东兴里	514 票	71.69%
水林乡	苏秦村	547 票	71.6%

续表

北港镇	公馆里	345 票	71.43%
莿桐乡	甘西村	759 票	71.33%
北港镇	义民里	242 票	71.18%
林内乡	重兴村	947 票	71.1%
北港镇	刘厝里	600 票	71.01%
西螺镇	埤头里	461 票	70.92%
西螺镇	公馆里	649 票	70.77%
水林乡	海埔村	520 票	70.75%
水林乡	万兴村	362 票	70.7%
北港镇	东华里	266 票	70.18%

作者自制

结合比较后发现，北港镇是苏治芬的票源地，也是民进党经营地。

在 2009 年县长选举中，苏治芬连任。苏治芬在各乡镇的得票数统计如下：

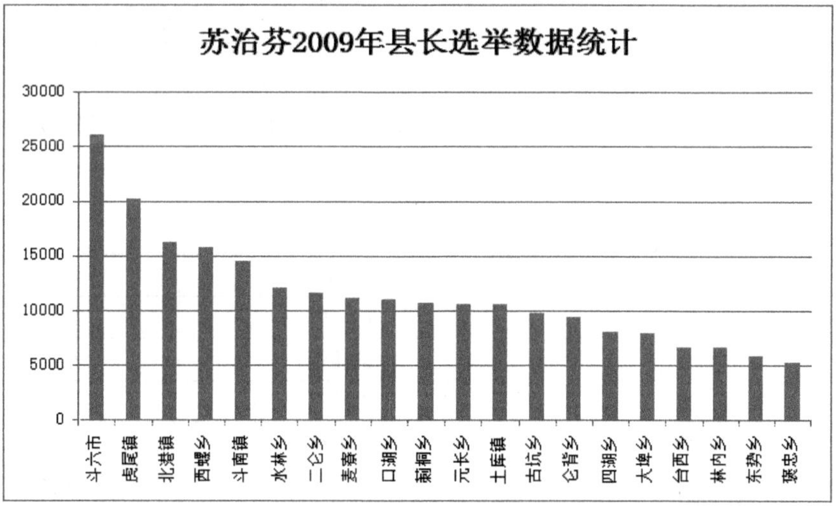

作者自制

乡镇	得票数
斗六市	26048
虎尾镇	20228
北港镇	16236

续表

西螺镇	15838
斗南镇	14482
水林乡	12091
二仑乡	11584
麦寮乡	11163
口湖乡	11053
莿桐乡	10673
元长乡	10625
土库镇	10609
古坑乡	9753
仑背乡	9359
四湖乡	8053
大埤乡	7905
台西乡	6686
林内乡	6608
东势乡	5762
褒忠乡	5202

2009 年选举共得到共得 229958 票。斗六市、虎尾镇、北港镇、西螺镇苏治芬优势明显，与 2005 年选举保持一致。

苏治芬在选举中得票数超过 1000 的地区有：

乡镇	村里	得票数
北港镇	新街里	2367
北港镇	华胜里	2240
斗南镇	明昌里	1792
麦寮乡	麦丰村	1573
斗六市	虎溪里	1527
西螺镇	汉光里	1514
斗南镇	西岐里	1504
莿桐乡	莿桐村	1494
斗六市	榴中里	1424
北港镇	树脚里	1405
林内乡	林中村	1381
斗六市	保庄里	1360

续表

虎尾镇	廉使里	1353
元长乡	长南村	1333
麦寮乡	桥头村	1263
虎尾镇	顶溪里	1212
麦寮乡	三盛村	1177
斗六市	镇东里	1173
麦寮乡	施厝村	1173
虎尾镇	埒内里	1165
林内乡	九芎村	1153
虎尾镇	立仁里	1133
莿桐乡	大美村	1112
斗南镇	新光里	1105
斗六市	林头里	1089
水林乡	水北村	1068
麦寮乡	兴华村	1066
虎尾镇	西安里	1058
西螺镇	正兴里	1039
虎尾镇	新吉里	1028
土库镇	后埔里	1027
麦寮乡	麦津村	1002

得票率超过 80% 的地区有：

北港镇	扶朝里	605	91.53
元长乡	卓运村	243	88.69
四湖乡	箔东村	461	87.15
水林乡	海埔村	665	86.59
水林乡	土厝村	793	85.73
口湖乡	台子村	951	85.44
二仑乡	楊贤村	864	83.4
元长乡	龙岩村	572	83.26
二仑乡	义庄村	421	83.04
元长乡	内寮村	361	82.42
西螺镇	七座里	478	82.41
二仑乡	大华村	528	82.37

续表

元长乡	潭西村	396	82.16
北港镇	水埔里	288	82.05
水林乡	旧埔村	412	81.75
莿桐乡	甘厝村	488	81.74
西螺镇	东兴里	510	81.73
口湖乡	梧北村	617	81.51
西螺镇	新安里	668	81.36
北港镇	新厝里	230	81.27
西螺镇	埤头里	446	81.24
古坑乡	麻园村	329	80.84
北港镇	大北里	280	80.69
西螺镇	安定里	913	80.51
四湖乡	箔子村	421	80.5
水林乡	万兴村	431	80.41
二仑乡	永定村	724	80.27
台西乡	溪顶村	629	80.13
北港镇	番沟里	491	80.1

2009 年选举，苏治芬也在北港镇有明显的优势，这里是苏治芬的主要票源地。

2014 年，李进勇代表民进党参选，其各乡镇得票情况为：

麦寮乡

注记	号次	姓名	性别	得票数	得票率	推荐之政党
	1	张丽善	女	12,077	49.79%	中国国民党
◎	2	李进勇	男	12,180	50.21%	民主进步党

台西乡

注记	号次	姓名	性别	得票数	得票率	推荐之政党
	1	张丽善	女	7,961	50.58%	中国国民党
◎	2	李进勇	男	7,778	49.42%	民主进步党

东势乡

注记	号次	姓名	性别	得票数	得票率	推荐之政党
	1	张丽善	女	4,923	47.42%	中国国民党
◎	2	李进勇	男	5,459	52.58%	民主进步党

褒忠乡

注记	号次	姓名	性别	得票数	得票率	推荐之政党
	1	张丽善	女	3,994	46.03%	中国国民党
◎	2	李进勇	男	4,683	53.97%	民主进步党

土库镇

注记	号次	姓名	性别	得票数	得票率	推荐之政党
	1	张丽善	女	8,601	48.18%	中国国民党
◎	2	李进勇	男	9,250	51.82%	民主进步党

虎尾镇

注记	号次	姓名	性别	得票数	得票率	推荐之政党
	1	张丽善	女	18,669	47.79%	中国国民党
◎	2	李进勇	男	20,393	52.21%	民主进步党

四湖乡

注记	号次	姓名	性别	得票数	得票率	推荐之政党
	1	张丽善	女	5,641	36.67%	中国国民党
◎	2	李进勇	男	9,743	63.33%	民主进步党

元长乡

注记	号次	姓名	性别	得票数	得票率	推荐之政党
	1	张丽善	女	7,017	41.24%	中国国民党
◎	2	李进勇	男	10,000	58.76%	民主进步党

口湖乡

注记	号次	姓名	性别	得票数	得票率	推荐之政党
	1	张丽善	女	7,485	45.47%	中国国民党
◎	2	李进勇	男	8,976	54.53%	民主进步党

水林乡

注记	号次	姓名	性别	得票数	得票率	推荐之政党
	1	张丽善	女	6,022	35.14%	中国国民党
◎	2	李进勇	男	11,113	64.86%	民主进步党

北港镇

注记	号次	姓名	性别	得票数	得票率	推荐之政党
	1	张丽善	女	9,142	37.88%	中国国民党
◎	2	李进勇	男	14,994	62.12%	民主进步党

仑背乡

注记	号次	姓名	性别	得票数	得票率	推荐之政党
	1	张丽善	女	6,649	42.99%	中国国民党
◎	2	李进勇	男	8,819	57.01%	民主进步党

二仑乡

注记	号次	姓名	性别	得票数	得票率	推荐之政党
	1	张丽善	女	5,684	34.15%	中国国民党
◎	2	李进勇	男	10,958	65.85%	民主进步党

西螺镇

注记	号次	姓名	性别	得票数	得票率	推荐之政党
	1	张丽善	女	10,194	38.30%	中国国民党
◎	2	李进勇	男	16,420	61.70%	民主进步党

莿桐乡

注记	号次	姓名	性别	得票数	得票率	推荐之政党
	1	张丽善	女	6,690	36.74%	中国国民党
◎	2	李进勇	男	11,519	63.26%	民主进步党

林内乡

注记	号次	姓名	性别	得票数	得票率	推荐之政党
	1	张丽善	女	4,947	43.14%	中国国民党
◎	2	李进勇	男	6,520	56.86%	民主进步党

斗六市

注记	号次	姓名	性别	得票数	得票率	推荐之政党
	1	张丽善	女	26,406	46.05%	中国国民党
◎	2	李进勇	男	30,932	53.95%	民主进步党

大埤乡

注记	号次	姓名	性别	得票数	得票率	推荐之政党
	1	张丽善	女	4,877	40.50%	中国国民党
◎	2	李进勇	男	7,164	59.50%	民主进步党

斗南镇

注记	号次	姓名	性别	得票数	得票率	推荐之政党
	1	张丽善	女	10,713	41.81%	中国国民党
◎	2	李进勇	男	14,907	58.19%	民主进步党

古坑乡

注记	号次	姓名	性别	得票数	得票率	推荐之政党
	1	张丽善	女	8,170	42.42%	中国国民党
◎	2	李进勇	男	11,092	57.58%	民主进步党

本次选举，李进勇共得到232900票，总得票率为56.98%。张丽善得票数为175862，总得票率为43.02%。李进勇超过张丽善约6万票，优势明显。

李进勇本次选举在各乡镇的得票数为：

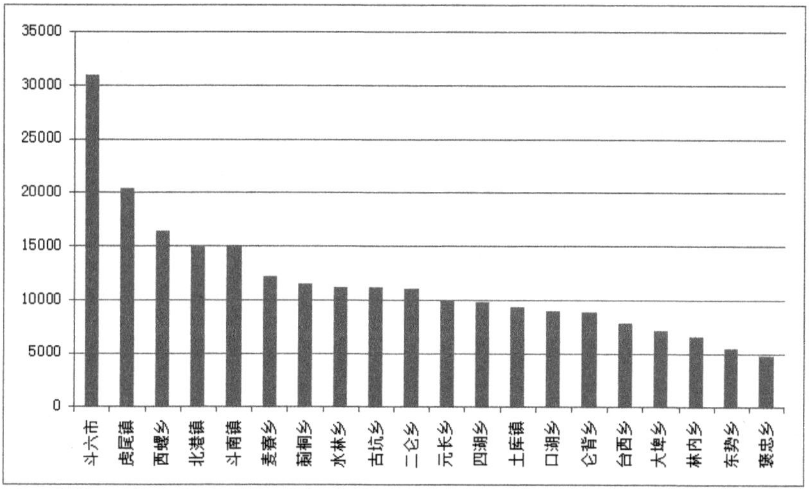

作者自制

乡镇市	得票数
斗六市	30932
虎尾镇	20393
西螺镇	16420
北港镇	14994
斗南镇	14907
麦寮乡	12180
莿桐乡	11519
水林乡	11113
古坑乡	11092
二仑乡	10958
元长乡	10000
四湖乡	9743
土库镇	9250
口湖乡	8976
仑背乡	8819
台西乡	7778
大埤乡	7164
林内乡	6520
东势乡	5459
褒忠乡	4683

李进勇在斗六市、虎尾镇、北港镇、西螺镇、斗南镇得票数较多，可见，民进党在这些地方的经营已经有了显著效果。

综合三此县长选举，在总得票数上，2005 年得票数为 201192 票，2009 年得票数为 229958 票，2014 年得票数为 232900 票，10 年间上升 3 万多票。

另外，从各乡镇市的得票数变化情况可以进一步分析：

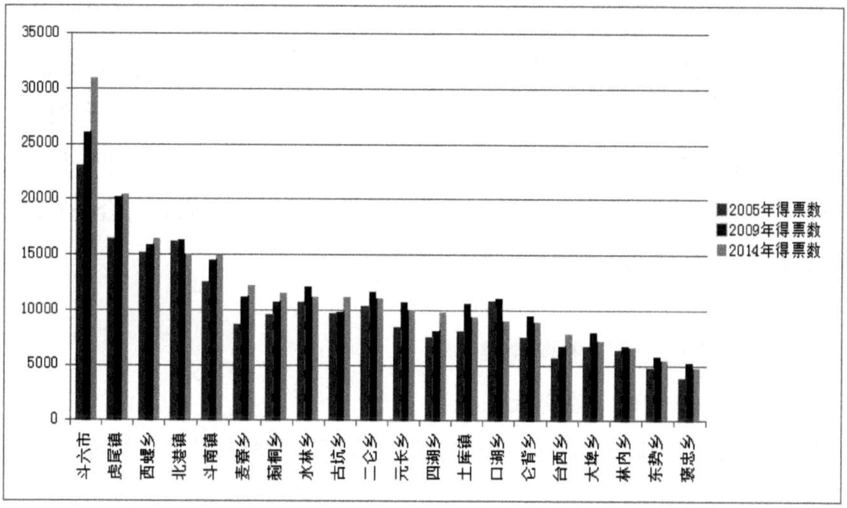

作者自制

在斗六市，10 年间民进党得票数增长迅速，其他如虎尾镇、西螺乡、北港乡、斗南镇等保持稳定。

总之，在得票数来看，除去人口增加、参选人特质外，民进党在云林县的政党经营起到了很大的作用，甚至其影响力有超越地方派系的趋势。中南部派系经历打击，无法得到执政权，派系影响力会进一步减小，政党经营会进一步深入。至于派系是否会因为长期无法执政取得行政资源而分裂、瓦解，需要进一步观察。

2. 民众对派系的心态发生微妙变化

派系在台湾选举的历史上曾经发挥过独特的作用。但是随着时间的推移和选民素质的提高，民众对于派系的态度发生了变化。在云林县，张派的势力比较强大，倾全派系之力为张丽善辅选，但是最后却在民进党分裂的情况下败选，这里面有派系式微的因素，更重要的是民众对派系的态度发生了变化。

历史上，派系形成靠的是血缘或者类血缘关系的一批人有共同的利益而形成团体，在整个团体中推贤举能，有共同认可的领袖人物。领袖们依靠派系的实力当选县市长或者议长，他们也就有了获得资源与分配资源的能力。但是，随着陈水扁时期对地方农渔会的破坏和马英九采取与派系切割的做法，让派系在地方的生存空间越来越小。并且，不同派系之间合纵连横，派系内部权力斗争也时有发生，在内外力的共同作用下，派系的能力大不如前。另外，派系领袖的各种勾当不断曝光，有些人甚至被捕入狱，导致民众对派系的好感下降，民众不看好派系的未来发展。而对于政党，心态发生了微妙的变化。国民党在中南部地区基本不投放党的资源，或是依靠参选人自己经营，或是提名地方派系的人士，让地方派系代替政党辅选，这种布局导致国民党在中南部没有根基，选民心中又厌恶派系恶斗，这导致国民党在中南部的选战策略不符合民意的变化，整合选战策略失败。民进党则不然，他们即喊着打倒派系又私底下依靠派系，这种操作蒙骗了基层的民众，符合民众的心理，最终成为民进党籍参选人胜选的重要原因之一。

（四）“在野大联盟”催票效果显著

1. 民进党主导下的“在野大联盟”

所谓的“在野大联盟”，是在民进党的主导下，采取与其他非绿阵营结盟的选战策略。民进党利用此策略希望能够塑造一种超越蓝绿的氛围，在此氛围的影响下选民能够选出民进党中意的候选人。具体的做法就是民进党内不提名、不初选，即使初选后也要利用民调的方式推出非己党属性的候选人，此举既可以让党内各派系和长期基层经营者无话可说，又可以在民众中增强对民进党的好感。如此以来，民进党本次的选策略就是不计一城一地的得失，重要的是要形成“地方包围中央”的局势，将国民党连接成片的县市切割开来，并且通过自身的经营让这些县市由蓝转绿，最终在此后的施政中无法形成县市联动效应，2016 年“总统大选”时也就无法形成连片效应，也就增加了民进党上台的筹码。

“在野大联盟”策略在不同情况的县市采取的运作手法不同：在台北市，选民结构蓝略大于绿，蓝绿基本盘在 5.5：4.5，鉴于此情况，如果民进党推出自己的参选人，国民党就可以通过蓝绿基本盘胜选。但是如果不进行党内初选又无法消弭派系内的各种声音。而这时候带有绿色背景的柯文哲也表示有意参选台北市长。民进党内也有部分人士看好柯文哲，比如谢长廷很早就派人帮助柯文哲。蔡英文当选党主席后，考虑到自身的发展问题，如果能够拿下台北市也有利于其未来的打算，所以在各种建议之下选择礼让柯文哲。柯文哲在民调上赢了民进党姚文智后，宣布不会加入民进党，只是会与民进党的市议员相互辅选。而后，柯文哲的竞选团队中刻意淡化蓝绿色彩，找来了浅蓝的姚立明，又找来了活跃在公民运动中的领袖纪政。如是包装后，柯文哲“白色力量”的形象基本形成，加上柯文哲直爽的性格和快言快语，以一股清新之感赢得了厌恶蓝绿恶斗的选民支持。最后，柯文哲在选前之夜上，利用“爱的力量”推倒了蓝绿的高墙，彻底凸显了“白色力量”的威力，而一直在打蓝绿的连胜文阵营已经注定了失败。总之，民进党在台北市是想通过“在野大联盟”把绿色包装成白色，用白色冲击传统的蓝绿，从而赢得选举。

在新竹县，民进党都没有提名，转而支持从蓝营分裂出来的郑永金。民进党认为郑永金曾经做过县长，大约能够拿下六七万票，而民进党自己也能够给郑永金六七万票，这样一来就可以把国民党邱镜淳拉下来。但是最终的结果并不像民进党的盘算，郑永金只拿下118698票，得票率为44.82%，低于邱镜淳的124309票。所以，民进党“在野大联盟”并未能够完全发挥成效，但是其不分蓝绿、“国民党的敌人就是我的朋友”思路已经形成，此后任何从国民党分裂出来的人都会受到民进党的笼络，其目的就是以“非敌即友”的观念与反国民党势力结盟，最终达到颠覆国民党势力的结果。

在花莲县，民进党也没有提名自己的参选人，而鉴于当地的情况，傅崐萁一家独大，任何势力在短期内不能撼动。所以，民进党就干脆不趟这趟浑水，因为无论如何操作，无党籍的傅崐萁当选已经成为了事实。花莲县也可以作为民进党“在野大联盟”策略的一部分，无论如何也是配合了民进党的策略。

2.“在野大联盟”与民情民意结合催票

民进党“在野大联盟”的策略营造出不分蓝绿的氛围，联合反国民党势力的做法顺应了民众反国民党、反权贵的心理，“在野大联盟”与民情民意之间的结合产生了很好的催票作用，催出了浅蓝民众、反国民党民众、厌恶蓝绿恶斗民众等的选票，又配合参选人特质，“在野大联盟”实现了有效催票，在之后选举中的作用需要进一步关注。

（五）选制变化易于民进党乱中取胜

“九合一”选举将九类选举合并在同一天举行，这让民进党受益匪浅。民进党是一个选举型政党，每当选举来临，民进党的各种手段都会一一展现。选制变化后，民进党总能找到在乱中取胜的方式，比如这一次的“在野大联盟”就是因应九类选举合并举行而生。民进党的动员能力、组织能力等有限，不可能对每一位参选者倾力辅选，也不可能对各类选举都能照顾到。因而，为了选举利益最大化，民进党采取“在野大联盟”，与各种势力联合打击国民党，最终保持自己的利益并最大化。

另外，民进党在动荡中发迹，在混乱中有自己的生存策略。所以，在此后选制变化中民进党如何保持利益最大化值得观察。

三、“九合一”选举后续影响

（一）国民党

1. 权力结构发生变化

“九合一”选举过后，国民党大败，引发了一次权力结构变化。“行政院长”江宜桦辞职，随后“内阁”总辞。随后，国民党副主席吴敦义、曾永权辞职，马英九也在承受不住心理压力的情况下请辞国民党主席。如此以来，党政都出现人员更替的状况。在“行政院”中，由“行政院副院长”毛治国接任“行政院长”，“副院长”可能从“国发会主委”管中闵、即将卸任的嘉义市长黄敏惠二人择一。“财经三长”敲定，“政委”邓振中内定接任“经济部长”，“经长”杜紫军则转任“政委”；“金管会主委”曾铭宗、“财政部长”张盛和留任。[①] 毛治国接任后，为求人事稳定，绝大多数“阁员”将留任，包括“交通部长”叶匡时等。至于“副院长”人选，将待毛治国和马英九拍板。在国民党内，已经宣布辞职的吴敦义经马英九一再挽留，勉强同意在选出新主席之前代理主席职位

尽管各种党政职位已经分配结束，但是这只是一时的权宜之计。国民党败选后，有些县市长无法连任，比如胡志强（已进入中时集团）、吴志扬（已担任中华职业棒球会长），有些县市长任期已满，比如郝龙斌（已担任国民党副主席）、卓伯源（参选彰化县“立委”补选失败），还有一些参选人没有赢得选举，比如连胜文、陈以真、张丽善，这些人的去留与出路成为热议的焦点。这些人中，有些是“四大家族”的接班人，有些是马英九的亲信，有些也是派系的后起之秀，所以如何处理这些人是以后国民党权力变化的核心。另外，“立法院长”王金平的动向更值得关注。

“四大家族”希望继续延续政治生命，需要对自己的家族接班人安排位置，国民党的中生代、后起之秀也想分一杯羹，在国民党败选，行政资源大幅度萎缩的情况下，如何协调各种利益关系尤为重要，权力结构改变后谁将在党内初选中胜出，代表国民党参选 2016 年“总统大选”，这也是未来观察的视角。

2015 年初，朱立伦当选国民党主席，引起了新一轮权力结构变化，朱立伦也

---

① 《台湾新一届“内阁”财经首长敲定》，网易新闻，http：//news.163.com/14/1204/07/ACJS01OI-00014AEE.html

面临着各种矛盾。

朱立伦在当选国民党主席后，面临着一系列的矛盾，党内矛盾包括如何处理与马英九的关系问题，如何处理王金平“党籍案”，以及如何安排人士、调整人事；党外矛盾包括两个方面，一个方面是如何处理与民进党的关系，其中重要的是处理与蔡英文的关系问题，另一个方面是如何处理与大陆的关系问题。党内外的各种矛盾犬牙交错，任何一种矛盾都与其他矛盾有或大或小的关联，而朱立伦处理这些错综复杂的关系构成了他活动的主轴。

朱立伦处理党内矛盾主要有三个方面：“尊马挺王”、党务改革和辅选“立委”补选。

“尊马挺王”方面：“九合一”选后，国民党大败，马英九辞去国民党主席。而在党内呼声最高的朱立伦登记参选国民党主席后，由于无人竞争，笃定当选主席。在朱立伦正式就职后，最先面临的就是处理与前主席马英九的关系。马英九曾经有着极高的人气以及美国的支持，但是在第二任期内，人气一路下滑，施政饱受争议，尤其是“九合一”选举的失利，马英九负有很大的责任。虽然如此，朱立伦也不能直接无视马英九，而是要继续“尊马”，在形式上保持马英九在党内的地位，但是具体的事务不能让马英九插手。例如，朱立伦取消了马英九时期的“中山会报”，恢复国民党中常会的职能。“中山会报”是马英九一手操纵的，是贯彻马英九个人意志的产物，完全凌驾于党之上，国民党原重要决策机构中常会成为了无有可无的形式。而朱立伦恢复中常会的职能，就是要打破马英九在党内一人独大的局面，重新找回所谓的“创党精神”。其实，朱立伦也希望能像马英九一样在党内一人独大，但是朱立伦无论人气和党务，都不能与当年的马英九相比，所以只能暂且恢复中常会职能。还有，中常委林荣德提案敦请朱立伦聘马英九“总统”为荣誉主席，朱响应说，党章中并无荣誉主席，只是“尊称”，盼回归制度。府方人士也称，国民党已有两位荣誉主席，足以协助朱立伦。

此外，朱立伦处理与马英九的关系不可回避的是如何处理与王金平的关系。王金平与马英九的心结由来已久，2005 年两人竞选国民党主席时，马英九击败王金平，两人的心结就此结下。之后，“马王政争”以及随后的王金平党籍案，进一步加深了两人之间的矛盾。而马英九辞去党主席，在党内的地位大不如前，而王金平为“立法院长”，对 2016 年“总统”和“立委”选举的作用不可或缺，所以朱立伦选择“挺王”，通过与王金平“结盟”打击马英九，也为朱立伦“内阁制”构想的实施添火加薪。例如，对于王金平党籍案，朱立伦一贯的立场就是“家和万事兴”。

2015 年 1 月 21 日，国民党主席朱立伦首次主持中常会，针对王金平党籍诉讼案，朱立伦裁示“回归制度处理”，要求考纪会先研议修改相关党务规章，让考纪委员产生方式更符合民意基础，后续再行处理，避免贸然撤诉对党的考纪制度，造成冲击。另外，曾经决议撤除“立法院长”王金平党籍的考纪会主委一职，将由挺王派的立委黄昭顺暂代，国民党与王金平和解的气氛颇为浓厚。

党务改革方面：朱立伦在处理马、王关系之外，朱立伦通过人事调整的方式，安排自己的亲信，调整党内各利益集团之间的关系。

第一，“行政院秘书长”李四川转任国民党秘书长。党秘书长与“行政院秘书长”都需要协调党政、立法、行政等沟通工作，李四川未来除了协助朱立伦推动党务、政策外，也会尽力与民进党沟通。而朱立伦与李四川关系密切，被称为朱立伦的“爱将”，在朱立伦当选新北市长后就跟随一直跟随朱立伦，担任副市长。李四川在副市长任内，政绩良好，与蓝绿人士都保持良好的关系。

第二，国民党“立委”赖士葆担任政策会执行长，接替费鸿泰担任“立法院”国民党团大党鞭。赖士葆是学者出身，曾以新党身份当选“立委”。2002 年台北市长选举期间为马英九竞选团队担任发言人，马英九胜选后出任台北市经济发展委员会副总召集人，后又担任了总召集人以及市政顾问团队总召集人。2004 年代表新党加入中国国民党参选台北市“立法委员”并当选为第六届区域“立法委员”。赖的形象、专业俱佳，过去担任党团书记长时，更曾处理过证所税 、核四“公投”、年金改革等棘手议题，赖更率先呼应朱立伦内阁制主张，抛出恢复“阁揆同意权修宪案”。朱立伦任用赖士葆，可以体现“尊马”的意思，重用马英九的团队成员。另外，赖士葆在“立法院”中，不是强势人物，便于控制，也可以成为沟通党政的枢纽。

第三，前台北市长郝龙斌与前嘉义市长黄敏惠接任专任副主席，党副秘书长分别由黄昭顺、“立委”卢秀燕，以及前新北市党部主委江政彦担任。前新闻局长苏俊宾接组发会主委，前台北市教育局长林奕华接文传会主委，“国发院长”由前新北市研考会主委吴肇铭接任。

另外，国民党智库“国家政策研究基金会”经朱、郝与基金会董事长连战沟通后，双方已取得共识，党主席兼任智库董事长，郝龙斌也可能兼任副董事长。

综上，朱立伦通过人事调整来进行党务改造，包括安插自己的亲信、重用“立法委员”以及照顾“前朝人员”等，既顾及到党内团结，也为自己的未来之路在筹划。

“立委”辅选方面：在“九合一”选后，国民党面临着“立委”补选，这次补选是朱立伦担任党主席后的第一次考验，需要认真对待。1 月 19 日，朱立伦首站抵达彰化县陪同第 4 选区卓伯源拜票，朱立伦第 2 站抵南投县第 2 选区为许淑华授战旗，第 3 站为台中市第 6 选区萧家淇站台。1 月 25 日，朱立伦到屏东县东港镇信仰中心东隆宫，为参加屏东第 3 选区“立委”补选国民党候选人廖婉如造势。苗栗县徐志荣、南投县许淑华赢得“立委”补选，保持“立法院”原有席次，朱立伦担任党主席后的第一次考验基本过关。

此外，朱立伦对于国民党初选制度有改革的意愿，更加重视民意。朱立伦任命的“国发院长”吴肇铭说，“不分区立委”部分，除专家学者外，要有青年或重视老人福利、少子化政策等不同专业代表，才符民意，因此将开放一定比例、名额，让有意从政的年轻人提自我介绍、政见等，让民众到网络票选、比按赞数等，前几名将可获提名不分区，保障年轻人参选机会。“区域立委”部分，以往透过电话民调作提名依据，但吴指这只能表达少数意见，未来将以“i-voting”修正，和电话民调、党员投票等加权计算，找出符合民意的初选代表。

朱立伦在处理党外矛盾中，主要有民进党和大陆两个方面。

民进党在蔡英文的带领下声势正旺，2016 年“总统”大选的提名工作将近，朱立伦需要处理与民进党特别是蔡英文的关系，在于蔡英文的交锋中，也是为“总统大选”试水温和提前预热。

朱立伦与民进党的关系主要涉及两个方面：辅选和“宪改”。

在辅选方面，除了为将要到来的“立委”补选造势外，两党已经在为 2016 年选举做准备。具体表现在，朱立伦与蔡英文各自利用初选提名机制来为自己的上位铺路。民进党为了尽早展开辅选，决定提早进行“总统”选举提名作业，而朱立伦在党内并没有统和结束，另外在面临民进党的压力下，决定推迟提名作业。

在“宪改”方面，朱立伦提出“内阁制”，而民进党也有这方面的想法。民进党发言人郑运鹏指出，“宪政改革”与党产改革都应该是朱立伦上任后的主要工作，特别是“宪政改革”，民进党乐见朱立伦提出看法，愿意朝野共商，民进党会依据之前的规划，邀请朱立伦共同参与。

所以，朱立伦此后将在这两个议题上与民进党展开交锋和博弈，值得继续关注。

除此之外，国民党与大陆的关系问题是朱立伦担任党主席后需要正视与处理的。自“太阳花学运”“九合一”选举以来，两岸关系之间增添了一些变数。朱立伦处理与大陆的关系问题需要更加谨慎。

朱立伦就任国民党主席当天强调，两岸密切往来，对社会造成心理层面的冲击，以及经济交流导致分配公平正义上的疑虑，都是必须严肃面对的课题；国民党将诚恳检讨，呼吁对岸也要一同正视，盼两岸关系能“行稳致远”。

此外，朱立伦发表就职演说指出，国民党重新执政这几年来，在两岸政策推动上，和平发展、互利双赢，是国民党坚持的基本原则，也是正确方向。但他强调，在两岸快速交流发展过程中，由于两个社会差异非常大，密切的频繁往来，对台湾社会心理层面的冲击，以及经济交流，导致分配公平正义上的疑虑，是目前须严肃面对的课题。

可见，朱立伦希望继续与大陆保持和平发展的关系，但是受到岛内民意的影响，需要审慎考虑、处理两岸关系。

综上，朱立伦自当选党主席以来，面临重重矛盾。简单来说，就是固权与争利。“尊马挺王”、党务改革就是为了在国民党内部固权，在辅选与“宪改”上跟民进党竞争是为了在岛内政坛上争利，认同“九二共识”、审慎思考两岸关系就是为了继续享有两岸交往的宏利。

如此一来，朱立伦如果能在短期内一一化解与党、政、民进党、大陆等方面的矛盾，那么国民党将在他手下焕发出活力，能够在 2016 年与民进党一战。

2. 执政面临考验

本次选举国民党败选，许多人将马英九执政不力归结为原因之一。

马英九连任之后，历经美牛案、油电双涨、年终慰问金等治理危机，一系列的施政措施不能得到民众的认同，导致铁票生锈、民心思变。“马王之争”更加深民众对国民党“执政外行、内斗在行”的印象。“中央”施政效果不彰而地方弊案频发，先是张通荣、卓伯源、李朝卿等执政县市首长相继涉入关说、贪渎弊案，后桃园县副县长叶世文涉贪被羁押，基隆市议长黄景泰图利建商被撤销提名。最终，“中央”与地方的连带效应没有形成，反而是积压了民怨，导致民众对国民党和马英九的执政能力产生怀疑。

在民众“惩罚性投票”教训了国民党之后，马当局面临着在执政上的检讨，直面民意才能有改革的方向。正如朱立伦在以微弱的优势当选的当日说：“人民的怒吼我们听到了，不管‘中央’地方都要痛定思痛，才有下一次人民给的机会。”[①]

---

① 《朱立伦：人民的怒吼 我们听到了 会痛定思痛》，凤凰网，http：//news.ifeng.com/a/20141130/42606403_0.shtml

此外，“行政院”面临着被架空的威胁，国民党在未来的施政中隐藏着潜在的威胁。最近，民进党召开联合治理会议，13 位准县市长共同参会分享治理经验、讨论城市联合治理问题，并且共同签署“二〇一四地方执政宣言”，未来将成立联合治理平台，县市长将每半年轮流在各地召开会议，分享执政经验、各分区区域治理规划与执行成果，幕僚也必须在每 3 个月召开 1 次幕僚工作会议，就各政策领域与党团、智库、中央党部政策会建立联系群组。此外，民进党的新境界智库负责平台的联系协调及工作规划，并与学者及市府政策幕僚研拟立法及政策。蔡英文同时向国民党、无党籍县市长招手，欢迎理念一致的县市共同加入。另外，柯文哲也允诺参加联合治理会议，泛绿执政版图囊括全台近四分之三的人口，该会宛如小型“行政院会”，民进党主席蔡英文更成为中央行政首长之外的“第二颗太阳”。[①]如若柯文哲下次也与会，等于“直辖市”只有新北市长朱立伦落单，蔡英文表示，“人民的幸福没有蓝绿，为使更多国人享有优质公共服务，民进党欢迎施政理念和价值一致的县市加入合作平台”。甚至不排除邀请国民党籍县市首长参与。

对于联合治理会议，蔡英文说，台湾的人民在这次选举中传达了一个很严肃的讯息，也就是说，“没有永远的执政党，人民才是国家真正的主人”，面对公民社会的崛起，人民对公共事务的检视更加的深刻，对执政品质的标准有更高的要求，此刻真的只有一条路可以走，那就是把执政的成绩做出来，把地方执政做好，人民就会放心地把治理国家的任务交给民进党。[②]

民进党主办的联合治理会议，以城市联合治理为关键词，营造不分蓝绿、民众至上的理念，对于推动公共治理，有三个重要的原则：

第一、透明。从政策推动的过程，到每一分公共资源的运用，都必须高度谨慎，对人民公开透明，确保每一项作为，和“国家利益”、人民利益一致；

第二、合作。所努力的一切，都应该以台湾人民的最大利益为目标，民进党就必须要跨越本位主义，跳脱党派和部门成见，只要对台湾对人民有利，都应该竭诚欢迎，共同为更好的台湾一起努力；

第三、效能。这次人民透过选票给民进党服务的机会，但不会给太多的时间，

---

① 《“13 + 1”绿县市首长会　声势盖过“政院”》，中评网，http//www.crntt.com/doc/1035/3/8/1/103538181.html?coluid=142&kindid=0&docid=103538181&mdate =1221105420

② 《民进党县市长联合治理会议 蔡英文提治理三原则》，《光华日报》，http：//www.kwongwah.com.my/news/2014/12/20/77.html

而大家只能做得比过去更好，没有退步的空间。

民进党借此希望利用自己拥有 13 位县市长的执政优势来直接与“行政院会”对抗，在 2016 年前逐步架空“行政院”，并且在这一过程中，可以为 2016 年上台执政锻炼人才、培养队伍、提升执政能力。同时，联合治理可以避免资源浪费，各县市的联动效应也能够充分发挥。联合治理沟通如观光、医疗、环保等，未来可以区域治理，互通有无。例如云林没有焚化炉，嘉义县就可以协助帮忙焚烧。虽然如此，联合治理会议能否起到决定性作用仍待观察，每位县市首长都各有想实现抱负的愿望，每个县市的地理条件、资源、财政、人力、产业状况，也不相同，南北差距也是问题，如何跨越本位主义、县市首长的性格，达到强济弱、大拉小、连任辅助新任，考验民进党的智慧与勇气。

3. 顺应民意的变化

台湾岛内的民意不是一成不变的，所谓民意是民众对某一事情的普遍看法，民意即可以通过立法机关间接来表达，也可以通过社会运动来直接表达。此外，选举也是民众民意表达的很好方式。如今，民众通过选票表达了对国民党的不满，尤其是对党内“权贵、政商”的不满，这些高高在上的国民党高层，在意的是自己利益的增减，选举在他们看来只是实现目的的方式，选举成为了党内正是斗争的工具。而选举的初衷并非如此，是通过民主的方式选出能够代表最大民意者服务民众。国民党的威权思想相悖于民主的内涵，这时候民众就是要通过手中的选票来告诉国民党：“你们已经不能代表我们了，我们要通过选票把你们选下去！”

民意不可违，国民党已经感受到民意的压力，如果不及时调整，不顺应民意，那么在未来会失去更多对国民党有深深感情的民众，他们这些人并不是不认同国民党，更多的是感觉国民党太过分了，他们不愿意国民党就这样一直坏下去，他们想要国民党听听他们基层的声音。所以，一旦国民党能够痛定思痛，深刻反省并推动改革，民众归队并非没有可能。

（二）民进党

1. 蔡英文与“新潮流”合作趋势加强

这次“九合一”选举，“新潮流”可谓是大获全胜。赖清德以 711557 的得票数，六都最高的 72.90% 的得票率，甚至创下台南蓝绿对决的新纪录，当选第二届台南市长。陈菊拿下 993300 票当选。此外，桃源县郑文灿、彰化县魏明谷、屏东县潘孟安也都胜选，这些人可谓是“新潮流”的干将，而南投县李文忠、云林县李进勇也可以归为“泛新潮流系”。在全台 22 个县市中，“新潮流系”及其友军一举拿下 7 席，在民进党拿下的 13 个县市中，有一半的县市在“新潮流”的掌控中。

此外在民进党内，“新潮流系”大佬邱太三在 2013 年中旬被蔡英文任用为副秘书长，如今蔡英文正在运作秘书长改组（邱太三担任桃园市副市长），蔡英文属意邱义仁。而现任秘书长是苏系人马吴钊燮，可见在民进党胜选之后，蔡英文转向与“新潮流系”合作的趋势明显。另外，在 2016 年“总统大选”的副手选择上，蔡英文极有可能与“新潮流系”合作，有意让邱义仁当秘书长，一是希望借重邱义仁 2000 年及 2004 年帮陈水扁操盘胜选经验，让民进党赢回执政权。二是拉拢“新潮流系”，主动再次向“新潮流系”释放合作信号，两强联合共赢台湾。更重要的是不要让“新潮流”直接走上台面推出自己的“总统”候选人，党内分裂也会给国民党留下可乘之机。

2. 后备人才梯队面临执政考验

在选前，民进党乐观地预估坐八抢十，甚至上看了 12 席。但是，选举结果出来后却出乎意料地拿下了 13 席县市长，许多县市民进党就没有想过能够胜选，尤其是在桃园市和新竹市。这样的结果就是民进党由于没有提前准备市政团队，临时找出一支实力和数量都合格的队伍需要大费周章。民进党虽然对后备人才梯队的培养一直在进行，但是培训和施政还是有区别，继续留用原来的人员还是更换自己的后备人才需要谨慎考虑。如果仅仅依靠本党后备团队，执政经验较少，容易引起民众和国民党的不满。一旦留用原有的人员虽然有施政经验，但是不容易控制，不利于政策的推行。总之，一旦民进党籍县市长和政府团队上任后，民进党的举动需要更加小心、谨慎。

3. “在野大联盟”模式化引发争议

“在野大联盟”在选举中成效显著，民进党有将此模式化的意愿，但是却在党内无法形成共识。

“太阳花学运”领袖陈为廷曾宣布投入苗栗县“立委”补选，民进党昨天“释出善意”，于中执会通过的“立委”补选提名征召办法中纳入“陈为廷条款”，授权选举对策委员会针对“特殊选情考量选区”提出人选，为双方合作预留空间；据了解，民进党以胜选考量，倾向与陈为廷合作，但基层仍有杂音，仍待党内协调。[①]

① 《“立委”补选民进党纳“陈为廷条款”》，《自由时报电子报》，http：//news.ltn.com.tw/news/politics/paper/838100

民进党苗栗县党部主委李贵富心有不满并表示，党内不能循柯文哲模式让出参选权，否则地方将强烈反弹。他强调，如果民进党结合第三势力，只为打败国民党，最后只会反噬民进党。他强烈建议，民进党不应一直往第三势力靠拢，否则将抹煞党内经营地方的辛苦，打击基层士气。他质疑若不断往第三势力靠，那坚持民进党核心价值的地方基层党员还有什么用。他说，“民进党要培养自己候选人，以战养才，在地深耕才能胜选。不应仿照‘柯P模式’或公民组织形式，除非陈为廷加入民进党，否则基层党部一定有反弹声浪”。

而蔡英文对此并不认同，“太阳花学运”领袖陈为廷有意参选苗栗“立委”补选，媒体询问蔡有无可能复制“柯文哲模式”礼让陈为廷，蔡英文表示，柯文哲的例子“很好”，将来不排除在适合的情况下，复制这一模式。

虽然民进党内尤其是基层对“在野大联盟”并不认同，但是这一模式在“九合一”选举中取得了巨大的成效，并且所谓的公民力量逐步成长，民进党需要用更细腻的手法来抚平党内的争议，将此模式化、常态化并不遥远。

（三）两岸关系

1. 地方层级选举不能直接与两岸关系挂钩

“九合一”选举属于台湾地方公职人员选举，其目的是选举县市、乡镇、村里、原民区一级的行政首长和地方民意代表，这些人只需要对一市一县、一乡一里的民众负责，无需对全台民众和台湾的未来考虑。所以这些地方首长和民意代表只需提出符合本地区现状和特点的政策，与大陆多在经济、文化领域开展交流与合作，基本不会涉及政治领域。

所以，在地方上的蓝绿版图变化不会直接影响到两岸关系的发展。虽然如此，但是由于距离2016年“中央”层次的选举时间十分接近，两类选举胜败的相关性极强，所以“九合一”选举的变化会对2016年选举产生重大影响。除此之外，民进党在基层的经营能力十分强大，一般民进党拿下的县市会逐渐绿化，民进党会通过各种方式蚕食国民党的优势直至完全崩溃。并且在六个“直辖市”中，根据“地方制度法”第五十八条规定，“直辖市、市之区公所，置区长一人，由市长依法任用，承市长之命综理区政，并指挥监督所属人员”，区长官派便于市长为2016年选举布桩，而地方桩脚并政党认同度小，一旦区长变化他们也会迅速转向，如今民进党拿下原属蓝营的桃园市、台中市，再加上有绿色背景的柯文哲拿下台北市，如果经营得当，在2016年“总统大选”时，民进党继续保持优势并不困难。

2. 台湾主流民意影响两岸关系的发展

如今，“台独”在台湾岛内存有空间，成为一部分民众的共识。这些人受限于各种因素的影响不能直接表达出来，但是内心深处已经形成“台湾是一个主权独立的国家，现在的国号叫中华民国”的意识。自 2008 年以来，社会运动在台湾风起云涌，各种以社会议题为包装的运动层出不穷，直达“太阳花学运”，社会公民的力量逐步走向成熟。而在“太阳花学运”中也出现了各类“台独”标语与宣传。柯文哲所代表的白色公民力量成功胜选台北市长，社会公民的力量可以正面与国民党交锋并胜出，这也说明了“左独”势力正在形成。柯文哲借“左独”崛起的东风荣登台北市长宝座，但他本人却有“极右”倾向，如发表歧视性言论。一些“左独”投票给他仅是为了打击国民党和连胜文，而非出于对他的认同。但由于自己的上位有赖于“左独”加持，柯文哲也提出了不少左倾的社经政策，“开放政府，全民参与”的口号就带有鲜明的社会主义色彩，票选劳动局长的设想也和左翼的直接民主不谋而合。随着柯文哲当选，一直以来被边缘化的“左独”将获得充分的行政资源，从而赋予一个稳定的下层结构，将不必再挂靠于民进党，而是成长为一股独立的政治势力。民进党若难以收编“左独”，很有可能走上与财团结盟的道路，社经政策也将越发右倾。①

3. 马英九任内继续推进两岸关系发展没有迫切的需要

“九合一”选举国民党败选后，马英九辞去国民党主席，这也意味着马英九在未来一年多的时间内提前跛脚，“中央”的政策面临无法顺利推行的威胁。民进党方面更是有陈水扁的支持者收集各种马英九的证据，准备在其下台后将马英九送进监狱。此外，民众对于国民党内高层与大企业者主导、共享两岸关系和平发展宏利的局面尤为不满，用选票教训了国民党。这对两岸关系更近一步的前景带来了困扰，国民党想要继续执政就要考虑民众的想法。如果继续推进党内高层与大企业者主导的两岸关系，民众离心离德的局面并不遥远。所以，马英九在无法主导国民党的情况下，更不会触动两岸议题以重复民众对国民党的旧有记忆。目前看来，马英九的主要任务就是为自己规划未来，至于继续推进两岸关系发展几乎没有现实的需要。

蔡英文自当选民进党主席后，士气正盛，其作为民进党 2016 年“总统”候选人基本可以确定。但是，蔡英文在两岸关系上不成熟的一面很早就有所显露。2014

① 《投书－左独打破蓝绿基本盘》，《中时电子报》，http：//www.chinatimes.com/cn/newspapers/|20141208000872-260310

年 7 月份，蔡英文接受《天下杂志》采访谈到两岸关系时说：“民进党最大的挑战，就是一四年（九合一大选）一定要打好。如果打好，连中国都会朝民进党方向来调整。如果他们觉得，一六年最有可能赢的是民进党的话，他们自动会去创造那个条件。”[①] 这说明蔡英文自以为是的性格低估了大陆的对台政策。她又说道：“中国一调整，美国人就没有什么好讲的”。这次采访，充分暴露出蔡英文政客的性格和在处理两岸议题上的幼稚。

蔡英文参选“总统”，需要在两岸关系上有所论述。就目前看来，“冻独”议题不可能实现，认同“九二共识”根本没有可能，那么通过新的决议文来处理两岸关系问题极有可能。蔡英文曾经说：“‘台湾前途决议文’其实是民进党普遍的共识。在这共识之上，我们要怎么进一步处理，我们再看看吧。‘台湾前途决议文’也某种程度代表台湾社会的共识。”这也就是说，民进党的一贯立场不会改变，仍然会继续坚持。至于如何定位两岸关系，有可能借用“两岸人民关系条例”中的大陆地区与台湾地区来定位。通过新的决议文来坚持“台独”立场，回避“九二共识”是民进党未来的方向。

① 《专访蔡英文：打赢九合一　中国也会转向民进党》《天下杂志》，http：//m.cw.com.tw/article/article.action?id=5059698#sthash.FScwuHT4.dpbs

2014 两岸法律互动观察

张自合[①]

一、处理两岸关系的法治思维得到强化

2014 年 10 月 23 日，中共十八届四中全会通过的《中共中央关于全面推进依法治国若干重大问题的决定》提出："运用法治方式巩固和深化两岸关系和平发展。"法治方式是运用法治思维处理和解决问题的行为方式。法治不仅是治国理政的基本方式，也是巩固和深化两岸关系和平发展的重要法宝。运用法治方式推动两岸关系和平发展，是大陆处理两岸关系实践经验的总结。两岸关系和平发展的政治基础，离不开两岸同属一个中国的现行法制框架。

（一）"和平统一、一国两制"是解决台湾问题的基本方针

20 世纪 70 年代末到 80 年代初，党和国家领导人先后提出一系列关于台湾问题的主张与论述，逐渐形成"和平解决台湾问题"的总体思路，并创造性地提出了"和平统一、一国两制"的科学构想。"一国两制"是大陆对未来两岸和平统一后两岸政治关系的制度规划。

2014 年 9 月 26 日，习近平总书记在会见台湾和平统一团体联合参访团时强调，"和平统一、一国两制"是我们解决台湾问题的基本方针，这也是实现国家统一的最佳方式。我们将以最大诚意、尽最大努力争取和平统一的前景，因为以和平的方式实现统一最符合包括台湾同胞在内的中华民族的整体利益。"一国两制"在台湾的具体实现形式会充分考虑台湾现实情况，充分吸收两岸各界意见和建议，是能充

---

① 张自合，中国法学会海峡两岸关系法学研究会秘书处，副研究员。

分照顾到台湾同胞利益的安排。

习近平总书记有关"'一国两制'在台湾的具体实现形式"的讲话体现了大陆对台湾同胞的理解与尊重，体现了大陆对台政策与时俱进的特色，为大陆对台政策的理论创新提供了很大空间，有助于化解岛内同胞对"一国两制"的误解。一直以来，"一国两制"在台湾被恶意污名化，称"一国两制"是"矮化"台湾、是"企图吞并"台湾，是台湾要"投降"，是要把台湾"香港化"，等等。2014 年下半年以来，台湾一些人借非法"占中"事件诋毁"一国两制"在香港的成功实践，鼓吹"今日香港，明日台湾"论调，再次暴露了他们抗拒两岸和平统一的政治图谋。两岸和平统一后的"一国两制"与内地和香港的"一国两制"是有根本区别的。台湾与香港情况不同，大陆在设计适合台湾实际情况的"一国两制"模式时，会最大程度地考虑到台湾的实际情况，照顾到台湾同胞利益，既能让台湾同胞享受到国家统一带来的巨大利益，又尊重台湾同胞所选择的社会制度及生活方式。这个模式不会与一国两制的"香港模式"完全一样。正如学者所言，香港的"一国两制"模式是中央和英国政府之间的事，而台湾的"一国两制"则是两岸双方共同缔造；"一国两制"在香港解决的是主权问题，在台湾解决的则是治权问题，因此，"一国两制"的香港模式和台湾模式的差距相当大，这包括内政和外交方面，例如台湾拥有更大的国际空间、可以拥有军队，甚至还可以参加中央政府。两岸在最终统一以后，中央政府一定是由两岸共构的，核心则是平等和代表性，所以大可不必把香港模式套在台湾。①

当前，两岸仍同属一个国家，而且中国大陆与台湾实行着不同的社会制度，但是，目前的"两制"显然是存在政治对立基础上的"两制"。两岸应该追求建立一种政治上不对立的、不同制度和谐相处的国家体系，完全体现一个中国原则，结束两岸政治对立后在表现形态上具体体现为"一国两制"。

（二）"九二共识"、反对"台独"是两岸关系和平发展的政治基础

1991 年，以事务性协商为起点的两岸谈判拉开序幕。1992 年 11 月，大陆的海峡两岸关系协会与台湾的海峡交流基金会就解决事务性商谈中如何表明坚持一个中国原则的态度问题，达成了各自以口头方式表述"海峡两岸均坚持一个中国原则"的共识，从而确立了两会协商处理两岸交往中衍生的具体问题属于中国的内部事务

① 刘国深：《台湾勿以零和思维看一国两制》，中评网，2014 年 10 月 23 日。

这一基本原则。这一共识，不仅是国共两党的共识，也是两岸执政当局的共识。两岸关于一个中国原则的共识形成后，8 年后被定名为“九二共识”。之后，两会于 1993 年 4 月在新加坡举行历史性的辜汪会晤，并达成四项协议，开启两岸借由协商共同解决问题的大门。从 1995 年至 2008 年，两岸关系陷入挫折，“海协会”与“海基会”的商谈被迫中断十三年。2008 年马英九执政以来，两岸关系改善，双方在“九二共识”的基础上签署了 21 项协议，两岸关系进入和平发展的新局面。一直以来，马英九有关 1992 年两会达成的共识的表述是“九二共识，一中各表”，将二者并列表述。2013 年 7 月 20 日，马英九再次当选国民党党主席后对习近平总书记贺电的复电最为清晰，即“1992 年，海峡两岸达成‘各自以口头声明方式表达坚持一个中国原则’的共识。”事实证明，“九二共识”是两岸关系和平发展的政治基础，最大限度保障两岸人民共同利益。坚持“九二共识”，两会协商就能顺利推进，两岸关系就能得到改善；否认这一共识，两会协商就难以为继，两岸关系也会停滞不前。

民进党方面不接受“九二共识”，也不放弃“台独党纲”。在 2014 年台湾“九合一”地方选举中，作为所谓第三势力代表的柯文哲，在选前表示“不知道九二共识的内容是什么”，并声称“中华民国是底线”，选后再次借口“九二共识是什么东西”来回避问题。事实上，“九二共识”作为行之有效的两岸论述，所谓不识“九二共识”是何内容，显为自欺欺人之语。不过，各方对“九二共识”的内涵在某种程度上确实存在着的不同的解读，或许共产党与民进党两党之间可以在认同“九二共识”的基础上形成新的共识。“九二共识”之所以为国共两党和两岸双方所认同，在某种程度上也与其本身保持着创造性模糊有关。也因此，两岸有必要追求形成更为清晰的有关“一个中国”的共同认知和一致立场，这也是《中共中央关于全面推进依法治国若干重大问题的决定》的要求。

2014 年下半年有一段时间，两岸关系因为一连串事件而陷入低潮，台湾媒体对“九二共识”给予了特别的关注。“九二共识”及“一国两制”这两个词是否被使用，被台湾媒体解释成为观察两岸互信程度的关键指标。9 月 26 日，习近平总书记接见台湾统派团体时宣示“一国两制”，未提“九二共识”；直至 11 月 9 日，习近平总书记在会见萧万长时指出，两岸双方在坚持“九二共识”、反对“台独”的共同政治基础上建立并持续增进互信，是确保两岸关系和平发展正确方向和良好势头的关键。在此期间，“九二共识”在大陆涉台官员的语汇中并未出现，被台湾媒体过度解读为大陆正在考虑改以“一国两制”取代“九二共识”。这种解释当然不符合事实，“一国两制”与“九二共识”一个是大陆提出的解决台湾问题的大政方针，一个是两岸事务性协商的政治基础，并行不悖，但这也说明两岸政治互信不足的客观现实。

“九二共识”的形成过程也体现了两岸在处理两岸关系定位问题上，均强调以法律定位为基础的思维。有台湾媒体认为，“九二共识”应该成为两岸关系发展的最高纲领，它不应该只被当做一种策略性的权宜之计，“九二共识”既符合“宪法”一中架构，又符合两岸目前分治的现实，因此，才可以成为两岸最大的公约数。[①]几年来的实践证明，两岸关系和平发展得到两岸同胞的支持，受到国际社会的欢迎，是两岸同胞共谋中华民族伟大复兴的正确道路。两岸在既有的“反对台独、坚持九二共识”的政治基础下，存在着推动双方和平发展的广阔空间，应予珍惜并善加利用。

（三）“一个中国框架的共同认知”是两岸关系和平发展的法律保障

两岸政治关系的法律定位应该来说是确定的。1982年《中华人民共和国宪法》在序言中强调“台湾是中华人民共和国的神圣领土的一部分。完成统一祖国的大业是包括台湾同胞在内的全中国人民的神圣职责”。台湾地区现行“中华民国宪法”和“两岸人民关系条例”等相关法规宣称“中华民国”主权覆盖大陆和台湾，两岸关系非国与国关系，这一点在台湾历次修改“宪法”中都没有改变，由此两岸的政治定位在各自的法统中是固定不变的，中国的领土和主权从未分裂。因此，在和平发展时期，两岸关系的法律定位虽有待充实，但是具有明确具体的法律基础，即“一个中国框架”。“一个中国框架的核心是大陆和台湾同属一个国家，两岸关系不是国与国的关系。两岸从各自现行规定出发，确立这一客观事实（两岸同属一个国家），形成共同认知，就确立、维护和巩固了一个中国框架。”[②]“两岸在事关维护一个中国框架这一原则问题上形成共同认知和一致立场，就有了构筑政治互信的基石，什么事情都好商量。”[③]中共十八大根据两岸关系发展的新形势、新机遇和新挑战，将坚持“九二共识”及维护“一个中国框架”写入党代会的政治报告中，强调了这两大共识的重要作用。

---

① 社评：《多提九二共识　少扯一国两制》，《台湾新生报》，2014年10月8日。

② 贾庆林：《在第八届两岸经贸文化论坛开幕式上的致辞》(2012年7月28日)，《人民日报》，2012年7月29日，第2版。

③ 胡锦涛：《携手推动两岸关系和平发展，同心实现中华民族伟大复兴——在纪念〈告台湾同胞书〉发表30周年座谈会上的讲话》(2008年12月31日)，《人民日报》，2009年1月1日，第2版。

2013 年 2 月 25 日，中共总书记习近平在会见国民党荣誉主席连战时强调：“只要两岸双方都秉持民族大义，巩固反对‘台独’、坚持‘九二共识’的基础，增进共同维护一个中国框架的认知，两岸各领域合作的前景就是宽广和光明的。”连战表示：“两岸各自的法律规定、体制运作，都实施一中原则，从而形成一中架构下的两岸关系，而不是国与国的关系。‘九二共识’由此产生，这是双方政治互信的基础，必须加以维护。双方应在反对‘台独’、坚持‘九二共识’基础上‘求一中架构之同，存一中内涵之异’。”2013 年 6 月 13 日，习近平总书记在会见吴伯雄荣誉主席时表示，“增进互信，核心就是要在巩固和维护一个中国框架这一原则问题上形成更为清晰的共同认知和一致立场。”而吴伯雄回应：“两岸各自的法律、体制都实行一个中国原则，都用一个中国架构定位两岸关系，而不是国与国的关系。”在这之后，“一个中国架构”的提法在台湾内部引发讨论，压力之下，马英九当局退缩不前，仍倡言“不统不独、维持现状”，导致“一中框架”在台湾无法深入人心。2014 年 2 月 18 日习近平总书记在会见国民党荣誉主席连战时强调，“两岸双方要巩固坚持‘九二共识’、反对‘台独’的共同基础，深化维护一个中国框架的共同认知。这个基础是两岸关系之锚。”连战表示，过去的一年里，无论是国共两党或两岸各界，在政治互信上都向前迈进了一步，包括主张各依法规用一个中国架框定位两岸关系，重申“九二共识”，强调“两岸关系不是国际关系”等等。之所以说两岸在维护一个中国框架这一原则问题上形成了更多共同认知，是因为客观上，两岸各自的法律也都实施“一中框架（架构）”。“一个中国框架”更详细、更清楚、更明确地解释了“九二共识”的内涵，是对“九二共识”的坚持和发展，充分体现出大陆方面的善意。台湾方面尽管没有使用“一个中国框架”的概念，但其使用的“一个中国架构（框）”，在意义上是一致的。

2014 年 2 月 11 日，台湾“陆委会”主委王郁琦与大陆国台办主任张志军在南京实现首次正式见面，对两岸事务议题进行沟通，这历史性会面是两部门间建立常态化联系沟通机制的开端。这一次“张王会”的亮点所在就在于，它开启了两岸官方政治互动的通道，对于两岸关系的提升和突破有裨益。此后，6 月 25 日，国台办主任首次访问台湾，举行第二次“两岸事务首长会议”，落实两岸相关事务主管制度化的往来机制，并针对两岸人道探视，陆客中转及开放陆客自由行等问题，达成进一步的共识。11 月 12 日，国台办主任张志军与台湾陆委会主委王郁琦在北京会面，双方达成六点共识。“张王”在一年内三次会面，在两岸关系发展史上具有重要意义。国台办和“陆委会”这两个主管两岸事务的权力部门，两岸的主任和主委见面本身对于两岸共同维护和增进两岸“一中框架”的政治基础有正面意义。台湾方面的机构叫“大陆委员会”，大陆的是叫“国务院台湾事务办公室”，体会这两个部门名称和设定，便可知道它可充分体现“一中框架”，因为这两个机构就已经隐含了各自对两岸关系的定位。大陆委员会背后就隐含着在一个中国的框架下的大陆地区和台湾地区的定位，同样，国务院台湾事务办公室是在一个中国的框架下、专门处理台湾问题的行政部门，这两个机构是两岸在共同的现行法律架构和行政架构下、在“一中框架”下的体现，这两个部门的领导人会面对于维护和增进“一中框架”是有正面助益的。

正如一个中国框架本身的宏观性一样，“张王会”双方以官衔互称并不意味着双方对两岸关系法律定位的细化和明确化，两岸关系的法律定位未来仍有发展的空间。“张王会”尽管建立了双方事务首长常态化联系的渠道，但是并不意味着双方会大规模的官方接触，因为两岸关系面临着一个关键问题，即两岸政治定位问题，所以仅开通国台办和“陆委会”的单一渠道是明智之举。同时，国台办和“陆委会”的沟通机制并不能取代海协会与海基会两会的地位和功能。

（四）以法治方式反对“台独”，巩固“一个中国”共识

法治思维是维护国家主权统一、反对“台独”分裂势力的有效经验。2000 年初，台湾政治与权力结构发生重大变化，代表“台独”分裂势力的民进党上台执政，“台独”分裂活动随之逐步升级，两岸形势发生了重大变化。特别是代表民进党参选的陈水扁在 2004 年初选举中获得连任之后，开始加快推动“台独”分裂活动，两岸关系发展面临严峻挑战。在两岸关系发展面临危机的关键时刻，中共中央台办、国务院台办于 2004 年 5 月 17 日受权发表声明，《声明》强调了“坚持一个中国原则的立场决不妥协”、“对‘台独’决不容忍”等“五个决不”，并提出了实现两岸关系和平稳定发展的“七项主张”。2005 年 3 月由全国人大通过的《反分裂国家法》，将这些政策立场法律化，规定了如何制止“台独”，也规定了维护台海和平稳定、发展两岸关系、保护台胞权益等重要内容，为遏制“台独”提供了直接的法律依据，对维护台海地区和平稳定具有重大的现实作用和深远的历史意义。从“一国两制”到“九二共识”，再到一个中国框架，分别代表了处理两岸关系所提出的政治主张、政治基础、法律现实，其中体现出越来越强的法治思维，政策逐渐强调法律基础的重要作用。

法治思维也是应对台湾地区政治局势变化的必然要求。党的十八大报告中提出

“希望双方共同努力，探讨国家尚未统一特殊情况下的两岸政治关系，做出合情合理安排”。“合情合理安排”，实际上就是探讨和平发展时期对于两岸的政治定位和法律定位，体现了法治思维。时任国台办王毅主任指出：“合情，就是照顾彼此关切，不搞强加于人；合理，就是恪守法理基础，不搞‘两个中国’、‘一中一台’。这体现了我们愿意正视分歧、逐步破解难题的决心和诚意。”[①] 两岸政治定位必须以法律地位为基础，并且政治定位只有向法律定位转化才能真正地稳定下来。所谓合情合理的安排就是把两岸和平发展的成果不断增加和巩固，并最终使政治定位落实到法律定位。习近平总书记强调，“我们理解台湾同胞因特殊历史遭遇和不同社会环境而形成的心态，尊重台湾同胞自己选择的社会制度和生活方式，愿意用真诚、善意、亲情拉近两岸同胞的心理距离”。台湾“九合一”地方选举之后，我们必须承认，多党制、选举制已经成为台湾政治的重要内容，没有哪个政党可以在台湾地区永久执政。主张或者偏向“台独”的政党在台执政的可能性是两岸关系必须要面对的现实。因此，运用法治思维巩固和促进两岸关系和平发展，用法律规范确认和巩固两岸关系和平发展成果，运用法律方法深化两岸关系和平发展，有着重要意义，有利于使两岸关系和平发展的成果不因台湾地区政治局势的变化而变化，不因台湾地区领导人的变化而变化，也不因台湾地区领导人统独观点的变化而变化。

台湾地区现行“中华民国宪法”无疑是“一个中国”的“宪法”，其“增修条文”的前方强调“为因应国家统一前之需要”，“两岸人民关系条例”以“一国两区”两岸关系，所以台湾方面主张的“九二共识、一中各表”或“一中架构”，均有其法律基础和前提。台湾以“中华民国宪法”和“两岸人民关系条例”作为处理两岸关系根本依据，应当来说，“一个中国”的法律基础是明确的，只要是遵循这一法律基础的主张，两岸都可以讨论，但是，任何超出这一法律框架的主张，不仅违背了台湾方面的法律规定，也不可能为大陆所接受。2013 年曾有学者提出，台蓝绿正形成“中华民国共识”，[②]2014 年 5 月 28 日，台湾民进党前主席施明德、台湾“国安会”前秘书长苏起等人提出处理两岸问题的“大一中架构”，引起各界广泛讨论。有学者认为“大一中架构”根本就是虚化“一中”，实化“台独”或“独台”。[③]“大一中架构”要“中华民国”与“中华人民共和国”并存，本身就脱离了

① 王毅：《在“九二共识”20 周年座谈会上的讲话》(2012 年 11 月 26 日)，国台办网站：http://www.gwytb.gov.cn/wyly/201211/t20121126_3391669.htm

② 王建民：《“‘新台湾共识’在岛内悄然成型？”》，《海峡导报》。

③ 张麟徵：《“大一中架构”是“台独”与独台汇流》，中评网，2014 年 5 月 28 日。

台湾相关规定的界限，不符合两岸同属一国的现状。

“九二共识”是两岸关系稳定之锚。[①]“九二共识”为国家统一创造了空间，应当坚持，但其清晰度不够，或者说不足以面对将来两岸关系发展的发展需要；两岸同属一个中国、维护一个中国框架的表述仍然有深化的空间；将来的共同认知应着力于深化一个中国框架的论述。一个中国框架的提法，仍然没有回答框架里面是什么的问题，对于如何消除台湾人民思维中目前已经存在的“台湾香港化”的担忧，仍然需要深入探讨。

首先，有必要从法律的角度进一步深化一个中国框架的论述。只有使用确定的法律概念，使用法言法语，才能对台湾现在和未来的法律地位、权利义务给出确定的信息。两岸人民交往的便利和经贸往来的深化，正是在这些确定内容的基础上实现的，两岸和平红利，只有在确定的一个中国框架下才能互享。国民党方面认为，“九二共识”的内涵“一中各表”，与“宪法一国两区”的框架精神相符合，具有“合宪性”，从而也就具有合法性及正当性，并且也才能顶得住来自在野党的攻击与批判，这是他们敢于不断强调甚至坚持“九二共识”的原因。没有“九二共识”，两岸很难再形成其他共识，两岸的互信基础就会陷于崩解，两岸关系很容易就回到原点，甚至出现严重的倒退。从这样的逻辑来看，没有“九二共识”，就没有两岸关系。

其次，应当尊重“一个中国框架”下两岸互不隶属的两岸法治体系。可以用“一个中国框架下，两岸互不干涉的民主体系，互不隶属的法治（法律/治理）体系”作为“九二共识”的补充。一个中国框架下两个法域并存是两岸关系和平发展的现实基础和法律基础。在一个中国框架下，可以承认台湾地区的法律制度。反对不合乎一中框架（架构）的法律制度。

未来一年多，或许会成为大陆“运用法律手段捍卫一个中国原则、反对“台独”，增进维护一个中国框架的共同认知”的历史契机。首先，这次“九合一”选举两岸关系虽然不是主轴，但毕竟是在两岸关系受到阻碍的背景下所进行的一场重要选举，选举结果体现的民意对各政党的两岸政策产生直接的影响。其次，新的国民党主席上台，其所奉行的两岸政策是什么，特别是“不统、不独、不武”的消极主张是否还会坚持，如何给台湾人民一种确定的幸福，是一个挑战。第三，民进党2016候选人如何突破其“最后一里路”，是否对其“台独党纲”进行修正，

① 张志军：《九二共识是两岸关系的锚》，中评网，2015年1月21日。

是 2015 年的一个观察点。即使将来民进党上台,两岸和平发展的大趋势不可逆转,如何顺应历史潮流,提出大陆可以接受的两岸政策,是台湾执政者必须要解决的问题。

法治思维是反对“两个中国”、“一中一台”等“台独”错误主张的有力武器。运用法治方式巩固和深化两岸关系和平发展,必须坚决反对“台独”。反对“台独”应当以法治思维作武器。习近平总书记的讲话表明,和平发展必须有统一的愿景,和平的目的应该是走向统一,不能把和平作为分裂的手段,更不能成为“台独”的庇护伞。台湾的前途不是台湾 2300 万人就可以决定的,大陆 13 亿同胞绝不会容忍“台独”人士任何分裂国家的行径;民进党也不要期望在它的“台独”主张没有改变的情况下,大陆的对台政策会因民进党执政而向民进党方向调整。

《中共中央关于全面推进依法治国若干重大问题的决定》提出:“运用法律手段捍卫一个中国原则、反对‘台独’,增进维护一个中国框架的共同认知。”按照《决定》的要求,两岸双方应当在认同两岸同属一个中国、维护一个中国框架这一原则问题上,形成更为清晰的共同认知和一致立场。“一国两制”能否成功实践,关键就在于未来两岸协商、拟订的法律,是否能有效规范双方谨守“一国”及“两制”的规定。2014 年 11 月 29 日,台“司法院”通过“法院组织法”修正草案,将“法院组织法”第 99 条的原有规定“诉讼文书应用中国文字”,修正为“诉讼文书应用我国文字”。[①] 这是台湾当局在法律层面“去中国化”的又一例证,企图在法律层面将将“中国”与“台湾”对立。其背后的动机我们坚决反对。

二、两岸通过单方立法和共同协议落实两岸人民权益的法治保障

法治的根本任务是维护公民的合法权益,促进人的全面发展。在当前两岸关系现实下,两岸同胞权益的保障,主要依靠双方各自以立法的形式来实现。就大陆来说,一直以来,大陆切实依法维护台湾同胞权益,保障台湾居民在大陆投资、生活、学习、工作权益方面做了大量的工作。《中共中央关于全面推进依法治国若干重大问题的决定》再次宣示:“依法保护台湾同胞权益。”与此相对应,在台湾的大陆配偶、学生、企业受到的待遇逐步改善。

① 2015 年 1 月 24 日,台“立法院”已经三读通过“法院组织法”相关修正条文。

（一）两岸人民权益的平等保障的立法争议

1. 两岸同胞投资相关权益的保障

近年来，大陆一些省市以地方立法的形式，出台了许多保障台湾同胞权益、提高台湾同胞待遇的规定。2014 年，围绕台胞投资保障法修改，以及是否应当赋予台胞与大陆居民同等待遇的问题，是一个热点话题。有台湾媒体呼吁："大陆应尽速给予台商企业国民待遇，并循序渐进，对所有进入大陆治权领域的台湾人，给予国民待遇。"[①] 居民待遇不仅仅是投资层面的问题，也涉及社会权利甚至政治层面的权利，是两岸关系发展中需要面对的重大课题。

国民待遇是 WTO（世界贸易组织）不歧视待遇基本原则，如果一个国家将特定的权利、利益或特权授予自己的公民，它也必须将这些优惠给予处在该国的他国公民。一段时间以来，大陆原则上仍将台资参照外资对待，享有大陆对待外资的国民待遇。《台湾同胞投资保护法实施细则》第 5 条规定"比照适用国家有关涉外经济法律、行政法规"，不过为鼓励台资企业在大陆发展，大陆推出一系列保护台湾同胞投资的优惠政策，在台湾投资者待遇方面形成了"法律法规对台湾投资有规定时，适用该规定；无规定时，则适用相关外商投资法律法规"的局面。在"比照外资"政策下，台湾投资者既比照外资，又不同于外资，有效解决了引进台湾投资者时存在的体制、法律困境，同时使得台湾投资者享有比外资更多的政策优惠，也享有比大陆企业更为优惠的待遇。"比照外资"政策在大陆改革开放三十年来两岸经济关系中发挥了重要作用，但随着大陆市场化改革，对外资的优惠政策逐渐取消，对内资门槛不断降低。"比照外资"已经对台湾同胞进一步投资大陆构成限制，甚至成为建设两岸共同市场的障碍。"比照外资"使台湾投资者进入大陆时需按照外商投资程序审批，并需要依照《外商投资产业指导目录》执行，为了规避该目录对投资形式、领域的限制，以及政府审批与外汇监管，台湾投资者往往采取隐名投资的形式，由此引发大量关于股东资格确认、投资收益分配、返还投资款等事项的纠纷案件，增加许多社会成本。更为不利的是，"比照外资"政策在执行中常常被任意延伸到两岸交往的各个方面，如就学、求职等方面，把台湾同胞当做"外国人"看待，已在一定程度上伤害了台湾同胞的民族感情。台胞反映，"台商台胞在政治上是一家人，在生活上是外国人"。他们本来是台湾人，但是在大陆的居住、生活、消费却一直按照外国人的标准，带来很多不便，于是有台胞提出居民待遇的呼吁。

---

① 社评：《享国民待遇　才能一家亲》，参见（台湾）《旺报》，2014 年 6 月 11 日。

在经济领域，台资争取与大陆资本、大陆企业一样的居民待遇，希望台商在融资、税务、环保及政府采购等方面获得较为宽松的投资环境，以与陆企公平竞争。在社会领域，则希望在就业、社会保障和社会服务等领域获得与大陆居民一样的待遇。

总的来看，近年来大陆各地陆续推出一系列针对台湾民众往来大陆，以及在大陆就学、就业、就医等方面的便利措施。目前有 14 个省（区、市）规定了台胞享有“居民待遇”，有 7 个地级市规定了台胞享受“市民待遇”。广东省、汕头市等规定，在本市投资、就业的台胞，可以参加本市的城镇职工基本医疗保险，缴费标准和报销比例享受与本市职工同等待遇。深圳市、苏州市等规定，台胞可以参加本市养老保险、医疗保险及工伤保险。有的地方，例如南京，规定台籍毕业生进入该市事业单位就业的，享受在编同岗人员同等待遇。随着两岸关系和平发展的进一步持续和深入，两岸交流的进一步密切，台胞来大陆的人数日益增多，台胞在大陆居住生活时间的增加，台胞融入所在地社会程度的加深，台胞受保障的权益内容将更加丰富，所涉领域将不断扩展。应当来说，不仅是大陆深化改革开放、实现两岸经济交流制度化的需要，更是留住台商、发展两岸关系的重要内容。

虽然 WTO 所谈的国民待遇是对等的，大陆已经给予台湾投资者国民待遇，但台湾并未能给予陆资以国民待遇。目前台湾仍对大陆企业来台投资采取正面表列，以“避免太快开放”为由，固守现有的限制性规定。目前，台湾调整陆资投资的专门性法规为“大陆地区人民来台投资许可办法”，它是 2008 年 4 月 26 日第三次“陈江会谈”达成陆资赴台湾投资共识后制定的，于 2009 年 6 月 30 日起施行。它的制定和施行，为陆资赴台投资奠定了重要的法规基础。但如果将该办法与台湾方面调整华侨投资的“华侨回国投资条例”和调整外国人投资的“外国人投资条例”进行比较，“大陆地区人民来台投资许可办法”对陆资赴台投资的保护规定还存在不少缺失，对陆资企业的权利义务有许多限制，并没有与台湾人民所投资经营企业的权利义务作相同的规定。ECFA 中规定“逐步减少或消除来台投资限制”，但台湾方面的步伐显然较慢。“大陆地区人民来台投资许可办法”2013 年 11 月 14 日修正后，受限于台湾当局“自由经济示范区条例”立法受阻，相关条款迟未生效。另外，大陆愿意优先向台湾民众开放市场，共同分享发展带来的机遇。遗憾的是，由于台湾内部的争执，导致两岸服贸协议签署近两年仍未能生效，使得台商企业难以获得服务业优先开放的先机。

需要注意的是，大陆欢迎台湾同胞到大陆投资，但相关经营活动应当符合大陆的法律法规，特别是劳动和社会保障法律法规。

社会保险是一项重要的社会保障制度，向员工提拔社会保险金是企业的法定义务，是企业对员工提供的重要社会保障。依海峡两岸各自相关规定，企业必须依法提拔一定比例资金作为员工的社会保险金，否则会依法处罚。长期以来，台商在大陆投资经营过程中，由于种种原因与理由，有许多台资企业未上缴或逃避上缴员工社保资金，严重损害了员工权益，造成严惩的后遗症。2014 年 4 月，位于广东东莞的知名台资企业东莞裕元鞋厂，因数十年未缴社保引起的员工重大抗争事件，在海峡两岸引起很大关注。在有关部门的出面协调下，这一台资企业承诺补交数十亿元人民币的社保资金，才逐渐平息了这一敏感的社保争议事件。受这一事件的影响，有台湾行业协会竟然提出了签署两岸社保互免协议的建议，希望两岸互免社会保险金，其目的是不愿提拔员工社保资金，不愿在大陆承担企业的社会责任。这种建议大陆是不可能接受的。

2014 年 8 月 2 日，位于江苏省昆山市开发区的台资企业中荣金属制品有限公司的汽车轮毂抛光车间，发生一起严重的粉尘爆炸事故，截至 2014 年 12 月 30 日，共有 146 人死亡，114 人受伤。据调查，昆山中荣金属制品有限公司长期存在安全隐患以及损害员工健康的情况，再加上当地政府有关部门监管责任落实不力，造成了悲剧的发生。据报道，和其他外商投资企业相比，台资企业对大陆法律法规重视不够，也不太适应，造成违法现象集中，违法行为普遍高于欧美日企业。

在两岸经贸合作中，台湾工商界与台资企业做出了重要贡献，但台商不能“重利轻义”，需要有更多的社会责任，需要在自觉守法的前提下寻求两岸经贸合作，才能实现互利双赢。

2. 陆配陆生权益的平等保障立法进展不大

作为规范大陆人民在台地位和两岸人民的交往行为的基本规定，“两岸人民关系条例”将两岸人民的权益“区别对待”，对大陆人民以“歧视待遇”。2008 年后，为配合台湾当局两岸政策的转变，“两岸人民关系条例”几经修改，有限度地承认大陆学历、允许陆生来台就学、放松大陆配偶的继承权等，对于大陆人民权益的限制已经在一定程度上获得缓解。马英九第二个任期提出的三项任务之一是修改“两岸人民关系条例”，其中争议较大的是陆配和陆生的权益保障问题。

台湾地区人民权益的保障，多以设有户籍作为行使条件或资格，其中与大陆配偶密切相关的权利包括：

一是入境权及居留定居权。“两岸人民关系条例”以户籍区分两岸人民身份，在大陆设有户籍的为大陆地区人民，在台湾设籍的为台湾地区人民，对于大陆配偶申请赴台，“两岸人民关系条例”第 17 条区分为四个阶段：即团聚、依亲居留、长期居留、定居。大陆配偶结婚后即可申请进入台湾地区团聚；经许可入境后可申请依亲居留；依亲居留满 4 年，且每年在台居留期间长于 183 日的，可申请长期居留；长期居留满 2 年且每年居住长于 183 日的，可以申请定居。根据台湾地区“户籍法”第 15 条的规定，大陆地区人民经核准定居后，应为初设户籍登记，办理“国民身分证”。“两岸人民关系条例”对大陆配偶入境采许可制，大陆配偶经许可入境后，如果没有其他违规情形，并无要求其须一定时间出境，可依规定的阶段时间经过进而取得居留权、定居权，但目前大陆配偶依亲居留或定居每月仍有数额限制。大陆配偶经许可定居后取得台湾地区人民的身份，原则上即享有属于台湾地区人民的各项权利。大陆配偶在申请的各个阶段分别适用相关的许可办法，包括“大陆居民进入台湾地区许可办法”和“大陆地区人民在台湾地区依亲居留、长期居留或定居许可办法”等。

二是工作权。2009 年之前，大陆配偶需结婚满 2 年或已生产子女，方可申请依亲居留，依亲居留期间，尚需符合“大陆地区配偶在台湾地区依亲居留期间工作许可及管理办法”所规定的条件，经“行政院劳工委员会”许可后，方可工作。也即大陆配偶于“团聚”期间无工作权，于“依亲居留”期间，如不符合特定条件，也无法享有工作权，因而影响大陆配偶家庭的经济生活。2009 年“两岸人民关系条例”的修正全面放宽工作权，只要经许可在台湾地区依亲居留或长期居留，居留期间得在台湾地区工作，让大陆配偶结婚来台居留后，不需申请工作证即可在台工作，居留期间，即能享有“全民健康保险”以及相关社会福利资源。但是，目前大陆配偶的学历和专业资质在台湾地区获得认证尚存在障碍。目前台湾方面虽开始采认大陆学历，但仅采认大陆 111 所高校学历，而且采认办法也存在不溯及既往、不承认医事学历、学历甄试门槛过高的不足。2011 年年底，一名北京大学法学院经济法台籍博士的学历即未能获得认证而引起诉讼的案例，显示出大陆配偶学历的认证也不会一帆风顺。大陆配偶的学历和专业资质难获认可，客观上又限制了大陆配偶在台湾受雇适当工作的机会。

三是政治权利。大陆配偶在台湾经许可定居，取得台湾居民身份证后，即享有选举权。但“两岸人民关系条例”第 21 条限制大陆配偶取得身份证 10 年内不得担任公职、不得参与或筹组任何政党组织。也就是说，大陆配偶的公民权利实际仍然是长期被限制。目前台湾主管部门也正检讨“两岸人民关系条例”第 21 条，拟让取得身份证的大陆配偶，可从事公教机关庶务性、无涉公权力行使的工作。

长期以来，大陆配偶因自己的正当权益被漠视而不断抗争，致使一些政策有所改变和松动。2009 年“两岸人民关系条例”修正，大陆配偶取得身份证年限由 8 年缩短为 6 年，是大陆配偶争取权益的一个重要成绩，在此之前，大陆配偶需要结婚满 2 年或生产子女后方可申请依亲居留，取得身份证年限为 8 年。但是，依台湾地区“国籍法”的规定，外籍配偶持居留签证入台后，居留连续满 3 年后，即可办理归化取得“中国国籍”，之后连续居住 1 年即可申请定居，在台湾地区设籍。从而，不少陆配团体认为，大陆配偶至少 6 年方能获得身份证，与外籍配偶的 4 年期限相比仍不公平，进而推动了“两岸人民关系条例”的再次修正。2012 年台“行政院”提出的“两岸人民关系条例”第 17 条修正案，将大陆配偶取得身份证的时间由 8 年调整为 4 至 8 年，即依亲居留连续满 3 年且每年居住 183 日以上者，得申请长期居留；长期居留满 1 年且在台居住 335 日以上，或连续居留满 2 年且每年在台居住 270 日以上，或连续居留满 5 年且每年在台居住 183 日以上者，得申请在台定居。修正目的是进一步促进两岸婚姻常态化发展及落实大陆配偶权益保障，秉持落实大陆配偶与外籍配偶权益衡平政策，以期在法律上给予大陆配偶公平对待。

大陆配偶取得身份证年限的修改被政治化，是修法的主要障碍之一。两岸同属一个中国，因此，大陆地区人民到台湾地区定居，仅仅是户籍即经常居住地的变更，没有制为国籍抛弃的问题，也没有归化的问题。在这一点上，大陆配偶与外籍配偶具有本质差异。根据台湾地区“国籍法”第 9 条的规定，外国配偶申请归化，应放弃其原有国籍，进而方可获得台湾身份证。一些“独派”人士刻意政治操作，提出所谓大陆配偶放弃国籍的要求，在大陆配偶在台定居和获得身份证方面设置重重限制，其背后不仅有选票的政治考虑，更有追求“法理台独”的政治图谋。

3. 陆生健保问题有进展但争议尚存

2014 年，台湾陆生纳入健保问题，再次成为政党恶斗的议题。大陆方面在处理台湾学生的医疗保险时与本地学生一视同仁。大陆的大学生在 2009 年纳入城乡居民医保，当时已有多地将港、澳、台、侨生一并纳入大学生医保。以厦门大学为例，台生医保费用与当地大学生一样都是一年人民币 50 元，厦门市政府每人每年补助 190 元，台生一年可享最高 7 万元医保支出，相当于 28 万新台币。2013 年 9 月大陆正式把在大陆就学的台湾学生纳入城镇居民基本医疗保险范围，台生收费比照大陆学生。基于公平、对待原则，台湾方面不能因为“民粹主义”当道，就霸道不讲理，“逢中必反”，而是应该允许陆生参加岛内健保。按规定，侨生和外籍学生在台湾读书超过 4 个月后均可参加健保，且得到台湾当局四成的补助，每个月只付

749 元台币，为何陆生就不可以呢？

2012 年 10 月 11 日，台湾行政机构通过“两岸人民关系条例”部分条文修正草案草案，将赴台求学的大陆学生的在台状态从“停留”改为“居留”，以便依法方便大陆学生加入台湾地区“全民健康保险”；保费和在台求学外国学生等同，每年缴纳近 9000 块新台币，当局补贴 6000 元。在审议中，朝野“立委”持不同意见，民进党及亲民党认为非台湾人应全额负担。国民党部分委员主张维持部分负担，但也有“立委”认为应全额自付。2014 年 9 月 24 日，台“立法院”内政、教育及文化“联席委员会”初审通过条例修正草案，在台陆生纳健保可望有“法律”依据，但民进党团提出附带决议要求陆生全部自付保费、且应待“全民健康保险法”配套修法后才能实施。最后“内政委员会”决议虽送出委员会，但包括法案及附带决议都须送“朝野”协商讨论。

当年民进党以“公平、人权”为由，提案所有外籍人士包括外籍生，都可纳入健保体系，由当局负担 4 成、外籍人士个人自付 6 成，却要求陆生全部自付，何来“公平、人权”？民进党在她们的“华山会议”中宣刚刚称要“善待陆生”，只是空口白话？期待台湾早日将陆生纳入健保体系。

4. 两岸人民往来相关法规进一步趋向完善

目前，大陆的涉台法律制度体系，以《中华人民共和国宪法》和《反分裂国家法》为基础，《中华人民共和国台湾同胞投资保护法》为主体的台胞权益保护制度体系基本形成。包括国务院发布的《中华人民共和国台湾同胞投资保护法实施细则》、《国务院关于鼓励台湾同胞投资的规定》等行政法规，以及国务院各部委制定的众多部门规章，内容涵盖台湾同胞在大陆投资、旅游、教育、就业等内容。除上述中央立法之外，各省市出台了大量关于台湾同胞权益保障的法规、规章，特别是具备地缘优势的福建省，已在多领域、多层次制定了涉及台湾同胞权益的专项地方法规。也使大陆的涉台立法呈现出中央与地方并举的特征。此外，2008 年两岸关系步入和平发展轨道以来，大陆各级相关部门陆续发布了大量的惠台政策措施，这些惠台政策措施是对国家涉台法律、法规的一种补充，对台湾同胞权益的保障起到了积极的推动作用。这些特征标志着大陆已经基本形成了台胞权益保障的制度体系。台胞在大陆的生活、就业、经商、交流等领域的保障都有了充分的法律依据。

虽然关于台湾同胞权益保障的制度体系基本形成，但也存在明显不足：一是目前大陆对台湾同胞权益保障的法律体系不完善，目前大陆关于两岸交往关系的规定大多散见于一些效力层次不高的法规、规章及规范性文件之中，而法律、行政法规数量相对较少，而这些规定简单、零散，缺乏应有的系统性、规范性与可操作性，难以对台湾居民的基本身份确认和基本权利、基本规范加以规定。二是现行立法范围狭窄，对于台胞权益的关注仅仅集中于经贸投资领域，主要强调对台商的投资保护，还不能满足台湾同胞在大陆安居的需要，在台胞居住同等权、台湾同胞就业、就学、就医等领域，目前仅是有一些地方出台了零散的规定，缺乏法律层面的规定。内容有待拓展与完善，以适应两岸进一步交流合作的需要。《中共中央关于全面推进依法治国若干重大问题的决定》提出："完善涉台法律法规，依法规范和保障两岸人民关系、推进两岸交流合作。"为此，有必要应当尽快制定一部符合两岸关系和平发展实际的涉台事务综合性立法，作为促进两岸关系发展，规范两岸人民往来，保障两岸人民权益的基础性法律。

在台湾，虽然"两岸人民关系条例"修改未能取得进展，但台行政机构仍力求通过相关行政规章的修改来推动两岸交流。2014年12月11日，台湾"行政院"修改"两岸人民关系条例实施细则"的部分条文，除修正部分机关的名称及其他条文外，对来自大陆的所得税抵扣和大陆居民赴台继承遗产规定了一些便利措施：主要增订第三地区公司或事业可提出经由台湾地区合格会计师签证的财务报表或文件以因应实务需求，另外更改营利事业所得税的计算公式以配合营利事业所得税的修正。

为进一步方便两岸人民往来，2014年，台湾方面实施了新的"大陆地区人民进入台湾地区许可办法"，该办法是将"大陆地区人民进入台湾地区许可办法""大陆地区专业人士来台从事专业活动许可办法""大陆地区人民来台从事商务活动许可办法""跨国企业内部调动之大陆地区人民申请来台服务许可办法"，四部法规统合而成。规定对于大多数以短期专业或商务活动交流为由申请赴台，可不须送目的事业主管机关审查，只要依在线申请作业程序，文件备齐的，即可简化申请程序，在三个工作日内发证。另放宽台湾人民的大陆公婆或岳父母及在台进行研修的陆民在大陆的父母可申请短期探亲，并放宽大陆人民经司法机关通知得来台进行民事诉讼。另规定，大陆人民为台湾人民配偶者，申请入台团聚，主管机关经审查后得核给一个月停留期间许可；通过面谈准予延期后，得再核给五个月停留期间许可。

2014年，台湾有关方面将可以办理自由行的地区扩大到哈尔滨、太原等10个大陆城市；宣布自2015年起大陆观光客依"小三通"方式进入金门、马祖和澎湖，实行"落地签"；宣布对陆生降转限制松绑，陆生在台就学期间可以申请转入低于目前就读年级的学制班次，也可直接申请读博士班，不用再通过陆生联招会申请。

2014 年 4 月，一位大陆配偶在台湾被害，其在大陆的遗属经两岸司法互助程序核实后，获得了台湾方面发放的补偿金，这是两岸间第一例此类事件，有力地保障了被害人的权益。

（二）ECFA 后续协议协商、签署与生效波折不断

1. 台湾方面处理两岸协议的现行机制

根据“两岸人民关系条例”第 4-2 条第 3 项的规定，“两岸协议”为“台湾地区与大陆地区间就涉及行使公权力或政治议题事项所签署之文书”，而“协议之附加议定书、附加条款、签字议定书、同意纪录、附录及其它附加文件，均属构成协议之一部分”。两岸之间的交往并非国际交流。“台释字 329 号大法官解释”指出，条约是国家与其他国家或国际组织所缔约之国际书面协议，包括用条约或公约之名称，或用协议等名称而其内容直接涉及国家重要事项或人民之权利义务且具有法律上效力者而言。其中名称为条约或公约或用协议等名称而附有批准条款者，当然应送立法院审议，其余国际书面协议，除经法律授权或事先经立法院同意签订，或其内容与国内法律相同者外，亦应送立法院审议。329 号解释理由书明确指出：“台湾地区与大陆地区间订定之协议，因非本解释所称之国际书面协议。”

台湾地区现行处理两岸协议的规定是其“两岸人民关系条例”第 5 条。台湾地区 1992 年订定“两岸人民关系条例”时，仅规定两会协议需经主管机关核准，方生效力。1997 年修正时，增加规定“当协议内容涉及法律之修正或应另以法律定之者，并应经立法院议决”。其立法目的是建立行政机关与立法机关间的共识，以使尔后配合协议内容所增修之法律案在立法院审议程序，得以顺利进行。为加强“立法院”对两岸协议的监督机制，1999 年台“立法院”曾经试图订定“两岸协议处理条例”，并已形成草案，但争议较多而无果。民进党执政之后，2002 年“两岸人民关系条例”修正程序再次启动，最初系缘于关于大陆人民赴台定居规定的修改动议。起初，国民党党团和亲民党党团提出对条例第 5、28、29 条的修正议案中，对第 5 条的修正提议要求放宽对两岸协议的签署主体和内容的限制，建议政府机关也可直接签署协议，并且政府应对不涉及公权力的两岸协议签署予以放开，仅管制涉及公权力的协议签署。之后，国民党籍“立委”陈学圣等提案修正第 5 条，要求对不涉及法律修正或订定的两岸协议加强监督，除行政机关核准之外，还应送交“立法院”备查，以发挥立法部门的监督功能。随后，民进党执政的“行政院”提出全文修正案，其中第 5 条的修正参酌了“立法院”“台湾地区与大陆地区订定协

议处理条例（草案）”的相关规定，当然，“立法院”草案中规定“立委”可以参加谈判团队的规定没有被纳入。当时“陆委会”主委蔡英文的想法是，在专门订定一部监督条例前，先把相关机制纳入“两岸人民关系条例”。草案要求海基会在签署协议前，应由“陆委会”将草案报经“行政院”同意；不涉及法律修正或订定的协议应在签署后30日内报“行政院”核定。草案对该条项的表述重心也发生了变化，首先强调“立法院”对内容涉及法律修正或订定的协议应经审议，其次是要求无涉法律修正或订定的协议应经核定。经过朝野协商，最终于2003年通过的“两岸人民关系条例”第5条规定：“依第四条第三项或第四条之二第二项，受委托签署协议之机构、民间团体或其他具公益性质之法人，应将协议草案报经委托机关陈报行政院同意，始得签署。协议之内容涉及法律之修正或应以法律定之者，协议办理机关应于协议签署后三十日内报请行政院核转立法院审议；其内容未涉及法律之修正或无须另以法律定之者，协议办理机关应于协议签署后三十日内报请行政院核定，并送立法院备查。”该条规定在“行政院”提交的草案的基础上进一步纳入“立法院”监督机制，以两岸协议是否涉及法律修正，区分为送审议或备查两种程序，由此建构的两岸协议处理及监督机制沿用至今。

2. ECFA后续协议的签署、生效遇阻

“海峡两岸服务贸易协议”由两岸两会于2013年6月签署，是两岸ECFA后续协商的阶段性成果，标志着两岸经济交流合作迈上了一个新台阶。这个原本能为两岸经济合作、为台湾民众带来实实在在利益、有利于推动两岸双方贸易正常化和自由化进程、推动两岸相互开放服务业市场、促进双方共同发展的好协议，但在签署之即，即遭污名化为“黑箱服贸”。服贸协议签署之前，民进党党团总召柯建铭便表示，为宣示监督两岸服务贸易协议，将提出建请立法机构做成决议，成立“台湾与中国缔结协议监督委员会”，就协议缔结、政策形成及执行问题建立完善监督机制，以防杜行政当局或其授权谈判机构向大陆倾斜，造成台湾“主权”或人民权益受损。[①]服贸协议签署后，台湾在野党激烈抨击，甚至预告要强烈抗争杯葛立法机构临时会议程。6月25日，历经6小时的场内杯葛和朝野协商，台湾立法机构决定：两岸服务贸易协议本文应经立法机构逐条审查、表决，协议特定承诺表应逐项审查、表决，不得全案包裹表决，非经立法机构实质审查通过，不得启动生效条

① 黄筱筠：《民进党主张订定：与中国缔结协议监督委员会》，中评社，台北6月12日电。

款。[①]但“行政院”6月27日上午在“核定”服贸协议，仍依原定方案函送“立法院”备查。之后，经“立法院”委员会联合审查，于7月31日至8月1日召开四场公听会。后来国民党曾排定议程审查服贸，但在绿营抗议且为平息内部争议下，终于在2013年8月5日立法机构朝野党团协商结论，决定由“内政委员会”就两岸服务贸易协议再召开16场公听会方可进行实质审查。[②]因此服贸这项“备查案”变成“审查案”。

因民进党的刻意拖延，将最后一场硬是拖至2014年3月10日才举行。随后，蓝绿为了争夺服贸的议事主导权，展开议事程序斗法。“立法院内政委员会”等8个委员会3月17日下午排定联席审查服贸协议，由国民党“立委”张庆忠担任主席。但民进党“立委”自中午起即占领主席台，并与国民党“立委”对峙，双方僵持不下，无法站上主席台主持会议的张庆忠借机于议场角落宣布开会，宣布服贸协议付委员会审查已超过3个月，视为已审查，送“立法院”院会存查。这一举动被批评为“黑色30秒”，引起民意强烈反弹，之后“太阳花学运”应声暴发，并最终以马英九行政当局明确承诺将“服贸协议”退回“立法院内政委员会”按“朝野协商”逐条审查、表决。这一结果事实上以“先立法，后审议”的形式让服贸协议的审议就此搁置。

在台湾的法律体系中，两岸协议的定性，属于行政命令，还是涉及“重要事项”，直接决定行政与立法的关系。根据台“中央法规标准法”第5条的规定，“宪法或法律明文要求应以法律规定的事项、关于人民权利与义务的事项、关于各机关组织的事项以及其它重要事项之应以法律定之者”，均应以法律规定。关于此处兜底条款的“重要事项”，“释字第329号大法官解释理由书”认为，还应包括内容直接涉及“国防”、“外交”、财政、经济等“国家重要事项”。台湾以“重要性理论”作为判断法律保留适用领域的标准。[③]“释字第443号解释理由书”指出，“何种事项应以法律直接规范或得委由命令予以规定，与所谓规范密度有关，应视规范对象、内容或法益本身及其所受限制之轻重而容许合理之差异”。在实践中，“重要事项”的弹性较大，为台湾行政部门与立法部门各自解释提供了空间。在两岸协议的处理方面，如何判断两会协议是否涉及法律的修改或法律保留事项，就成为争议的

① 《“立法院”第8届第3会期第1次临时会第2次会议议事录》，《“立法院”公报》，第102卷第47期，第84页。

② 《“立法院”第8届第3会期第2次临时会第1次会议议事录》，《“立法院”公报》，第102卷第48期，第467页。

③ 参见法治斌、董保城：《宪法新论》，台北：元照出版公司，2012年版，第61页。

核心问题。如果不涉及，则只需备查。“备查”，是指下级政府或机关间就其全权处理的业务依法完成法定效力后，陈报上级政府或主管机关知悉。[①] 台湾地区实行行政向立法负责的体制，故“行政院”的提案构成“立法院”待审议案的大部分。经审议通过者方生法定效力。议案的审议，包括审查和决议，但“审议”与“决议”仍有区别。“审议”是指就一定事项作充分详细评议，听取相对机关主旨说明并进行质疑、讨论、表决等一切行为的程序。[②] 决议有二读与三读之分。根据台“立法院职权行使法”的规定，法律案和预算案的审议需经三读的程序决议，其他议案的审议经二读会决议。对于行政命令的监督，“中央法规标准法”第 7 条的规定，“各机关依其法定职权或基于法律授权订定之命令，应视其性质分别下达或发布，并即送立法院”。相应地，“立法院职权行使法”第 60、62 条规定，如果出席委员认为其有违反、变更或抵触法律，或应以法律规定而仅以命令规定的，如有十五人以上联署或附议并经表决通过，应交付有关委员会审查，经审查后发现上述情形确有存在的，应提报立法院院会进行议决，并通知原订颁机关予以更正或废止。经审查无前项情形的，则由院会存查。而若院会将行政命令交各委员会审查后，委员会在三个月没有完成审查，则视为已经审查。有观点认为，“立法院职权行使法”有关立法机构对于行政命令监督的规定，已将“中央法规标准法”第 7 条的单纯送置义务监督模式，进一步转换为拥有事后否决权的实质监督模式。[③]

另有一种观点认为，服贸协议本身并非“法律”，也不如 ECFA 需要修正法律，根本不必经过立法审议程序，“立法院”所形成的“逐条审查”的朝野协商共识，并不能视为“提议”，并不能改变服贸协议的审议方式。由“行政院”核定原本签署并公布即可生效。马英九当局未能坚定立场，才导致局势不可收拾。[④] 这一分析是有一定道理的。

3. 两岸协议监督立法的主要争议

目前，共有包括“行政院版草案”、民间版“两岸协定缔结条例草案”（以下简称“民间版草案”）、民进党版“台湾与中国缔结协议处理条例草案”（以下简称“民进党版草案”）等 7 个不同版本，将在“内政委员会”合并审查。各种不同版本立场的基本立场和具体内容差异巨大。

---

① 黄锦堂等：《地方立法权》，台北：五南图书出版公司，2005 年版，第 37—39 页。
② 许剑英：《立法审查理论与实务》，台北：五南图书出版公司，2002 年版，第 3—4 页。
③ 黄昭元：《国会改革五法简介》，《台湾本土法学》，1999 年第 1 期，第 182、184 页。
④ 曾志超：《从法律面观点论服贸协议审查》，http：//www.npf.org.tw/post/3/13010

就“行政院版草案”来看，其主要内容有以下几个方面：

一是四阶段对外沟通咨询机制。“行政院版草案”吸纳国民党党团曾提的四阶段监督机制，将四阶段监督的内涵写成条文，包括议题形成阶段、业务沟通阶段、签署前阶段与签署后阶段，分别向立法机构和民众沟通。沟通获得的意见及信息，应作为协议协商、签署与执行的参考，并没有实质约束力。

二是两阶段“国家安全”审查机制。草案规定的两阶段“国家安全”审查机制是指，当业务沟通有相当进展时，主管机关应将协商议题及内容，先提报“行政院”跨部会审查，即由“政务委员”，视协商议题，邀集“国家安全局”、“国防部”、“行政院大陆委员会”、其他相关机关及专家学者，召开会议审查。之后再提报“国家安全会议”复审。经初审或复审认该协商议题或内容有危害“国家安全”之虞的，协议权责主管机关应即停止协商，并研商后续处理程序。经初审或复审认该协商议题或内容有调整必要的，协议权责主管机关应依两岸制度化协商程序再进行业务沟通，并提报“国家安全”审查。经初审及复审认该协商议题及内容无危害“国家安全”之虞的，协议权责主管机关中进行后续协商及签署程序。在协议签署前，还要经过“行政院”内部的先行审查程序，由协议统筹办理机关报经“行政院”同意之后方可签署。

三是依法备查或审议。服贸协议引发的巨大争议的原因，撇开政党对立与借机炒作之外，协议处理程序本身的不确定性是诱因之一。草案进一步细化了“两岸人民关系条例”第 5 条规定的“审议”和“备查”程序。若两岸协议内容涉及法律的修正或应以法律规定的，应送“立法院”审议，并同时提出须配合修正或制定的法律案，其中，协议应经“立法院”二读会议决，法律案应经“立法院”三读会议决。协议内容不涉及法律的修正或无须另以法律规定的，则送“立法院”备查。对于原本只是备查案的两岸协议，送进“立法院”后，“立法院”认为有违反、变更或抵触法律的，或应当以法律规定的，有权更改为审议案处理。

四是明确审查、审议未通过的处理。草案规定，若两岸协议经“立法院”审议或审查未能通过，协议统筹办理机关应立即通知大陆方面，并视需要与大陆重启协商。不过，草案并没有规定“立法院”可以对协议进行修改。草案也强调了“立法院职权行使法”第 61 条的适用，要求各委员会审查作为行政命令的两岸协议，应于院会交付审查后三个月内完成；逾期未完成的，视为已经审查。

比较“行政院版草案”、“民间版草案”、“民进党版草案”等不同版本，主要存在以下几个方面的差别：

一是基本立场完全对立。台湾地区现行“宪法增修条文”确定了“一国两区”的关系，并以“两岸人民关系条例”规范两岸人员往来。1992年11月，两岸两会达成了各自以口头方式表述“海峡两岸均坚持一个中国原则”的共识，从而确立了两会协商处理两岸交往中衍生的具体问题属于中国的内部事务这一基本原则。在此基础上，两会协商签署21项协议，取得了积极的成果。“行政院版草案”维持了“两岸人民关系条例”所遵循的“一国两区”基本理念，“民间版”、“民进党版”等草案则企图对两岸关系定位进行调整，将两岸协议定位为“两国协议”。例如，民间版使用“两岸协定”概念，直接与台湾“大法官解释第329号”所明示的“两岸协议非国际书面协定”的意旨相冲突；民进党版使用“两国协议”概念，认为两岸关系为“国与国之间的外交关系”。“民间版草案”、“民进党版草案”还增订所谓“国际条约”的“总统”批准及换文程序，实质均是偷渡“两国论”入法，破坏两会事务性协商的政治基础。

二是立法的基本思路不同。“行政院版草案”是在遵循“两岸人民关系条例”第5条的规范架构基础上进行补充和完善，增加了协议的沟通咨询机制和审查机制，细化了审议和备查的程序，立法目标是使协商过程更加公开透明，协议监督更加规范。“行政院版草案”并不需要对“两岸人民关系条例”进行修改。“民间版草案”、“民进党版草案”等力求立法机关强力介入两会协议的协商，强化对协议的实质审查，体现为对“两岸人民关系条例”第5条规定的监督模式进行修改，其中，多个版本草案直接以“两岸人民关系条例第五条修正”为提案名称。

三是行政机关和立法机关的关系定位不同。根据台湾相关规定，行政机关负责决策和执行，立法机关的职责在于立法和决议。“行政院版草案”严格遵循了权力分立、权责相符的原则：在协议签署前，行政机关和立法机关的关系是沟通咨询关系，立法机关的意见仅仅是协议协商、签署和执行的参考；协议签署后，行政机关将协议交由立法机关审议和备查，二者之间是监督关系。“民间版草案”、“民进党版草案”等则试图由立法机构主导两岸协议的协商和签署。例如，“民进党版草案”规定立法机构可派员参与重要协议的谈判，“民间版草案”规定协议的缔结计划、协商过程中的情事变化及策略都必须事先经过立法部门同意，按计划完成协商后立法机关也可要求行政机关重启协商。

四是协议审查程度有所差异。交付委员会审查的各个草案均细化了协议的审议和备查程序。“行政院版草案”规定立法机关审议或审查两会协议仅可以“包裹表决”的方式作出通过与否的决定，而不能对协议作出修改，若未通过，则须审酌是否重启谈判。“民进党版草案”规定立法机关审议两会协议时，可以决议提出修正意见或保留，而对于修正意见或保留之处，草案规定可视需要与大陆再行协商。“民间版草案”对于涉及两岸军事安全互信机制、结束两岸敌对状态等协议，规定了严格的通过标准，并增加了公民投票程序，且规定此项公投不受法定投票权人数的门槛限制，即不要求有二分之一以上的投票权人数参加投票。

五是协议保障要求不同。在协议的执行阶段，“行政院版草案”要求定期检讨协议执行情形，并向立法机关报告执行成效。但是，“民间版草案”以人权保障为借口，不仅要求协议内容应当包含人权互惠保障义务条款，还赋予一方人民因为协议的内容、或其解释与适用而受到侵害时即可要求救济进而启动人权保障磋商机制的权利。显然这会为两会协议的协商和执行增加障碍，从根本上也会损害两岸人民的利益。

显然，“行政院版草案”是对现行体制的辩护和微调，着重于细化和完善程序规则；而其他版本则通过程序规则的刻意，破坏和阻挠两岸协议的生效，试图以“民意”为借口实现对两岸关系的主导权。

台湾方面制定“两岸协议监督条例”的目的主要是希望增加在签署协议时的透明度与规范化，如此只需明定协议签署前的协商沟通机制，细化签署后审查监督机制即可。条例草案立法争议的本质是两岸关系的主导权。“九合一”选举后台湾政局的变化对 ECFA 后续协议、服贸审查、货贸谈判等议题带来了挑战，“立法院”在两岸关系中的掣肘作用上升，民进党及其他在野党将可能在“立法院”关口对马当局的两岸政策处处抵制，后续两会协议的签署将难以为继。不论在协商和签署两岸协议方面如何分工，是台湾当局的内部事务，但任何内含“台独”主张的监督条例草案将会从根本上阻碍两岸事务性协商的推进，损害两岸人民的根本利益。

（三）两会互设办事处及其职责定位之争

两会所建构的两岸事务性协商的制度性运作，是维系两岸和平稳定最重要的基础。2014 年 2 月两岸事务主管机关国台办与“陆委会”建立了常态性联系沟通机制，有助于两会制度性协商发挥更大的功能与效益。未来，两会制度性协商的功能不仅不会被弱化，更是有不可替代的重要功能。

《海峡两岸关系协会章程》第 14 条对海协会设办事机构作出了灵活的规定，台湾《海峡交流基金会组织条例》第 4 条也已对其在大陆设立分支机构预先有规范。随着两岸关系的密切发展，两会互设办事处的议题浮上台面，两会办事处的设立将是两岸关系发展的一个标志性进展。若办事处得以设立，两岸在制度化方面确实是迈进了一大步，当然，正如学者所说，两会互设办事处的意义可大可小，若有“九二共识”，办事处的意义可以很大，若不接受“九二共识”，那么这个办事处的存在象征意义大于实际意义。[①]

一直以来，两岸对两会互设办事机构的讨论，集中在人道探视及旅行文件核发两项功能上，这不仅是法律问题也是政治问题，根本上还是如何定位两会办事处的问题。两会就互设办事处问题进行协商，协商的是两会办事机构而不是两岸办事机构，其主要职能是事务性协商的沟通联络，以解决民众实际问题为依归，提供包括经贸、文教、旅游、交流、联系与文书证件等项目的服务。2013 年下半年以来，两岸就两会互设办事机构事宜，已进行过多次业务沟通。双方都同意两会办事机构及办事机构人员执行职务应遵守与尊重对方法规，及双方商议的业务范围；同时，办事机构可及时针对相关事项进行沟通协调。双方认为办事机构及人员应谨守言行分际，不得介入对方内部事务，不从事情搜等行为。2013 年，台行政当局曾通过“大陆地区处理两岸人民往来事务机构在台湾地区设立分支机构条例（草案）”，条例草案并没有对办事处的职责范围作出明确规定，只是规定“基于对等原则，于法令限制内，有享受权利、负担义务之能力”。并规定分支机构及其人员“基于对等原则，得享有保障及便利措施”。民进党反对该草案，要求所谓“领事探视权”等。这种所谓“领事探视权”的主张，将两岸看做是“国际”关系，当然不会得到大陆的认可。领事是国际法上的概念，是一国派驻另一国的某一城市或地区，以保护派遣国及其公民在该地区内的经济和法律权益的代表。领事官员有权探访受监禁、羁押或拘禁的派遣国国民，与其交谈或通讯，并代聘法律代表及提供其他适当的帮助。但是，两岸不是国与国关系，两会的民间机构性质也决定其办事处不是两岸官方机构的办事处，不能以所谓“领事馆”的职能来比照两会办事处的定位。

但是，在大陆的台湾居民的人身安全保障，特别是在其人身自由受到限制时，应当如何通报，确实一直是台湾各界关注的一个问题。2009 年签署的《两岸司法互助协议》要求双方及时通报对方人员被限制人身自由、非病死或可疑为非病死等重要讯息，并依己方规定为家属探视提供便利。2012 年两会共同发布了“有关《海峡两岸投资保障和促进协议》人身自由与安全保护共识”，《共识》表示，双方将依据各自规定，对另一方投资者及相关人员，自限制人身自由时起 24 小时内通

① 《两岸学界：望马抓紧推进两岸两会互设办事处》，中评网，2014 年 11 月 14 日。

知。通知的对象则为其在本方的家属或其所投资的企业。同时依据《两岸司法互助协议》建立的联系机制，及时通报对方指定的业务主管部门，并且应尽量缩短通报的时间。如果当事人家属通过一方业务主管部门向另一方业务主管部门进行查询，另一方应将查询结果尽快回复。《共识》仅适用于台商相关人员及其在大陆的家属，《共识》也未提及人身自由受到限制的当事人及其家人的其他权利。

2014 年 8 月，台湾艺人柯某因吸毒在北京被拘留一事，引起媒体关注。事件被媒体曝光之初，台湾方面“陆委会”质疑柯某被逮捕后，大陆没有依照《两岸司法互助协议》24 小时内通告台湾。事实是，2014 年 8 月 14 日，柯某因吸食毒品大麻被北京警方查获，并依法被行政拘留 14 天。但柯某不是台商身份，因此，不在协议或共识中规定的 24 小时内必须向台湾方面通报的适用范围。台湾“陆委会”方面的指责是没有依据的。柯某案性质不是刑事拘留而是行政拘留，行政拘留为一种治安行政处罚，属于行政执法事项，其法律依据是《中华人民共和国治安管理处罚法》。《两岸司法互助协议》针对的是民事和刑事司法领域的合作事宜，并未涵盖行政拘留。台湾方面也认识到这一点，“陆委会”主委王郁琦事后表示，两岸未来在互设办事处的协商中，“陆委会”将要求必须落实行政拘留的通报。同样，限制出境也非刑事强制措施，自然也不存在依《两岸司法互助协议》的通知举措。①

关于探视的问题，关键是要尊重对方的法律规定，不能依己方的规定而强求对方按己方的要求去做。另外，两岸之间的概念可以具有特殊性，可以用较为客观中性及不带政治意涵的概念，例如“探访”“人道探访”或许更为合适。或者各自保持使用不同有概念表述同一意涵。正如国台办发言人马晓光所指出，“不是能不能探视，而是如何既尊重各自有关规定，符合办事机构的功能和定位，又有利维护当事人和家属权益的合情合理安排”。据报道，2014 年 7 月，两会就“办事处”职能展开第七轮业务沟通。双方就一方在限制对岸人民人身自由时应通知对方办事处，允许办事处代表对被拘禁人进行“人道探视”一事取得了积极的成果。

（四）两岸人民权益的司法保障

1.“大法官会议解释”的“释宪”机制对大陆人民权益的保障

司法是法治方式的重要支撑。“一个中国框架”下的司法，在处理两岸问题上，必然或者说应当遵守一个中国原则，台湾的司法，也应当遵从“一国两区”的法律

---

① 2014 年 9 月 26 日，有媒体报导台湾居民柴某被吉林省人民检察院限制出境，28 日大陆有关方面澄清：“因台湾居民柴智屏与大陆检察机关侦办的案件有联系，大陆检方需要其协助调查”。

架构。通过涉及两岸关系的司法裁判，对两岸人民的权利加以维护，是两岸人民权益保障的重要途径。其中，“大法官解释”发挥着独特的作用。

2013 年 7 月 5 日，台“司法院大法官会议”作成“释字第 710 号大法官解释”，指出：“两岸人民关系条例”第 18 条第 1 项“对于经许可合法入境之大陆地区人民，未予申辩之机会，即得径行强制出境部分，有违宪法正当法律程序原则，不符宪法第十条保障迁徙自由之意旨”。“两岸人民关系条例”第 18 条第 2 项规定“未能显示应限于非暂予收容显难强制出境者，始得暂予收容之意旨，亦未明定暂予收容之事由，有违法律明确性原则”；“未予受暂时收容人实时之司法救济，有违宪法正当法律程序原则，不符宪法第八条保障人身自由之意旨”。“两岸人民关系条例”关于暂予收容未设期间限制，“有导致受收容人身体自由遭受过度剥夺之虞，有违宪法第二十三条比例原则，亦不符宪法第八条保障人身自由之意旨”。同时，第 710 号“大法官解释”还订定落日条款：“两岸人民关系条例的相关规定应在两年以内进行修订。”如今一年多已经过去，台“立法院”在两岸议题上陷于空转，两岸人民关系条例第 18 条第 1 项规定的修改仍未见踪影。第 710 号“大法官解释”有关陆配的权益保障问题，是首例大陆人民申请“释宪”成功的案例，引起各界关注。这个解释体现出，对于大陆在台人民的其他基本权利，比如自由与人格尊严等，台湾“大法官”则是积极保障的，强调适用平等保护和比例原则。其法律依据除了台湾本土的立法以外，也包括了作为法理参考的国际人权公约以及欧美的宪法判决及理论。由此解释引发的关于“大法官”在两岸人民权益保障领域中发挥积极作用的遐想，很快在第 712 号“大法官解释”中得到验证。

第 712 号解释为跨境收养的解释。收养为家庭关系的重要一环，关于收养，台湾“民法”有明确规定的条件，但对收养人是否有子女和收养数量并无限制。限于两岸之间的特殊情况，考虑到台湾地区人民已有子女或养子女者，若再收养大陆地区子女，使台湾地区人民需同时监护二名以上子女，造成台湾地区人口压力，影响社会安定，“两岸人民关系条例”第 65 条对于两岸间的收养附加了限制条件，即已有子女或养子女的台湾地区人民不得收养大陆地区人民为养子女，且不能收养 2 名以上的大陆人民为养子女。

有一名 77 岁的台湾老翁，其原本在前段婚姻关系中有三位亲生女儿，欲收养其现任配偶在大陆之子（11 岁）为养子，向台湾法院声请认可收养，被法院驳回认可。2010 年，另有一名 45 岁的台湾居民李某，原为大陆地区人民并育有子女，改嫁台湾地区人民并取得台湾身份证后离婚，于台湾并无子女，而在大陆的儿子年满 20 岁，已超过获准来台定居的年龄，经大陆地区福州市儿童福利院同意，在大陆收养了 6 岁孤儿胡某为养女，在向台湾法院声请认可收养后一样被驳回。这两件案子的当事人在分别抗告及再抗告都遭裁定驳回并确定后，分别针对“两岸人民关系条例”第 65 条申请了“大法官解释”。“大法官”因主张相同而并案审理。2013 年 10 月 4 日，“大法官会议”作成释字第 712 号“大法官解释”，指出：“两岸人民关系条例”第 65 条第 1 款规定：‘台湾地区人民收养大陆地区人民为养子女，……有下列情形之一者，法院亦应不予认可：一、已有子女或养子女者。’其中有关台湾地区人民收养其配偶之大陆地区子女，法院亦应不予认可部分，与宪法第二十二条保障收养自由之意旨及第二十三条比例原则不符，应自本解释公布之日起失其效力。”“大法官”认为，台湾地区人民收养配偶的大陆地区子女，对婚姻幸福、家庭和谐及被收养人的身心发展与人格形塑都有帮助，应属于“两岸人民关系条例”第 65 条第 1 款规定的例外情形。也就是说，对人民收养其配偶的大陆地区子女自由加以限制所造成的效果，与想要保护的公共利益，明显失衡，这项限制已属过当，应失其效力。依此解释，第一个案子的老者收养其现任配偶的大陆子女为养子女可以得到台湾法院认可，而第二个案子的李某收养胡某仍无法获得台湾法院许可。2014 年 4 月 3 日，台“行政院”院会根据该解释意旨通过“台湾地区与大陆地区人民关系条例第六十五条修正草案”，不过目前“立法院”仍未通过该修正案。①

2. 台湾法院对大陆判决的“歧视”

1992 年台湾地区颁行“两岸人民关系条例”以后，台湾地区实务上将大陆人民法院作出的判决、裁定纳入认可的范围。一直以来，台湾地区法院裁定认可了大量大陆法院作出的离婚判决，均未进行实质审查，实际上是认可了大陆人民法院判决的效力，其推理方法是：外国判决除非构成民事诉讼法第 402 条各款事由，否则当然具有与台湾地区法院确定判决同一之效力，依举轻以明重之法理，大陆地区判决经台湾地区法院依两岸关系条例第 74 条裁定予以认可后，自应同样与台湾地区确定判决有同一之效力。但 2007 年以来，台湾地区“最高法院”通过 96 年度台上第 2531 号民事判决、97 年度台上第 2258 号民事判决、台湾高等法院 98 年度重上字第 720 号民事判决和 97 年度台上第 2376 号民事判决等一系列判决，明确提出了

① 台行政机构通过的“两岸人民关系条例”第 65 条修正草案规定：“台湾地区人民收养大陆地区人民为养子女，有下列情形之一者，法院应不予认可：一、已有子女或养子女。二、同时收养二人以上为养子女。三、未经行政院设立或指定之机构或委托之民间团体验证收养之事实。台湾地区人民收养其配偶之大陆地区子女为养子女者，不受前项第一款及第二款规定之限制。”

“经台湾地区法院裁定认可之大陆民事确定裁判，应只具有执行力而无与台湾地区法院确定判决同一效力之既判力”的见解。其主要依据在于：“两岸关系人民条例”第 74 条并未明定在大陆地区作成之民事确定裁判，与确定判决有同一之效力，大陆地区民事确定裁判非台湾确定终局判决可比。另一种为此见解背书的观点推理方法大致是：“大陆判决本身没有既判力，因此认可后也无既判力。”应该来说，台湾地区“最高法院”的这一见解既不符合大陆判决有既判力的事实，也不符合“两岸人民关系条例”第 74 条的规定内涵，架空了该条第一款关于裁定认可的内容，受到了两岸理论界和实务界的广泛批评。多数台湾学者认为，这一见解既不符合《两岸司法互助协议》第 10 条就此确定的互惠原则，从对等原则考虑也明显失衡，事实上必然造成两岸司法互助协议有关裁判认可司法互助目的的落空，建议应修改“两岸人民关系条例”第 74 条。

遗憾的是，继 2013 年 10 月 11 日，台湾地区“司法院”将实务上对大陆给付判决的不当见解再次不当地引用到离婚判决的认可上之后，2014 年，台湾法院将这一不当见解进一步衍生到大陆仲裁机构作出的仲裁裁决的效力。2014 年 5 月 8 日，台湾新北地方法院 102 年度重诉字第 194 号民事判决认为，“经中国国际经济贸易仲裁委员会华南分会于 2012 年 3 月 14 日作成的 (2012) 中国贸仲深裁字第 24 号裁决书，属两岸人民关系条例第 74 条所规定的在大陆地区作成的民事仲裁判断，并非依台仲裁法所作成的仲裁判断，并无与确定判决同一效力”。该判决显然在前述错误见解的道路上越走越远。

实践中，台湾法院的不当见解，已经造成许多台湾居民的讼累，如 2014 年 4 月 22 日台湾新北地方法院 102 年度婚字第 958 号民事判决；2014 年 5 月 13 日台湾台中地方法院 103 年度诉字第 786 号民事判决；2014 年 7 月 14 日台湾南投地方法院 103 年度投简字第 98 号民事简易判决，等等。

应该说，台湾法院形成上述见解，既有台湾现有规定方面的原因，也有台湾司法实务界的法解释原因，在一定程度上也可能受到了两岸政治关系的影响。学者提出的修法建议是正确的，但问题的解决应不限于修法这一种途径，问题本系台湾法院方面对法规条文的不合理解释而产生，不能以修法未成作为坚持错误见解的借口。台湾法院消除误解，增进对大陆司法裁判的信任，是深化两岸民事司法互助的基础。

3. 两岸司法合作的明显成效与不足

两岸司法机构的合作，对于两岸人民权益的保障具有重要意义。2009 年 6 月

25 日，海协会与海基会签署的《两岸司法互助协议》生效实施，标志着海峡两岸司法互助工作正式迈入制度化、规范化阶段。在两岸人民往来日益密切的当下，两岸司法合作得到两岸人民的广泛支持，持续成为两会协议落实的亮点，也因此，《两岸司法互助协议》成为满意度最高的两岸协议之一。

《两岸司法互助协议》签署生效五年以来，大陆积极采取一系列举措确保协议的有效落实。在民事司法互助方面，两岸法院执行协议的效果良好。据统计，截至 2014 年 5 月 31 日，大陆人民法院共办理涉台送达文书、调查取证、罪赃移交和裁判认可司法互助案件 37423 件。人民法院办理的涉台调查取证司法互助案件，已经涉及取得证言及陈述，提供书证、物证及视听资料，确定关系人所在或其身份、前科，进行勘验、检查、鉴定和查询等几乎所有的证据形式和取证方式，还出现了法律查明和远程视讯询问证人等取证请求。在共同打击犯罪和刑事司法合作方面，两岸司法机关根据协议携手共同打击跨境犯罪，有效保障了两岸同胞权益和交往秩序。两岸警方联合侦破数百个电信诈骗犯罪集团，联手破获一批重大毒品犯罪案件。大陆公安机关向台警方通报被采取刑事强制措施的台湾居民 1670 人次，台方向大陆方面通报 437 人次。大陆方面已遣返台方通缉犯 190 人，台湾警方向大陆遣返 2 名逃犯。两岸双方已成立罪赃返还专责协处小组，共同积极商议协处事宜，以完成相互返还赃款案件。目前，大陆法院已成功办结了两起向台湾居民被害人返还财产的罪赃移交案件，共向 18 名台湾居民被害人返还财产共计人民币 238 万余元。2013 年初，台湾地区“立法院”三读通过了“跨国移交受刑人法”，根据其第 23 条的规定，台湾地区与大陆地区之间的受刑人移交，准用该规定，不受“两岸人民关系条例”第 75 条规定的限制。依据该规定，2014 年先后有两批共 5 位在大陆服刑的台湾籍居民申请并获准回到台湾地区继续服刑。①2014 年，两岸司法合作虽然取得新进展，但也仍然存在一些具体问题有待双方进一步沟通协商，例如：

（1）关于经认可的民事裁判的范围及效力

《司法互助协议》第 10 条明确规定：“双方同意基于互惠原则，于不违反公共秩序或善良风俗之情况下，相互认可及执行民事确定裁判与仲裁裁决。”大陆对台湾地区民商事判决和仲裁裁决的认可与执行，不论是在认可范围和认可标准上，还是在效力层级上，也不论是在协议签署之前还是之后，都始终秉持全面开放、务实合作、积极进取的态度，不遗余力地加以推进。相比较而言，台湾方面却显得相对

① 参见《“法务部”二度自大陆接返台籍受刑人》，载 http：//www.bcc.com.tw/newsView.2477765

较为保守与偏窄。[①] 台湾地区尚未明确认可大陆民事裁判的既判力，也尚未将大陆法院的调解书和支付令纳入认可范围。这需要台湾有关方面本着落实协议约定和互惠原则，尽快加以解决。

（2）探索院对院的司法互助模式

人民法院为了落实协议，建立了对台两级联络的工作机制。最高人民法院作为《两岸司法互助协议》对台一级联络窗口，就涉台调查取证司法互助案件的办理对台联络；各高级人民法院作为对台二级联络窗口，负责就送达文书司法互助案件的办理对台联络。现行的联络机制，各自都还有中转环节，台湾法院不能直接将其请求转给大陆地方法院，要经过台湾法务部门中转一次，大陆还要经过高级人民法院中转一次，这样会耽搁一定时间。有学者提出在案件比较集中的地方建立院对院直接对接的协助模式的建议，即台湾方面开通二级窗口，大陆开通三级窗口，以提高司法的效率。

（3）远距视讯合作有合作空间

在两岸法院审理的被告在对岸的民事案件中，基于经济、避免麻烦或逃避责任等考虑，被告不出席法庭审理，已成为两岸互涉案件审理中的普遍现象。另外，在诉讼活动中，要求证人出庭，尤其是出席刑事法庭作证，应该是发展趋势，因为这是加强对被告人诉讼权利保障和落实直接言词原则的必然要求。在台湾的刑事诉讼中，证人、鉴定人、被害人等亲自出席法庭作证是其“直接言辞审理”原则的必然要求，也是被告人对质诘问权实现的根本保障。为发现真实和被告人诉讼权利保护之目的，台湾法律对证人出庭作证有相当严格的要求。在庭外或者侦查阶段取得的证人书面证言，属传闻证据，只有在构成传闻例外的情形下，才具有可采性。这就直接关系到大陆公安机关通过司法互助渠道为台湾地区获取的证言笔录的可采性问题。随着信息技术的发展，有学者提出采取远程视讯取证的方式，类似架一个摄像机两边连线，台湾法官在那边，证人在那边，这应当是两岸司法合作未来的发展方向。

在2014年2月两会举行的两岸协议成果总结会上，双方同意根据《两岸司法互助协议》持续强化通报、通知机制，落实通报作业，保障民众人身自由安全。两岸同意积极处理罪赃返还事宜，并建立协处规范机制。《中共中央关于全面推进依法治国若干重大问题的决定》强调：“加强大陆同台湾的执法司法协作，共同打击

① 合中林：《两岸法院司法互助回顾与展望》，2013年第二届两岸和平发展法学论坛会议论文。

跨境违法犯罪活动。”据了解，为进一步明确和规范有关操作，最高人民法院正在起草有关办理接收在台湾地区服刑的大陆居民返回大陆服刑案件的司法解释，并计划就认可和执行台湾法院民事判决、认可和执行台湾仲裁裁决分别重新起草发布系统性的司法解释。相信在上述司法解释发布后，大陆法院有关涉台司法互助的法制规范体系将更加全面和完善。我们也期待台湾方面消除对大陆司法的误解和不信任，在深化两岸司法互助方面作出更多积极的努力，以在司法个案中落实对两岸人民权益的保障。

新书简介

陈孔立著作系列

定价：55.00元

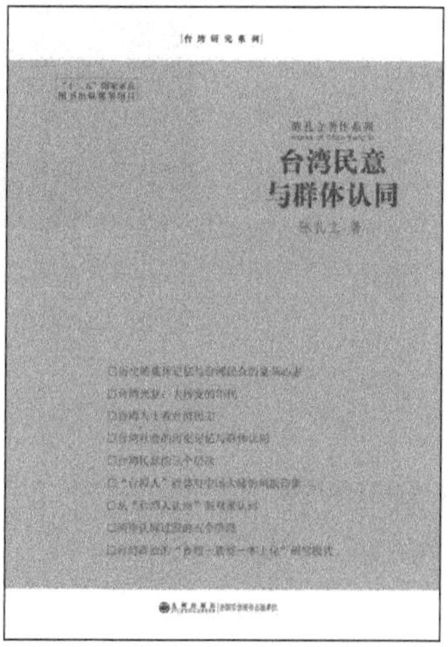

定价：48.00元

定价：75.00元

台湾史事解读

本书是作者研究台湾史事的专题论文集。全书分三部分，第一部分是对台湾研究的历史观和方法论的考察，第二部分是对台湾若干史事的辨正，第三部分主要针对台湾方面有人蓄意制造“历史失忆”的行为，对台湾历史作出了深刻的解读。

台湾民意与群体认同

本书是作者研究台湾民众心态和民意趋向的文集。全书分三部分，第一部分着重分析不同社会政治背景下台湾民众的复杂心态，第二部分研究台湾民众的身份认同问题，第三部分提出了“省籍—族群—本土化”的台湾政治研究模式，对台湾近年来“去中国化”等现象进行了深刻的剖析。

心系两岸

本书是作者多年来研究台湾政局和两岸关系发展的一部文章合集，全书将岛内蓝绿较量、观察国民党、观察民进党、剖析“台独”言论和两岸政治大局及政治难题等内容分为两个部分：观察台湾和关注两岸。研究范围涉及2012年“大选”后岛内政治生态、马英九第二任期执政理念、两岸间政治难题的解决方案等等。

海峡两岸法学研究
（第一辑）

本书为首届两岸和平发展法学论坛的论文集，大陆学者论文和台湾学者论文分别以简体字和繁体字排版，各自分为法治理论、民事法治和刑事法治三部分，既有两岸法治发展的理论分析，也有契合当下两岸事务和经贸往来的具体问题的讨论。

海峡两岸关系法学研究会　编
定价：78.00元

海峡两岸法学研究
（第二辑）

本书是海峡两岸关系法学研究会2012年学术年会的论文集。共分六个专题，分别为两岸关系研究、两岸民商事法律问题研究、两岸司法互助研究、两岸相关的国际法问题研究、涉台立法研究和两岸比较法学研究。

海峡两岸关系法学研究会　编
定价：72.00元

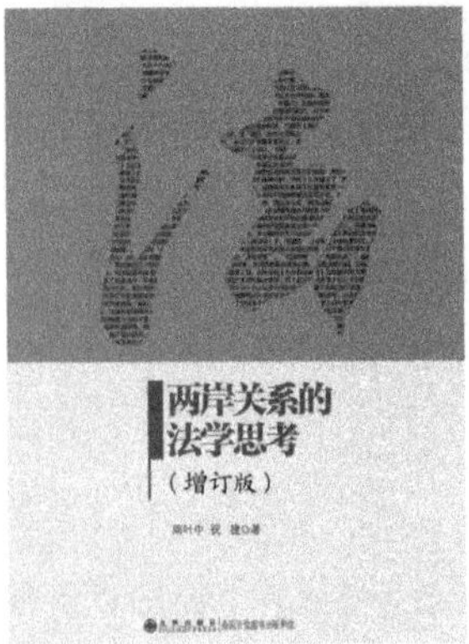

两岸关系的法学思考
（增订版）

本书从法学角度思考和研究两岸关系，内容包括台湾问题的宪法学思考、构建两岸关系和平发展框架的法律机制、海峡两岸和平协议研究、台湾地区法律制度研究。

周叶中　祝　捷　著
定价：138.00元

台湾地区继承制度概论

本书以台湾地区“民法”第五编“继承”为基准，系统介绍台湾地区继承制度的主要内容，并对海峡两岸主要继承制度进行了比较研究，总结了台湾地区“继承法”中可资借鉴的有益经验，提出完善《继承法》的若干立法建议。

吴国平　主编
定价：58.00元

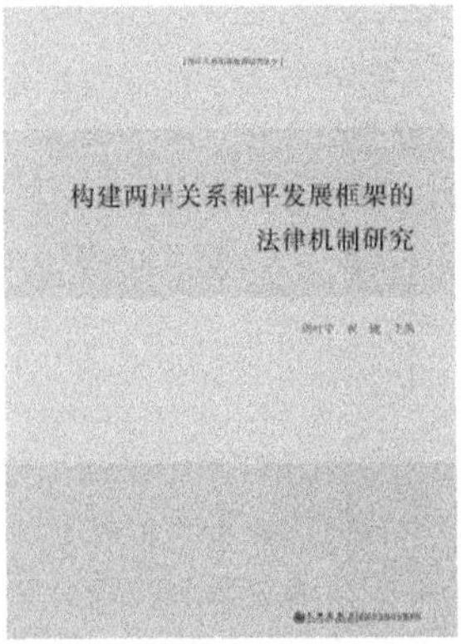

构建两岸关系和平发展框架的法律机制研究

本书以构建两岸和平发展框架的法律机制为研究对象，先从宏观方面论述宪法机制对于构建两岸和平发展框架的意义以及构建该框架的法律障碍和解决机制，进而从微观入手，论述构建行政合作机制及司法协调机制面临的困境。

周叶中　祝　捷　主编
定价：48.00元

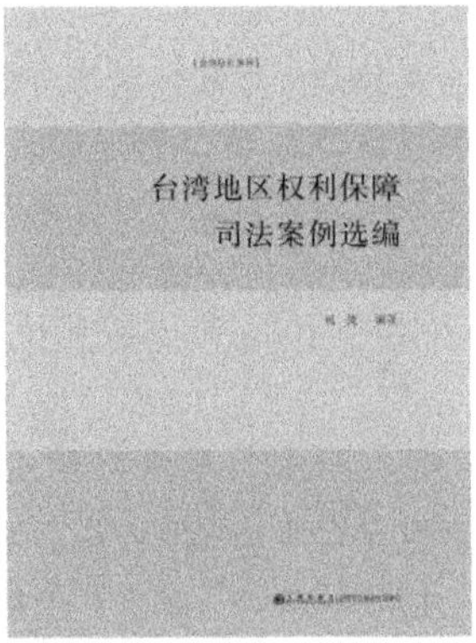

台湾地区权利保障司法案例选编

本书以台湾地区“宪政改革”后“大法官解释”为研究对象，分基本权利保障的总论和基本权利保障的分论两部分，对台湾地区法律制度进行介绍和分析，案例均与台湾地区人民的基本权利息息相关。

祝　捷　编著
定价：60.00元

“九二共识”文集

本书汇集1992至2012年11月底两岸有关“九二共识”的存证资料，包括亲历香港会谈前后两会磋商和达成“九二共识”过程的权威人士的回忆，重要文件和新闻报道，两岸的权威宣示和阐述，海内外专家学者的研究成果和评论等。

许世铨 杨开煌 主编

定价：49.90元

潮起潮落

本书以纪实性的手法，全面展示了海协会、海基会机制的产生背景和两会成立以来的折冲与共处历史，深入挖掘了台湾各界对两岸关系的复杂反思与抉择过程，揭示了两岸筋骨相连的血脉联系和命运共同体关系。

郑 剑 著

定价：98.00元

台湾2013

本书是对2013年两岸经贸、政党、军事等方面的整体论述和介绍，包括综述、台湾大事记、祖国大陆对台重要文献和统计资料四部分，深入介绍台湾社会经贸、政党、军事等各方面的情况，为研究者提供权威的参考资料。

全国台湾研究会 编 周志怀 主编

定价：68.00元

两岸关系和平发展的巩固与深化

本书选编全国台湾研究会2012年学术研讨会精品论文，收入了台湾问题专家李逸舟、刘国深、杨立宪等的论文50余篇，是有关两岸关系、台湾问题最新、最权威的研究成果。

周志怀 主编

定价：88.00元

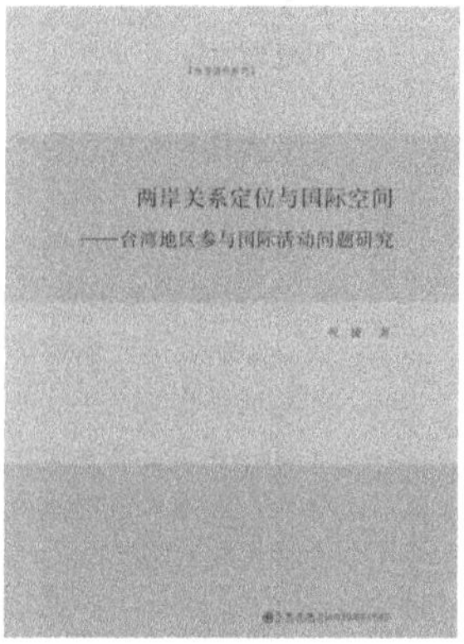

两岸关系定位与国际空间——台湾地区参与国际活动问题研究

本书为解决两岸关系定位和台湾地区参加国际活动进行理论上的准备，并形成具有现实可行性的方案，认为解决台湾地区参加国际活动的问题，既需要政治人物的智慧和魄力，也需要理论的助力。

祝 捷 著

定价：66.00元

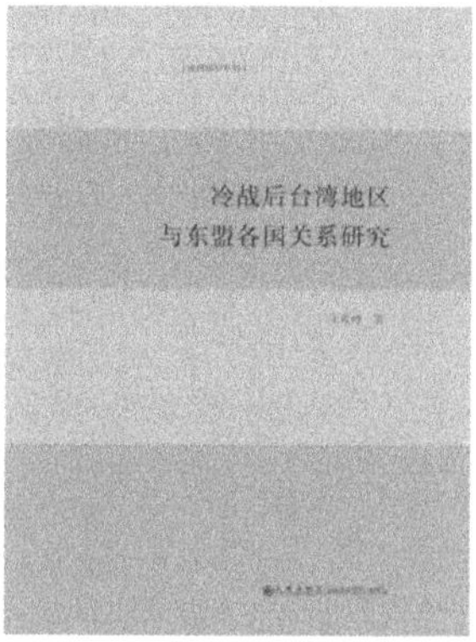

冷战后台湾地区与东盟各国关系研究

本书主要讲述了冷战结束后台湾与东盟各国的关系发展演变，在和平解决台湾问题、实现祖国的最终统一过程中，就如何提升台湾问题和平解决的机会系数、推动两岸的和平统一与中国的和平崛起，提出了自己的见解。

王俊峰 著

定价：42.00元

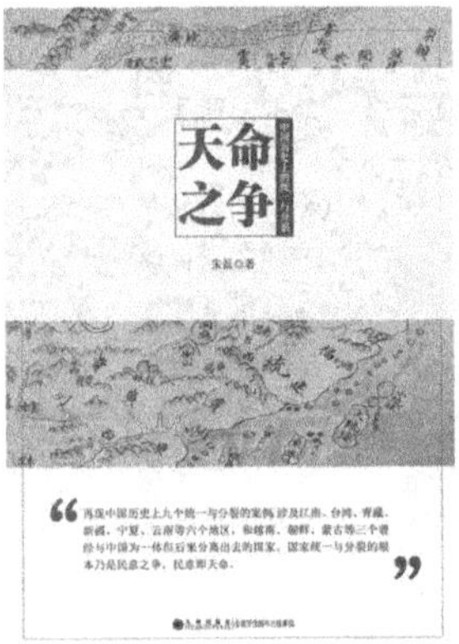

天命之争

本书再现中国历史上九个统一与分裂的案例，涉及江南、台湾、青藏、新疆、宁夏、云南等六个地区，和越南、朝鲜、蒙古等三个曾经与中国为一体但后来分离出去的国家。国家统一与分裂的根本乃是民意之争，民意即天命。

朱　磊　著

定价：49.80元

台湾民主化与政治变迁
——政治衰退的视角

本书主要用亨廷顿的政治衰退理论来看台湾政治现代化进程及其得失，比较系统地探讨台湾政治变迁和民主化过程中出现的政治衰退所及其理论意涵，对于理解台湾政治未来发展方向有一定的价值。

陈　星　著

定价：38.00元

中央政府赈济台湾
文献·清代卷

本书为清政府赈济台湾相关原始文献的史料选编，包含起居注档案、兵部档案、户部档案、奏折等各种文献形式，说明了当时中央政府对台湾的有效管辖和治理，说明了当时台湾与大陆统一于一个中央政府的历史事实。

尹全海等　整理

定价：290.00元

中央政府赈济台湾
文献·民国卷

本书为民国政府赈济台湾的原始文献，包含善后救济总署台湾分署往来函电、台湾分署专项救济文件、台湾分署救济工作简报、台湾分署署务会务记录四部分。

尹全海等　整理

定价：360.00元

北京台研论坛（第六辑）

北京台研论坛是由北京市台办指导、北京联合大学台湾研究院主办的大型学术研讨会。本辑涵盖了两岸关系和平发展问题、台湾岛内政治生态问题、争取台湾民心问题、两岸的法律问题等研究领域，对推动两岸学术研究的发展和加强台湾研究的理论深度有一定的促进作用。

刘文忠　郭　艳　主编

定价：58.00元

章太炎、连横民族文化思想之比较

本书选取章太炎、连横两人民族文化思想加以全面系统的比较研究，考其异同，阐释其成因，剖析其时代性意义和地域性意义。是一部厚重、学术价值较高的著作，蕴涵着浓厚的历史意识和人文气息。

孙风华 著

定价：45.00元